Rhodd i John V. Lyons
am ei gefnogaeth
ddi-ildio i'w Eglwys
a'i Weinidog

Cofion,
Ben

+ Ben Rees
3 Mehefin 2014

Dyddiau o Lawen Chwedl

HANNER CAN MLWYDDIANT
CYHOEDDIADAU MODERN CYMREIG
1963-2013
YNGHYD AG YSGRIFAU AR GYHOEDDI
YN LERPWL A CHYMRU

Golygydd:

Yr Athro John Gwynfor Jones

Cyhoeddiadau Modern Cymreig Cyf., Allerton, Lerpwl
2014

Argraffiad cyntaf: Mai 2014

Dymuna'r Cyhoeddwyr gydnabod cymhorth a chyfarwyddyd Adrannau'r Cyngor Llyfrau Cymraeg yn ogystal â'r cymorthdal tuag at gyhoeddi y gyfrol arbennig hon

ISBN 978-0-901332-93-6

Dymuna Cyhoeddiadau Modern Cymreig ddiolch i
Ray Daniel, Llanddewibrefi am ei luniau,
hefyd i David Fletcher, Frodsham

Cyhoeddwyd gan
Gyhoeddiadau Modern Cymreig Cyf., Allerton, Lerpwl 18,
ac argraffwyd yng Nghymru gan Wasg Dinefwr,
Heol Rawlings, Llandybïe, Sir Gaerfyrddin, SA18 3YD

Cynnwys

Rhagair

BRAINT FAWR I MI YW CAEL cyflwyno'r gyfrol hon i ddathlu hanner canmlwyddiant sefydlu Cyhoeddiadau Modern Cymreig dan olygyddiaeth y Parchedig Ddr D. Ben Rees, gweinidog ymddeoledig bellach yn Eglwys Bresbyteraidd Cymru. Brodor o Landdewibrefi yng Ngheredigion yw Ben ac ers blynyddoedd lawer mae'n adnabyddus yn y cylchoedd crefyddol a diwylliannol yng Nghymru a thu hwnt. Bu'n gwasanaethu yn Abercynon a'r cyffiniau yn y 1960au ac wedi hynny am weddill ei weinidogaeth faith ymhlith Cymry dinas Lerpwl lle bu'n fawr iawn ei barch mewn cylch eang. Yno mae Ben yn byw o hyd gyda'i briod Meinwen ac yn parhau i gyfrannu'n helaeth i fywyd Cymraeg y ddinas honno.

Mae D. Ben Rees hefyd yn awdur a golygydd hynod o doreithiog mewn sawl maes heblaw crefydd, yn arbennig ei gyfraniadau disglair i hanes Cymry Lerpwl, pynciau hanesyddol, fel ei gyfrol ddiweddar ar John Calfin, ynghyd â chyfrolau ac erthyglau eraill ar hanes y ffydd a phynciau perthnasol. Yn ogystal, aeth ati yn 1963 i gyhoeddi llu o lyfrau – ymhell dros gant a hanner ohonynt bellach – gan nifer o awduron mewn meysydd amrywiol yn ymwneud â diwylliant, llenyddiaeth a hanes Cymru, camp a fu'n dystiolaeth i'w frwdfrydedd dihysbydd, ei alluoedd a'i gred ddiamod fod angen cyfoethogi'r arlwy lenyddol yn yr iaith Gymraeg trwy eu cyhoeddi. Menter arbennig oedd hon ond, er cymaint y mynych alw arno yn ei swydd weinidogaethol, gyda'i ddyfalbarhad llwyddodd y gyfres a phery i wneud hynny. Dengys ei gyfraniadau ef yn y gyfrol hon eto nad oes pall ar ei egni a'i ymroddiad, ac arwydd o werthfawrogiad rhai cyfeillion iddo a arweiniodd at ei chyhoeddi.

Carwn ddiolch i'r cyfranwyr eraill am eu hymateb parod i'r gwahoddiad i baratoi astudiaethau ar gyfer y gyfrol hon, a hefyd i'r wasg sydd wedi cyfrannu gymaint dros yr hanner canrif ddiwethaf am ei chynhyrchu a Chyngor Llyfrau Cymru am eu cymorth ariannol. Cyfrol yw hi sy'n adlewyrchu agweddau arbenigol ar agweddau o weithgarwch llenyddol, cyhoeddi ac argraffu yng Nghymru a Lerpwl dros gyfnod maith. Cymeradwyaf y gyfrol yn gynnes iawn i ddarllenwyr y Gymraeg gan ddiolch i D. Ben Rees am ei gyfraniad enfawr i'n llenyddiaeth a'n diwylliant dros yr hanner canrif ddiwethaf.

John Gwynfor Jones

1.

'. . . dieithra iaith dan y ffurfafen yn i gwlad i hun yw Camberaeg': Argyfwng Rhyddiaith Brintiedig Gymraeg *c.*1567-1630

John Gwynfor Jones

GEIRIAU IFAN LLWYD AP DAFYDD, Nantymynach, Meirionnydd, i'r 'hynaws ddarllenydd' yw'r rhain yn ei ragarweiniad i *Ystorie Kymru, neu Cronigl Kymraeg*, llawysgrif ddi-ddyddiad o ran gyntaf yr ail ganrif ar bymtheg. Bwriad yr awdur yw rhoi amlinelliad o hanes y Brytaniaid a'u hysgolheictod gan fod y Saeson cynnar, yn y dyddiau a fu, wedi dinistrio 'drwy dan a chledde' fynachlogydd a thai crefyddol, yn arbennig Bangor Fawr ym Maelor Saesneg.[1] O ganlyniad i hynny llosgwyd eu llyfrau a'u llawysgrifau prin a difrodwyd cyfoeth eu diwylliant hanesyddol a diwylliannol. Parhau wnâi'r bygythiad dros Glawdd Offa ac yng nghyfnod y croniclydd ei hun, ac ennill tir wnâi 'tafodiaith estronawl' y Saeson ymhlith y Cymry llythrennog er colled i'r iaith Gymraeg. Cyfeirio wna'r awdur at ddylanwad niweidiol yr iaith Saesneg ar ysgolheictod ymhlith uchelwyr Cymru ym mlynyddoedd gweithredu polisi llywodraeth Lloegr yng Nghymru o'r 1530au ymlaen. Er na chyfeiria'n benodol at y Deddfau Uno, yn ddiau roedd eu heffeithiau yn fyw yn y cof, yn arbennig y pwysau a roddwyd ar y Cymry i ymseisnigo, mewn iaith a chrefydd, er cadarnhau'r polisi canolog o greu gwladwriaeth unedig dan awdurdod brenhiniaeth y Tuduriaid: '. . . am fod pawb o honom yn yskyluso yn iaith Fruttanaeg, ag ymroi i arfer ag i ddysgu tafodiaith estronawl, o blygid dieithra iaith dan y ffurfafen yn i gwlad i hun yw Camberaeg'.[2]

Erbyn cyfnod Ifan Llwyd roedd y polisi hwnnw yn prysur gyrraedd ei anterth a'r uchelwyr wedi hen ymgyfarwyddo â'r drefn wleidyddol, gyfreithiol a gweinyddol newydd. Rhys Amheurig o'r Cotrel ym Mro Morgannwg, ymhlith eraill o'i gyd- haneswyr, a ymfalchïodd yn y cyd-asio rhwng y ddwy wlad, a hynny oherwydd y cysylltiadau agos a ddatblygasai rhyngddynt ymhell cyn i Ddeddfau Harri VIII gael eu gosod ar lyfr y statud.[3] Gorfoleddai'r uchelwr George Owen o'r Henllys, sir Benfro, yn afieithus yn yr uniad hwnnw:

> No country in England so flourished in one hundred years as Wales has done . . . insomuch that if our fathers were now living they would think it some strange country . . . so altered is the country and countrymen, the people changed in heart within and the land altered in hue without, from evil to good, and from bad to better.[4]

Yn ddiau, ymateb gorliwgar oedd hwn a thebyg oedd barn Cymry pwerus eraill fel Dr David Powel, Humphrey Llwyd, Humphrey Prichard ac Arglwydd Herbert o Chirbury, a'r rheini eu hunain yn awduron cydnabyddedig, ynghyd â sawl un o'r beirdd caeth a ganai i'w noddwyr bonheddig. Yng nghyflwyniad Lladin Humphrey Prichard o Fangor i Ramadeg Siôn Dafydd Rhys (1592) datganodd yn groyw pa mor fendithiol oedd uniad Cymru â Lloegr gan fawrhau safle anrhydeddus Elisabeth I – 'brenhines araul, arwres o'r dras fwyaf urddasol, yr hon sy'n rhagori ar ddoniau arferol gwragedd yn nerth ei hathrylith, yn ei chynefindra â llên', ac ymlaen ag ef i glodfori ei moesau, ei sêl dros ddoethineb, a hynawsedd ei meddwl a'i chrefyddolder.[5] Yna, wrth ganmol gwaith hynod Siôn Dafydd Rhys, mynega Prichard ei falchder yn yr uniad rhwng Cymru a Lloegr a'r manteision a enillid trwy i'r ddwy iaith 'gael eu dal yn gyffredin gan bawb, a'u bod yr un mor hysbys i'r holl ddeiliaid' o dan awdurdod un 'tywysog', sef y Frenhines. Ac meddai'n bendant:

> Yr ydym ni oll yn trigo ar yr un ynys, yr ydym yn ddinasyddion yr un wladwriaeth; y mae'r un gyfraith yn bod i'r naill a'r llall ohonom, a'r un Frenhines dra hyglod. Y mae materion busnes, cyfeillachau, cydgynulliadau, priodasau, materion cyfraith a chrefydd . . . yn gyffredin rhyngom ni a'r Saeson. Y mae eu hiaith hwy hefyd yr un mor adnabyddus i ni . . . Y maent ar dân i gyd gan awydd i ddysgu ieithoedd eraill, llai defnyddiol; ond am yr iaith hon, iaith y mae ei defnyddioldeb yn fwy eglur a'i dysg yn fwy ardderchog – nid oes arnynt unrhyw awydd o gwbl i'w dysgu.[6]

Cyfeirio wna Prichard at oruchafiaeth yr iaith Gymraeg ar ieithoedd eraill, ond ysywaeth, mewn gwladwriaeth unedig gref nid oedd unrhyw ddyhead ar ran y Saeson i ymgydnabod â hi na'i dysgu, a mynega ei siom oherwydd hynny. Iddo ef, golygai hynny nad oedd y cymathiad diwylliannol rhwng y ddwy genedl yn gwbl lwyddiannus.

Yn ddiau, mae cyhoeddiadau printiedig ar lên a dysg yn y Gymraeg a'r Lladin yn sail gadarn i'r traddodiad rhyddiaith ysgolheigaidd mewn cyfnod cyffrous yn hanes adfywiad neo-glasurol gwareiddiad gorllewin Ewrop, yr hyn a elwir yn arferol yn Ddadeni Dysg a Dyneiddiol. Cafodd yr ailenedigaeth neu'r 'deffroad deallusol' hwn, y canllaw i ddysg, a ymestynnodd o'r bedwaredd ganrif ar ddeg ymlaen, ddylanwad cyffrous ar syniadaeth pob agwedd ar ddiwylliant. Dyna'r mudiad a roes fod i neo-glasuriaeth, sef ail-ddarganfod gwareiddiadau clasurol Gwlad Groeg a Rhufain. Yng ngwledydd y gorllewin, yn arbennig yng nghyfnod Petrarch yn yr Eidal, crud y ddyneiddiaeth yn ei dinasoedd llewyrchus fel Fenis, Fflorens a Rhufain, cododd nifer o ysgolheigion ac arbenigwyr mewn celfyddyd i arddangos rhagoriaeth y Dadeni, a chyrhaeddodd yr hinsawdd ddysgedig Gymru y tro hwn, yn arbennig ymhlith unigolion a gawsai addysg ffurfiol, yn bennaf mewn prifysgolion yn Lloegr ac ar y cyfandir.[7] Dyma a ddywed Siôn Dafydd Rhys, un o'r amlycaf yn eu plith:

> Canys os golygwch arr genedloedd a phobloedd eraill, megys y Groecieit, a'r Lladinieit; chwi a ellwch ganfod, nadd oes nebryw wybôdaeth na chelfyddyd dann yr haul, o'r a ddichon bôd mywn dyn, nas capher ei gweled yn amlwc ynn eu hiaith a'e llyfreu hwy, yn gyn amled, a bôd holl Europa yn gyflawn o'i hiaith a'i llyfreu hwy, ynn tragwyddôli moliant a gogoniant i'r Gwledydd hynny, ac i'r Awdurieid ac i Ymgeleddwyr yr ieithoedd hynny, hyd tra barhâo byd.[8]

Dyna pryd yr ymddangosodd yr ymdeimlad cenedlaethol newydd a sofraniaeth wleidyddol mewn gwledydd yng ngorllewin Ewrop, megis Ffrainc, Sbaen a Lloegr, a rhan o'r datblygiad hwnnw yn Lloegr oedd yr uno â Chymru. Un o brif gymhellion y llywodraeth yn yr unfed ganrif ar bymtheg oedd sicrhau bod aelodau o ddosbarth canol pwerus y deyrnas – y teuluoedd tirfeddiannol a masnachol breision – yn cael y cyfleoedd i wasanaethu'r Goron mewn llywodraeth a gweinyddiaeth ac yn y byd economaidd. Yn ddiau, daliodd yr unigolion hynny ar bob cyfle i hyrwyddo'u huchelgeision eu hunain, a hynny yng Nghymru i raddau pell ar draul cynnal eu hetifeddiaeth ddiwylliannol.

Yn sgil y datblygiadau cynhyrfus ym myd y meddwl yng ngorllewin Ewrop daeth gwedd ehangach ar ystyr arferol y Dadeni, a bwysleisiai gyfraniad dynoliaeth i wareiddiadau, yn rhan hanfodol o'r mudiad a elwid yn ddyneiddiaeth. Cwmpasodd bob agwedd ar le dyn mewn llywodraeth, y gwyddorau, celfyddyd, llenyddiaeth, crefydd a gweddeidd-dra cymdeithasol, ac yn y gwladwriaethau cenedlaethol anelai'r *intelligentsia*, y mwyafrif yn gynnyrch y prifysgolion, at greu llenyddiaeth deilwng o safonau'r hen fyd clasurol. Aethpwyd *ad fontes* i adfer *litterae sacrae* a *litterae humaniores*, dysg y cyfnodau Cristnogol cynnar.[9] Yn y cyd-destun hwn y cododd carfan o ddyneiddwyr yng Nghymru, yn Gatholigion a Phrotestaniaid, gyda'r bwriad o efelychu'r rhinweddau a fegid ar gyfandir Ewrop. Mewn byd o ymwybyddiaeth genedlaethol newydd, yn arbennig ymhlith Cymry breint-iedig, daethpwyd i fagu'r hyder, yn rhan o'r addysg a gawsant, i gyhoeddi gweithiau llenyddol a ddatgelodd yn eu hiaith eu hunain neu yn Lladin ysblander arddull yr oes aur glasurol. O ganlyniad crëwyd *genre* diwyll-iannol newydd, gyda rhai o'r ysgolheigion yn hybu'r ffydd Brotestannaidd ac eraill yn eu plith yn amddiffyn yr hen ffydd Babyddol o flynyddoedd canol Oes y Tuduriaid ymlaen.

Y prif, ac yn wir, yr unig foddion i ledaenu'r ddysg hon oedd dyfeisio celfyddyd argraffu a'r defnydd cynyddol o bapur, a chanlyniad hynny fu cynhyrchu llenyddiaeth o safon a ddarperid yn llafurus cyn hynny, yn bennaf ar femrwn. Daethai peiriannau teipio symudol yn gaffaeliad enfawr i'r fenter honno a ddilynai rai arbrofion cyntefig o'r ddeuddegfed ganrif ymlaen. Nid gorchwyl hawdd oedd datblygu'r gelfyddyd hon ond, yn ddiau, bu defnyddio teip symudol yn chwyldro rhyfeddol a phellgyrhaeddol. Dywedir mai Lourens Coste o Haarlem yn yr Iseldiroedd oedd y cyntaf i ddyfeisio'r dull newydd o argraffu ond rhoir y clod fynychaf i Johannes Gutenberg o Mainz yn yr Almaen a gynhyrchodd Lythyrau Maddeueb o'r Fatican a fersiwn o'r Beibl yn 1454. Buan iawn wedi hynny defnyddiwyd argraffdai yn yr Eidal, Ffrainc a Lloegr, a'r cyntaf yno oedd William Caxton a gyhoeddodd ei waith cyntaf yn Bruges yn 1475 ac wedi hynny yn San Steffan yn 1477. Sefydlwyd gweisg mewn sawl tref a dinas, er enghraifft yn Rhufain, Paris a Fenis. Ymhen amser datblygwyd gwahanol ddulliau lliwgar o lunio llythrennau urddasol fel y dull Gothig ac Italig (yn bennaf yn yr Eidal).[10] Cyflym iawn fu estyniad y gweisg hyn ac amlhawyd cyhoeddi llyfrau ar amrywiol bynciau'n ymwneud â diwinyddiaeth ac athroniaeth, a hynny ar drothwy'r Diwygiad Protestannaidd, ac yn eu plith weithiau Desiderius Erasmus, y pennaf ymhlith y Dyneiddwyr, o'r Iseldiroedd.[11] Agorwyd llyfrgelloedd cyhoeddus a phreifat mewn tai bonheddig, arwydd clir o dwf mewn addysg a gwybodaeth, a'r awydd i ledu ffiniau dysg a dymchwel hen ragfuriau'r Oesoedd Canol mewn byd ac eglwys.

Prin iawn oedd y cynnyrch printiedig yng Nghymru gan mai araf iawn fu datblygiad y Dadeni ymysg poblogaeth â'i mwyafrif yn werinol ac anllythrennog. Mewn byd o newid gwleidyddol a chrefyddol daethai'r cyfle yng Nghymru i hybu'r undod â Lloegr a hefyd i hyrwyddo'r ffydd Brotestannaidd neu'r Babyddiaeth, a chynhyrchodd y naill fudiad a'r llall lenorion o'r radd flaenaf i gyflwyno'u dadleuon.[12] Y cyntaf i gyhoeddi llyfr yn y Gymraeg oedd Syr Siôn Prys o Aberhonddu, swyddog amlwg yn llywodraeth Harri VIII a'i fab Edward VI, sef *Yny lhyvyr hwnn* . . . (1546), gyda'r bwriad o hyrwyddo Protestaniaeth yn ei dyddiau cynnar. Beirniadodd y clerigwyr yn drwm am eu hoferedd, eu segurdod a'u hanallu i ledu egwyddorion sylfaenol y ffydd. 'Ac yr awr,' meddai, yn ei ragarweiniad byr i'w gyfieithiad o Weddi'r Arglwydd, y Credo a'r Deg Gorchymyn, 'y rhoes duw y prynt yn mysk ni er amylhau gwybodaeth y eireu bendigedic ef, iawn yni, val y gwnaeth holl gristionogaeth heb law, gymryt rhann or daeoni hwnnw gyda yn hwy, val na bai ddiffrwyth rhodd kystal a hon yni mwy noc y eraill . . .'[13] Yn ei genhedlaeth ef hefyd yr apeliodd William Salesbury a Richard Davies at eu cyd-Gymry i dderbyn o'r newydd hen etifeddiaeth Gristnogol eu hynafiaid gynt ac i'w harweinwyr bonheddig fabwysiadu dysg yn eu hiaith a'r ffydd Brotestannaidd.

Daw y cefndir hwn â'r drafodaeth at graidd yr astudiaeth hon yn ei pherthynas â rhai o'r rhagarweiniadau i gyhoeddiadau dyneiddiol a chrefyddol y cyfnod modern cynnar yng Nghymru. Ymdrinnir yn bennaf â'r blynyddoedd rhwng esgyniad Elisabeth I i orsedd Lloegr a chyhoeddi'r Beibl Cymraeg poblogaidd cyntaf yn 1630, blwyddyn cyfieithiadau Rowland Vaughan o *The Practice of Piety* gan Lewis Bayly a Robert Llwyd, ficer y Waun ger y ffin â Lloegr, o gyfrol Arthur Dent *The Plaine Man's Pathway to Heaven* (1610). Hon oedd 'oes aur' y cyhoeddiadau dysgedig cynnar yng Nghymru, ac yn y rhagarweiniadau cyfeiria'r awduron neu'r noddwyr at amcanion gweithiau dyneiddiol a chrefyddol a hefyd at yr her a wynebai awduron cyfrolau o'r fath mewn oes o ymseisnigo prysur ymhlith y rhai llythrennog yn y gymdeithas. Yn y man cyntaf mynegid gwendid yn safon argraffu gweithiau megis gramadegau lle disgwylid llygaid craff ar ran cysodwyr. Ac eithrio colegau Rhydychen a Chaer-grawnt, o 1586 ymlaen dinas Llundain a feddai'r monopoli ar argraffu ers 1557 pan roddwyd siarter i Urdd y Llyfrwerthwyr a'r Cyhoeddwyr, ac achosai hynny gryn bryder i awduron o Gymru am safon y cysodi gan mai argraffwyr uniaith Saesneg oedd wrth y gwaith. Ni allent gywiro manylion lle disgwylid hynny. Ni wyddys yn union ble yr argraffwyd *Dosbarth Byrr ar y Rhan Gyntaf i Ramadeg Cymraeg* y Pabydd Gruffydd Robert yn 1567 ond credir mai yn yr Athrofa Archesgobol ym Milan y gwelodd olau dydd, a mynegodd yr awdur ei anfodlonrwydd â rhannau o'r gwaith argraffu:

> Na ryfedda chwaith weled cimaint o fiau wrth brintio, canys yr ydoedd y dynion oedd yn gweithio, heb fod nag yn gyfarwydd yn yr iaith, nag yn ddisceulus ar i gorchwyl, nag yn rhowiog oi trin, ag i gweirio'r pethau a fethai genthynt: heb law hynn yr oedd arnynt eissie llythrennau, ag amryw nodau, a fuassai raid wrthynt i brintio yn gyflawn bob pwnc a berthynai attaf.[14]

Yn ei gyflwyniad i'w Ramadeg yntau, sef y *Cambrobrytannicae Cymraecaeve Linguae Institutiones et Rudimenta* (1592), beirniadodd Siôn Dafydd Rhys y rhai hynny a ganfyddai feiau yn y gwaith, cymaint yn wir fel y bu iddo'u cynghori i'w gymharu gyntaf ag argraffwaith mewn gweithiau tebyg eraill cyn bwrw eu sen, ac os canfyddent gamgymeriadau cysodi ynddo gwell fyddai iddynt geryddu'r argraffwyr ac nid yr awdur am hynny. Yr argraffydd yn Llundain oedd Thomas Orwin, a chynghorwyd y rhai a gwynai am ansawdd y cysodi gan yr awdur i fynd yn 'vnswydd . . . hyd ynNghaer Lûdd; ac yno a'ch cappieu yn eych dwylo, deisyf o honoch arr y Printyddion wella peth arr eu dwylo, pryd y printiont ddim cymráec o hynn i máes'.[15] Gyda pheth gwawd y mynegodd Siôn Dafydd Rhys y geiriau hyn, a galwodd ar ei gyd-Gymry i werthfawrogi ei lafur yn hytrach na chanfod beiau, a hwythau ar fai heb ei gymharu â gweithiau eraill. Yn ddiau, byddai'r awdur yn teimlo'n ddigon chwithig o gael ymateb o'r fath i'r Gramadeg gan mai ei noddwr Syr Edward Stradling, yr ysgolhaig a'r tir-feddiannwr cefnog o Sain Dunwyd, a dalodd holl dreuliau cyhoeddi'r Gramadeg. Ysgrifennodd Humphrey Prichard gyflwyniad i'r gwaith a galwodd ar y darllenwyr i beidio â'i or-feirniadu: 'os bydd unrhyw wallau wedi digwydd, naill ai trwy frys yr ysgrifennwr neu oblegid diofalwch yr argraffydd,' meddai, 'noder hwy ag obelus neu, os hynny sy'n dy fodloni, dilëer hwy ag ysgrifbin dy ddysg di.'[16] Byddai hynny'n golygu fod gan y cywirwr wybodaeth o'r Lladin, a dim ond y mwyaf dysgedig ymhlith darllenwyr y gwaith a allai wneud hynny.

Yn ei gyfieithiad o *Apologia Ecclesiae Anglicanae* (1562) gan John Jewel, Esgob Caersallog, ceisiodd Maurice Kyffin gynorthwyo'i ddarllenwyr 'annysc-edig' trwy ddefnyddio llythrennau mwy addas ac arferadwy er hwylustod iddynt, ond ni fu hynny'n rhwystr i frychau argraffu lithro i'r gwaith:

> . . . gwybydd ddarfod imi (yn bennaf dim) beri printio hyn o draethiad yn y llytherenneu arferediccaf a chydnabyddussaf i'r rhai annyscedig (o ddieithr rhyw fath ar eirieu, a doediadeu arbennig, yn rhyw fanneu o'r llyfr) a rhaid yw cyd-ddwyn ag ymbell fai a ddiangodd dan ddwylaw'r Printiwr, herwydd nid peth cynefin yw printio cymraeg.[17]

Agwedd fwy graslon a gymerodd Robert Llwyd yn ei gyflwyniad ef i *Llwybr hyfforddyn cyfarwyddo yr anghyfarwydd i'r nefoedd* . . . (1630), sef cyfieithiad o *The Plaine Man's Pathway to Heaven*, pan welodd fod angen iddo gyfaddef ei fai am rai o'r camgymeriadau printio. Cyfeiria'n ddigon gwylaidd at 'rhai o'r beiau hyn a ddiangasant gan y Printiwr, yr hwn oedd anghydnabyddus a'r iaith: a rhai gennif fy hûn er craffed yr oeddwn ar fedr bod; diwygia di yn ddiddig, attolwg a'th bin yr hyn â welych yn feius'.[18]

Y llyfr cyntaf a argraffwyd yng Nghymru oedd *Drych Cristianogawl* (1585), gwaith diwinyddol Catholigaidd a argraffwyd gan yr argraffydd enwog Roger Thackwell o Lundain. Er yn ddienw, priodolir y gyfrol bellach nid i Gruffydd Robert o Filan, ond i Robert Gwyn, cenhadwr Pabyddol o deulu Bodfel yn Llŷn, un a ddaethai o dan ddylanwad teulu Pabyddol yr Oweniaid o Blas Du, eto o Lŷn.[19] Mae hanes yr argraffiad hwn yn anturus ac i raddau'n rhamantus gan i'r gwaith, yn ôl R. Geraint Gruffydd, gael ei argraffu yn ogof Rhiwledyn ar y Gogarth Fach ger Llandudno (ac nid yn

Rouen, fel y nodir ar y wynebddalen), ar dir ystâd teulu Mostyn. Meddai'r teulu hwnnw ar dueddiadau pabyddol, ac fe'i lleolwyd gerllaw cartref Robert Pugh, aelod blaenllaw o deulu'r Puwiaid, Pabyddion eithafol o Benrhyn Creuddyn.[20] Yno, yn ôl traddodiad, y cymerwyd William Davies o Groes-yn-Eirias, Colwyn, heb fod nepell o'r fan, i'r ddalfa ac mae'r hanes am ddarganfod y wasg ddirgel gan yr awdurdodau'n ddiddorol. Gweision Syr Thomas Mostyn, yr ustus heddwch lleol, a ddarganfu olion y wasg ar waith yn yr ogof, ond dihangodd yr argraffwyr cyn iddynt ddod, er i Thackwell gael ei gosbi'n fuan wedi hynny.[21] Daethpwyd o hyd i olion printiau argraffu a daflwyd i'r môr gan y ffôedigion ac yn y gwaith canfuwyd nifer dda o gamgymeriadau printiedig, camosod llythrennau ac ati, arwydd pellach nad gorchwyl hawdd oedd hi i gysodwr nac awdur, y naill i osod y gwaith mewn iaith ddieithr iddynt, a'r llall i gywiro proflen, yn arbennig dan amgylchiadau bygythiol. Taranai'r Piwritan John Penry yn erbyn y *Drych* yn ei *A Supplication vnto the High Court of Parliament* (1588), ei drydydd traethawd manwl i'r Senedd yn pledio achos y rhai a ymwahanodd â'r Eglwys Wladol, ac meddai:

> The other [work] written in Weltch, printed in an obscure caue in Northwales, [is] published by an author vnknowne, & more vnlearned (for I think he had neuer read any thing but the common published resolution of R[obert] P[ersons], a booke contayning many substantiall errors . . . and other shamful fables.[22]

Cyfeiriad yw hwn at gynnwys Pabyddol y llyfr ynghyd â *A Christian Directorie* (1585) gan Robert Persons, un o awduron amlycaf Catholigion yr oes yn Lloegr. At hynny, cwyna fod Catholigion wedi derbyn mwy o drugaredd gan Archesgob Whitgift a Llys Siambr y Seren nag a gawsai ef wedi iddo gyhoeddi'r *Aequity of an Humble Supplication*, ei draethawd mawr cyntaf yn 1587. Tebyg oedd cwyn yr awdur anhysbys 'Martin Marprelate' am y driniaeth lem a gawsai argraffwasg Robert Waldegrave a fu'n cyhoeddi rhai gweithiau Piwritanaidd o gymharu â'r 'knaue Thachwell the printer which printed popishe and trayterous welshe bookes in wales'.[23]

Daw'r ystyriaethau hyn am anawsterau ymarferol y gwaith o osod argraffwaith at ddyrys-bwnc arall a amlygir yng nghyflwyniadau rhyddiaith y dyneiddwyr pan drafodid statws yr iaith Gymraeg yn ei pherthynas â'r teuluoedd bonheddig ar eu prifiant a ddangosai eu hawyddfryd i symud ymlaen yn y byd Seisnig yr oeddynt yn troi'n fynych ynddo. Ym marn dyneiddwyr a beirdd y canu caeth creodd y baich o gynnal yr iaith Gymraeg yn ei phurdeb argyfwng enbyd iddynt mewn 'byt haearnawl', chwedl y geiriadurwr enwog Thomas Wiliems o Drefriw yn ei ragarweiniad i'w *Trysawr yr iaith Latin a r Gymraec . . .* (1604), sef ei Eiriadur Lladin-Cymraeg.[24] Daethai'r teuluoedd llewyrchus i flasu danteithion cymdeithasol ac economaidd byd a roddai iddynt y gwobrwyon mwyaf chwaethus. Ac nid oedd yr *elite* ymhongar hwn â'i fryd ar droi'n ôl i flasu eto yr hen ddyddiau, a gwelodd Thomas Wiliems pa mor niweidiol i'r gymdeithas gysefin oedd eu gweithredoedd amheus yn enw ffyniant. Erfyniodd arnynt i gynnal cymrodedd, undeb, cynhesrwydd perthynas a 'thirion gariad' gan leddfu gerwinder

> . . . y rhai ceintachus, ymrysongar, cynhenus, a therfyscus, sy'n heu amrauaelion ag ymrysonion yn euch plith, hyt onyt aethont sywaeth laweroedd, gormodd meddaf, bendraphen a phendromwnwgl a u gilydd, y dreulio eu daoedd yn over ddiglot, ag y gywoethoci r cyfreithwyr, ag y lawenychu'r rhai ny charent ddim o honunt . . .[25]

Gan mai'r meibion hynaf a gâi'r etifeddiaeth, pellhau a wnâi meibion iau y bonheddig uchaf eu statws, yn arbennig i sefydliadau addysgol ar gyfer chwilio am swyddogaethau bras neu am wraig gefnog, llawer ohonynt yn Lloegr ym maes y gyfraith, milwriaeth a gwleidyddiaeth, ac o ganlyniad gwanhau wnâi eu hymlyniad wrth eu gwreiddiau. Ar ben hynny, trwy briodasau mynych rhwng Cymry a theuluoedd cefnog o'r gororau â Lloegr a rhannau eraill o'r wlad, cynyddodd dylanwad y Saesneg ar aelwydydd yng Nghymru ac, yn ôl tystiolaeth beirdd y canu caeth, effeithiodd hynny ar nawdd ym mhlastai cefn gwlad a fuasai'n bybyr eu cefnogaeth i'r diwylliant brodorol. Gruffydd Robert, mewn adran adnabyddus yn ei ragymadrodd i'w *Gramadeg Cymraeg*, a roddodd arwyddion eglur o'r tueddiadau a ddigwyddasai:

> Canys chwi a gewch rai yn gyttrym ag y gwelant afon Hafren, ne glochdai ymwithig, a chlowed sais yn doedyd unwaith good morow, a ddechreuant

> ollwng i cymraeg tros gof, ai doedyd yn fawr i llediaith: i cymraeg a fydd saesnigaidd, ai saesneg (duw a wyr) yn rhy gymreigaidd. A hyn sy'n dyfod naill ai o wir pholder, yntau o goeg falchder a gorwagrwydd. Canys ni welir fyth yn ddyn cyweithas, rhinweddol mo'r neb a wado nai dad, nai fam, nai wlad, nai iaith.[26]

Mynega ei bryder na fyddai boneddigion llythrennog Cymru'n gwerthfawrogi ei ramadeg ac na fyddai'n apelio atynt. Ofn oedd ganddo y byddent yn ei anwybyddu ef a'i ysgolheictod, ac o ganlyniad yn diystyru'r iaith – 'oblygyd hynn yddwyf yn adolwg i bob naturiol gymro dalu dyledus gariad i'r iaith gymraeg: fal na allo neb ddoedyd am yr vn o honynt mae pechod oedd fyth i magu ar laeth bronnau cymraes, am na ddymunent well ir gymraeg.'[27]

Defnyddiwyd y dyfyniadau uchod yn fynych gan haneswyr llên i nodi cymaint fu dylanwad y Saesneg ar foneddigion ifanc a deithiai dros Glawdd Offa i wella'u byd. Âi porthmyn yn gyson hefyd gyda'u gyrroedd o wartheg i farchnadoedd Llundain, Caint a mannau eraill gan ddefnyddio'r Saesneg, fel y disgwylid, i hybu eu masnach. Cynhwysir yr awgrym cryf yn nyfyniad Gruffydd Robert fod y boneddigion wedi rhoi eu mamiaith dros gof, ond rhaid peidio â gorliwio'r hyn a ddywed gan na fyddai ganddynt ddewis wrth gymdeithasu â Saeson. Gallai hynny effeithio i raddau ar eu dull o ynganu geiriau mae'n wir, ond mae'n amheus a fyddent wedi colli gafael yn gyfan gwbl ar eu mamiaith. Ni ellir gwadu y byddai cymysgu â Saeson (a rhai Cymry) wedi magu rhyw gymaint o goegwagedd a hunanfalchder ymhlith nifer ohonynt, ac mae digon o enghreifftiau i brofi hynny, ond mynegi pryder wna'r awdur na fyddai'r Gramadeg, a amcanwyd i buro'r Gymraeg, yn apelio atynt. O gofio am ei brofiadau yn Llundain ac yn ei swydd yn athro yn nhŷ'r Arglwydd Buckhurst, un o ganolfannau'r Dadeni yn Lloegr, deuir i wybod am brofiad Maurice Kyffin ymhlith rhai o'r math hwnnw. Byw ar bris eneidiau pobl a wnâi llawer o glerigwyr, meddai, a bychanu'r iaith Gymraeg a wnâi Cymry eraill er cynnal eu statws yn Lloegr. Meddai wrth 'yr hawddgar ddarllenydd Cristianogawl' yn ei ragair i *Deffynniad Ffydd Eglwys Loegr*:

> bagad eraill o Gymry yn cymeryd arnynt eulun dysc a goruchafiaeth, heb genthynt fri'n y byd a'r iaith eu gwlad, eithr rhusso'i doedyd, a chwylyddio'i

> chlywed, rhag ofn iss-hau ar eu gradd a'u cymeriad; heb na medry darllen, na cheisio myfyrio dim a fae a ffrwyth yntho'n gymraeg, fegis mynny onynt i bobl dybied fod cymmaint eu rhagor-fraint nhwy, na wedde iddynt . . . ostwng cyn issed ag ymyrryd ar ddim addysc cymreig.[28]

Byddai'n haws iddo ysgrifennu yn Saesneg ond teimlai'r angen i gynnal safon y Gymraeg gan fod ymddangosiad y Beibl yn yr iaith yn 1588 yn sail iddo ysgrifennu'n gywrain yn null y Dadeni.

O droi eto at ragymadrodd Robert Gwyn i'r *Drych Cristianogawl* gwelir iddo yntau gyflwyno'r un ddadl â Gruffydd Robert. Wedi iddo olrhain y prif gamau yn hanes twf Cristnogaeth gynnar â ati i gymharu ysblander yr hyn a fu a thrueni ei oes ef ei hun – anwybodaeth ac anffyddiaeth boneddigion, a'r golledigaeth honno i'w phriodoli i'r dirmyg a ddangoswyd tuag at yr iaith: '. . . felly y mae'r bonheddigion ag eraill,' meddai, 'yn ysgluso ag yn diystyru r iaith gymraec'.[29] Canlyniad hynny oedd i'r Saeson ddifrïo'r Gymraeg am nad oedd eu cyfeillion o Gymru yn rhoi unrhyw werth arni ac yn ei difenwi:

> [mae] r[h]ai or Cymry mor ddiflas ag mor ddibris ddigywilydd, ag iddynt ar ôl bod vn flwyddyn yn Lloegr, gymeryd arnynt ollwng eu Cymraeg dros gof, cyn dyscu Saesneg ddim cyful i dda. Y coegni a r mursendod hyn yn y Cymry sy yn peri ir Saeson dybied na thâl yr iaith ddim, am fod ar y Cymry gywilydd yn dywedyd eu hiaith i hunain: A hynny a wnaeth ir iaith golli a bod wedi ei chymyscu ai llygru a Saesneg . . . Py baei r bonheddigion Cymreig yn ymroi i ddarllen ag i scrifennu eu hiaith, hynny a wnaei i r cyphredin hefyd fawrhau a hophi r iaith.[30]

Ni pheidia Robert Gwyn â fflangellu'r Cymry anystyriol oherwydd iddo ganmol boneddigion Lloegr am roi esiampl mewn ffydd a buchedd dda i'r rhai anllythrennog, ond nid felly roedd hi, meddai, yng Nghymru gan na roddent gymorth o'r fath 'ir tylodion cyphredin' sydd heb ffydd na chydwybod: 'fal i maer cyphredin Gymry y rhann fwyaf o honynt yn canlyn bonheddigion, ag yn dwyn eu buchedd ar ôl sampleu r bonneddigion'.[31] Gan na chânt eu hyfforddi mewn daioni nid yw'r rhai a esgeulusa eu cyfrifoldeb yn manteisio ar sefyllfa druenus y werin ac yn diystyrru'r iaith, ac ychwanega:

> Am fod y rhann fwyaf or bonheddigion heb fedru na darllain nag yscrifennu cymbraeg: Y peth sydd gywilydd iddynt: A hyn sydd yn peri ir Saeson dybieid a doydyd fod yr iaith yn salw, yn wael, ag yn ddiphrwyth ddiberth, heb dalu dim: Am eu bod yn gweled y bonheddigion Cymbreig heb roi pris arnei.[32]

Dylai'r rhai a chanddynt addysg y pryd hwnnw, meddai'r awdur eto, ddarllen y *Drych* a thrwy hynny roi csiampl dda i'r werin a'u denu i wrando ar ei gynnwys. Wedi dweud hynny rhaid cofio mai Pabydd sy'n mynegi'n gryf ei farn am ddiffyg dysg a chrefydd yng Nghymru, ac er na chrybwyllir hynny ganddo, yn ddiau, y drefn Brotestannaidd newydd dan Elisabeth I fyddai'n gyfrifol am y gwacter ysbrydol hwnnw.

Nid yw'r cyfeiriad uchod at ddiffyg 'daioni' mewn gwŷr o statws yn awgrymu mai rhai hollol ddiegwyddor oeddynt ond, yn hytrach, arweinwyr lleol na chyraeddasant y safon a ddisgwylid ganddynt, yn ôl dysgeidiaeth dyneiddwyr o safon Syr Thomas Elyot, Roger Ascham, a Syr Philip Sidney yn Lloegr. Meddai Elyot am y llywodraethwyr teilwng:

> . . . they sit, as it were, on a pillar on the top of a mountain where all the people do behold them . . . worthy to be in authority, honour and noblesse, and all that is under their governance shall prosper and come to perfection.[33]

Yn ddiau, geiriau uchelael, ond datganiad cyfoes o ddyletswydd y 'gwrda' i'r rhai dan ei warchodaeth. Ceir gan yr awdur y cysyniad o 'ddaioni' a feddiennid gan arweinydd a *gravitas* ganddo i'w alluogi i gynnal safonau moesol mewn cymdeithas. Yn sail i'r farn gyffredinol ymhlith dyneiddwyr ac ysgolheigion eglwysig saif y pwyslais a roddir ar gyfraniad yr aelwyd i hyrwyddo dysg a moesau, nodwedd a ddaethai'n fwy cyffredin ymhlith yr ymneilltuwyr cynnar, yng ngweithiau Oliver Thomas ac eraill yn yr ail ganrif ar bymtheg. Er nad Piwritan oedd Rhys Prichard o Lanymddyfri dangosai dueddiadau cydnaws â meddylfryd rhai o awduron yr ymneilltuwyr cynnar trwy gyfeirio at anallu'r Cymry cyffredin, yn wahanol i'w cymheiriaid yn Lloegr, i ddarllen y Beibl, ac wedi i Feibl Bach 1630 ymddangos apeliodd yn daer yn rhai o'i garolau ar i'r penteuluoedd yn bennaf brynu copi ohono a'i ddefnyddio'n gyson ar eu haelwydydd. 'Gwna dy dŷ yn demel sanctaidd, i addoli Duw yn weddaidd'[34] meddai, a rhoddodd gyfarwyddiadau pendant i'r penteulu:

> Bydd mor sobr, bydd mor sanctaidd,
> Bydd mor gynnil, bydd mor weddaidd,
> Bydd mor ddeddfol, bydd mor gymwys
> Yn dy dŷ ac yn dy Eglwys.[35]

Ystyriai Prichard yr aelwyd a'r eglwys yn un sefydliad cyfansawdd i addoli ynddo, y naill wedi'i chymathu â'r llall. Er mai yn eglwys y plwyf y derbynnid y gwasanaethau ffurfiol a'r sacramentau, yn ôl credo'r Piwritan-iaid, y tu allan iddi, yn y cartref a'r Tŷ Cwrdd, y ceid sail gwir ddefosiwn, a mannau i blannu cyfraith Duw a dod i adnabyddiaeth ohoni. Yno y dylid meithrin 'Patrwm o ddaioni' a buchedd, cyfle i gynghori, rheoli a disgyblu ac i ymestyn gwaith yr offeiriad plwyf. Dyna a fynegir gan Oliver Thomas yn *Car-wr y Cymry*:

> Canys o hynny y daw y Perchen-tŷ a'r penteulu i fedru dyscu eu plant a'u tylwyth gartref y ngwyddorion y ffydd; ac i ennyn yn eu cymmydogion bêth gwrês ewyllys-frŷd, ac awydd i ymgommio ynghylch Crefydd, ac i fyfyrio ar amryw byngciau o athrawiaeth yn ôl eu clywed allan o Air Duw yn yr Eglwys.[36]

Ni allai Lewis Bayly ddweud yn amgenach yn ei *The Practice of Piety* (*c.*1610) ond pwysleisia ef y cyfrifoldeb teuluol yn ei adran ar 'Fyfyrdodau am dduwioldeb teuluaidd' trwy gymell y penteulu i bwyso ar aelodau o'r 'teulu' estynedig, yr 'household', sef aelodau'r teulu niwclear ynghyd â'r gweision a'r morynion ac eraill a gynhwysid o fewn undod y cartref ac a ystyrid yn sail trefn gymdeithasol neu'n 'wladwriaeth' fach. Meddai Bayly yng nghyfieithiad Rowland Vaughan:

> Os dy alwedigaeth yw, cadw tŷ a thylwyth, na thybia fod yn ddigon abl i ti dy hûn weddio a gwasanaethu Duw yn vnion, eithr rhaid i ti beri i bawb a fyddo tan dy lywodraeth wneuthur yr vnrhyw gyd â thi . . . Os dymuni gan hynny gael bendith Dduw arnat dy hûn, a'th teulu, naill, a'i cynt a'i gwedi dy neillduol weddi dy hûn, galw ynghyd bob borau i ryw stafell gyfleus, dy holl deulu.[37]

Argraffwyd y llyfr cyntaf yn 1630 dros Philemon Stephens a Christopher Meredyth 'tan arwydd y llew-euraid ym Monwent S. Paul', partneriaid llyfrwerthwyr yn Llundain.[38] Paratoad fyddai hynny ar gyfer mynychu'r eglwys blwyf i gyfoethogi'r bywyd ysbrydol a fyddai, yn ei dro, yn codi safonau moesol cymdeithas yn gyffredinol. O ganlyniad i'r gostyngiad yn awdurdod yr offeiriadaeth yng nghwrs y Diwygiad Protestannaidd dyrchafwyd awdurdod penaethiaid lleyg teuluoedd a weithredai fel cyfryngwyr rhwng y llywodraeth ganolog a'r rhai is eu gradd, a derbyniai Anglicanwyr a Phiwritaniaid y gred honno.

Hyfforddiant yn y cartref – yr hyn a eilw Christopher Hill yn 'spiritualization of the household' – fyddai'n rhoi gwreiddiau priodol i ysbrydoledd yr unigolyn.[39] I Biwritaniaid, yr uned isaf yn yr hierarchaeth ddisgyblaethol oedd y teulu dan arweiniad y penteulu, ac amlygid hynny gan Lewis Bayly yn *The Practice of Piety* ac Arthur Dent yn *The Plaine Man's Pathway to Heaven*, dau waith anogaethol. Mewn anerchiad gan Gruffydd Robert i'w gyfaill Morus Clynnog wedi iddo ddarllen *Athrawiaeth Gristnogawl* (1568) pwysleisia'r diffyg hyfforddiant i ieuenctid mewn dysg a moesau a hynny, meddai, oherwydd prinder llyfrau addas i gyflawni'r dasg. Â ati wedyn i gyfeirio at ddyletswydd yr eglwysi a'r teuluoedd i ddarllen rhannau o'r gwaith er prifiant ysbrydol eu haelodau:

> Gwyn eu byd trwy Gymru pe parent ymhob eglwys wrth aros y gwasanaeth neu ar osteg offeren, gartref ymysg tylwyth y tŷ i ddifyrru'r amser, ac ymhob cynulleidfa i ddiddanu'r bobl, ddarllen hwn neu'r cyfryw ymadroddion, a gadael i ffordd henchwedlau coegion, a chywyddau gwenieithus celwyddog.[40]

Y mae'r flwyddyn 1630 yn un arbennig yn hanes cyhoeddi rhyddiaith grefyddol yn Gymraeg. Priodolir y gweithgarwch hwn i Syr Thomas Myddleton a Rowland Heylin, dau Gymro cefnog a duwiol a drigai yn Llundain ac a roddai nawdd ariannol i gyhoeddi llyfrau defosiynol ar ffurf cyfieithiad i'r Gymraeg o glasuron Saesneg. Yr amlycaf ohonynt oedd cyfieithiadau Rowland Vaughan o Gaer-gai, Meirionnydd o *The Practice of Piety* gan Lewis Bayly, Robert Llwyd o *The Plaine Man's Pathway to Heaven* gan Arthur Dent a'r *Bibl Cyssegr-lan*, sef y 'Beibl Bach Coron' (neu 'Beibl Midltwn'), argraffiad Robert Barker, yr argraffydd brenhinol, y Beibl cludadwy cyntaf a olygwyd, fe gredir, gan Llwyd. Ymhob un ohonynt rhoddir anogaeth yn y rhagymadroddion i ddefnyddio'r cartref, a ystyrid agosaf at yr eglwys yn sail i gyfoethogi gwybodaeth o'r Beibl a hyrwyddo duwioldeb. Oherwydd ei faint rhoddwyd mwy o gyhoeddusrwydd i'r 'Beibl Bach' gan nad oedd 'na'r lles, nar arfer o air Duw mor gyhoedd ac mor gyffredin, ac y chwenychai lawer o Gristnogion bucheddol.'[41] Y tebygrwydd yw mai Michael Roberts o Fôn, Cymrawd o Goleg Iesu, Rhydychen, ar y pryd a ysgrifennodd y rhagarweiniad a golygu'r cyhoeddiad poblogaidd hwn, ac yn y cyflwyniad ceir ganddo apêl gref ar i'r penteuluoedd ei ddefnyddio'n gyson ar eu haelwydydd:

> Ac lle y dylai yn bendifaddeu breswylio yn y galon, yr hon yw dodrefnyn pennaf yr enaid, Etto mae'n angenrhaid iddo hefyd breswylio yn y ty. Ni wasanaetha yn vnic ei adel ef yn yr Eglwys, fel gwr dieuthr, ond mae'n rhaid iddo drigo yn dy stafell di, tan dy gronglwyd dy hun . . . mae'n rhaid iddo ef drigo gyda'th ti fel cyfaill yn bwytta o'th fara, fel anwyl-ddyn a phen-cyngor it'.[42]

Tebyg oedd ymateb Robert Llwyd i'r angen am ysbrydolrwydd yn ei gyfieithiad o gampwaith Dent a gyhoeddodd weddïau teuluol i'w defnyddio ar yr aelwyd. Cyflwynodd Llwyd ei waith i John Hanmer, Esgob Llanelwy, aelod o deulu amlwg yn sir y Fflint, a'i amcan oedd rhoi cyfle i'r Cymry cyffredin 'cartrefol' yn esgobaeth Llanelwy i ymarfer a darllen fel y gallent ddysgu am 'y wir ffydd'. Cyfrol dduwiol yw hi ar ffurf ymddiddan rhwng pedwar ar ddyrchafiad y pechadur trwy ras Duw i'r nefoedd – 'gwneuthur i ti lesâd, a dwyn diddanwch i'th enaid'[43] – pwnc canolog yng ngweithiau crefyddol cyhoeddedig y cyfnod hwnnw. Wrth gyfeirio at y dull o fyfyrio arno meddai:

> Oni wnei ddaioni i dylwth dy dŷ, na wna gam a hwynt am ymborth eu heneidiau . . . Canys er porthi o honot gyrph dy blant, a'th deulu, a gadel ar hynny heb ymorol a'm eu heneidiau, heb yr wyt ti yn ei wneuthur iddynt chwaneg, nac a wnei i'th farch, i'th ŷch, ie i'th gî? Darllein hwn gan hynny, i'th wraig, ac i'th blant. [44]

Os na allai'r penteulu ddarllen yna, meddai'r awdur, dylai ymorol bod un arall o'r teulu'n dysgu ac y byddai hwnnw wedyn yn darllen i eraill, oherwydd diben ei lafur oedd 'cyssuro dy enaid pan na allo yr holl fyd ddim llesâd i ti'.[45] Pe byddai boneddigion ifanc Cymru yn canfod goruchwyliaeth dduwiol i dreulio eu hamser arno, meddai wrth ddirwyn y rhagymadrodd i ben, ni fyddai anllywodraeth, rhysedd na rhwysg 'ac ni byddei occreth yn yssu ac yn bwytta y naill ddarn o'u tiroedd, na thafarndai, a mŵg Tobacco yn yfed y darn arall'.[46] Cywilyddiodd Maurice Kyffin pan glywodd eglwyswr anhysbys (ai William Hughes, Esgob Llanelwy, oedd hwn tybed?) yn beirniadu'n gyhoeddus yr iaith mewn 'eisteddfod' neu'r confocasiwn eglwysig trwy wrthwynebu rhoi caniatâd i argraffydd gyhoeddi yn y Gymraeg gan mai dysgu Saesneg i'r Cymry fyddai'r amcan gorau, 'gan ddoedyd ym-mellach na wnaer Beibl gymraeg ddim da, namyn llawer o ddrwg'.[47] Ac ychwanegodd Kyffin: 'Nid digon oedd gantho ef speilio'r Cyffredin am eu da dayarol, ond ef a fynne gwbl anreithio eu heneidieu nhwy hefyd.'[48] Nid oedd fawr o obaith dysgu Saesneg i Gymry uniaith a gresyn fyddai colli eneidiau sydd angen dysg a galluoedd i'w hyfforddi. Tywyllu goleuni Cymry fyddai hynny, meddai, yn arbennig gan fod yr ysgrythurau bellach ar gael iddynt.

Adlewyrchai gogwydd negyddol o'r fath farn rhai – yn cynnwys Cymry – na roddent werth ar anghenion ysbrydol y genedl. Yn llythyr William Salesbury at Humphrey Toy, y marsiandïwr o Gaerfyrddin, yn ail argraffiad *A brief and a playne introduction* . . . (1550) dan y teitl *A playne and a familiar introduction* . . . (1567) cyfeiriodd yn gyffredinol at y rhai a wrthwynebai'r cyfieithu ('. . . this godly enterprise').[49] Gwrthwynebwyd nid yn unig yr orgraff ond hefyd y bwriad i gyhoeddi'r Beibl cyflawn – 'some saying wyth *Iudas* the Traitor, what needed thys waste?'[50] Teimlwyd bod y rhai llythrennog, sef yr offeiriaid, yn rhy brin o ran nifer i gyfiawnhau'r fenter, ac roedd William Morgan yn ymwybodol o'r gwrthwynebiad mewn rhai cylchoedd. Er iddo gytuno bod defnyddio un iaith yn dderbyniol yn y deyrnas yn ei ragair i'r Frenhines yn 1588, pwysleisiodd yr angen i ddefnyddio'r iaith frodorol yng Nghymru er sicrhau llwyddiant y ffydd newydd ac iachawdwriaeth ei gyd-Gymry. Amcan Salesbury a John Waley, yr argraffydd o Lundain ac aelod blaenllaw o Gwmni'r Safwerthwyr, oedd sicrhau monopoli ar drwydded i gyflogi argraffydd i gyhoeddi llyfrau yn yr iaith honno ('. . . cennad i vn celfydd i brintio Cymraeg') trwy freintlythyr a fyddai'n hwyluso cyfieithu'r ysgrythurau, y Llyfr Gweddi a llyfrau eraill, ond gwrthodwyd hynny yn y confocasiwn.[51] Un aelod blaenllaw o'r llywodraeth a gefnogai'r cyfieithu oedd William Cecil, Arglwydd Burghley, ac awgryma hynny fod y Cyfrin Gyngor yn cytuno ag ef bod deddf 1563 yn gyfrwng pwysig yn yr ymgyrch i gryfhau'r ardrefniad crefyddol. Yn ddiau, crefydd yn hytrach nag iaith a allai beri rhwyg yn y deyrnas, ac ystyriai Burghley fod y ddeddf honno'n un o bump oedd yn hanfodol i sefydlogrwydd y drefn newydd am fod y Catholigion yn ei chasáu hi.[52]

Ymhlith ei sylwadau rhydd Siôn Dafydd Rhys sylw i'r Cymry a ystyriai eu mamiaith yn israddol i Saesneg ac ieithoedd dyneiddiaeth y cyfandir fel Ffrangeg, Almaeneg. Sbaeneg ac Eidaleg oblegid ynddynt, meddai, y cesglid eu llenyddiaethau gorau i'w harddangos i'r byd. Yng Nghymru ni wneid hynny, meddai, eithr anwybyddid trysorau'r iaith, a gelwid gelynion yr iaith ganddo yn 'fursennaidd sorod', 'crachyddion', 'cwcwalltieit' a 'cachadurieit y wlâd'.[53] Gellid achub ei phurdeb trwy iddynt argraffu'r goreuon ymhlith trysorau'r gorffennol 'er mwyn cadw côf o'r hên addysc, a'r hên gynnildeb', ac awgryma sut yr eid o'i chwmpas hi i gyflawni hynny:

> Vn swllt o bwrs pôb vn o honom tu ac at bapr a phrint, a lanwei y wlâd o'r fâth Lyfreu odîdawc . . . Canys (ynn fy marn î) . . . gwell, a syberwach . . . a thragwyddôlach a fyddei hynn, no threulo arian mywn Tafarneu arr loddest a diôdach; yr hain betheu a ymadâwant a'r corph (agatfydd) cynn yspeit pedeirawr arr hugeint; ynn y lle y parháont y petheu eraill yn dragwyddol, er llesiant i enait a chorph.[54]

Pwnc Henry Perri o sir y Fflint, offeiriad ym Môn, yn ei *Egluryn Phraethineb* (1595) oedd rhethreg, a chyflawniad ydoedd o waith anghyhoeddedig William Salesbury a luniwyd yn gyfaddasiad o'r Lladin yn 1552. Argraffwyd y gwaith yn Llundain gan John Danter a chyfarchodd 'ei anwyl a'i ddirgar frodur y Boneddigion, Periglorion a'r Prydyddion o'r genetl Gymbrou'[55] mewn iaith nodweddiadol o ysgolheigion ei oes gan eu cynghori sut y dylid meithrin doniau dyneiddiol 'er mwyn braint y Brytannieit' ac er budd i'r Gymraeg.[56] Roedd Perri'n ddisgybl i Petrus Ramus, gwrthwynebydd dysg Aristotlys, a'r dyneiddiwr, rhesymegwr a diwygiwr addysgol disglair o Ffrainc a gyhoeddodd *Rhetoricae Distinctiones* (1549), gwaith a gafodd ddylanwad eang yn Ewrop a thu hwnt, a chyflwynodd Perri ei ddysgeidiaeth ef i Gymru yn ei *Egluryn Phraethineb*.[57] Meddai yn ei ragair wrth y rhai y disgwyliai iddynt fod yn hyddysg yn y defnydd o gelfyddyd rhethreg, sef yr ieithwedd briodol i drafod hanfodion y gwyddorau a'r ysgrythur lân:

> honn sy vn o lawforwynnion gwir ddoethineb, hon sy arglwyddes a rheoledicferch ar weithredoedd oll wyr y byd . . . Yr vn sut y mae phraethineb yn dyscu phraethebu, ac araitho yn hyodl mywn Duwindeb, meddiginiaeth, cyfreithwriacth, milwriaeth, ac ym mhob cytro ym mhlith dynion. Canys pwy a ddichyn ddeall yr scruthur lan, honn yw ymborth yr enaid, heb wybodaeth o'r gelfyddyd yma?[58]

Anogodd wŷr breintiedig y genedl i wobrwyo rhai dysgedigion i arbed yr iaith rhag dinistr anialwch llwyr a'i 'harddu'n foliannus a phob cyfrwyddyd gorfufiawc'.[59] Er iddo wybod nad oedd gan lawer o'r uchelwyr y gallu i drin yr iaith yn hyfedr a bod hynny'n anfantais iddynt hwy ac i achubiaeth yr iaith, fe'u cynghora i ohebu â'i gilydd yn y Gymraeg er lles iddi hi ac iddynt hwythau. Cyflawnodd y gwaith ar ddymuniad Syr John Salusbury o Leweni, a ddyrchafwyd yn bennaeth ei deulu wedi dienyddio'i frawd hŷn Thomas Salusbury am ei ran yng Nghynllwyn Babington (1586) i ladd y Frenhines Elisabeth a gorseddu Mari, Brenhines y Sgotiaid, yn ei lle. Er cymaint ei helbulon, yn arbennig yn ei flynyddoedd olaf, roedd Salusbury yn ŵr digon dysgedig gan iddo fynychu Coleg Iesu, Rhydychen, a'r Deml Ganol yn Llundain.[60]

Heb surni sylw'r 'eglwyswr' y cyfeiriodd Maurice Kyffin ato, mynegodd Huw Lewys, a ddyrchafwyd yn ficer Llanddeiniolen yn 1598, farn gyffelyb wrth ganmol camp William Morgan yn ei ragarweiniad i *Perl Mewn Adfyd*, sef cyfieithiad o *A Spyrytuall and moost Precious Pearle* (1550) (cyfieithiad Miles Coverdale o waith Otto Werdmüller *Ein Kleinot*). Cyfrol Lewys oedd y gyntaf a gyhoeddwyd yn y Gymraeg yn Rhydychen. Nid oedd Lewys yn fyr o feirniadu'r Eglwys yng Nghymru ei gyfnod, a chyfeiriodd at brinder llyfrau Cymraeg a roddai 'ysprydawl ddiddanwch' i'r bobl.[61] Er bod yr ysgrythurau wedi eu cyhoeddi erbyn 1595, blwyddyn cyhoeddi ei gyfieithiad, mynegodd ei siom fod y Beibl a'r Llyfr Gweddi Gyffredin yn 'gloedig' yn yr eglwysi lle na ellid gwrando ar ddarlleniad ohonynt ond unwaith yr wythnos.[62] Yn y Beibl, meddai drachefn, mae'r adrannau a ymdriniai â'r 'diwedd' yn anodd i'w canfod gan eu bod yn wasgaredig a'r gwŷr eglwysig yn ddiog 'heb ymarddel a phregethu ac a deongl dirgelwch gair Duw i'r bobl, eythr byw yn fudion, ac yn aflafar, fal cwn heb gyfarth, clych heb dafodeu, ne gannwyll dan lestr'.[63] Oherwydd hynny, ceid 'henafgwyr briglwydion, trigeinmlwydd oed, ne fwy, mor ddeillion, ac mor anyscedic, ac na fedrant roi cyfri o byncia u yr ffydd, a'r crefydd Cristnogaidd, mwy na phlant bychain newydd eni'.[64] Roedd geiriau llym o'r fath yn destun gwarth ac yn arwydd pendant nad oedd yr Ardrefniant Eglwysig yn 1559 wedi ennill tir yn y rhannau mwyaf anghysbell o Gymru. Diffygion o'r fath, meddai ymhellach, a achosai fod trachwant, glythineb ac anfoesau eraill yn llygru'r genedl:

> Hynn yw yr achos pam y tyfodd cymeint o chwynn, gwyg, ac efrae, yngwenithfaes yr Arglwydd, sef cymeint o draddodiadae, a dynawl ddychmygion a gosodigaethae yn yr Eglwys, yn gymyscedic a gwir, ac a phurlan air duw. . . . Pa faint yw rhwysc cybydd-dod, vsuriaeth, chwant, trais, lledrat ac ysbel, in mysc, fe wyr pawb sy yn dal ac yn craffu ar gwrs y byd. Puteindra, ac anlladrwydd ni bu erioed fwy: glothineb, brwysc, a medd-dod sy gyffredin; casineb, llid, gelynniaeth, digofaint, ymrysonau, ymgyfreithiaw, anghariadoldeb ac anudonau sy ry aml, ac agos a gorescyn ein gwlad. Ac ni wnn beth yw yr achos o hyn, ond . . . ein eisieu o lyfreu, in twysaw, ac in llwybraw yn y ffordd iawn.[65]

Dengys yn eglur ei wrthwynebiad chwyrn i'r defodau a'r ofergoeledd Catholigaidd a gwêl olion ymhlith y glerigaeth o ddiffyg gallu a thuedd gref i ymlynu wrth yr 'Hen Ffydd'. Y mae ei gyfeiriad at 'ymgyfreithiaw' yn dwyn i gof yr hyn a ddywed Siôn Dafydd Rhys yn ei ddicter at ymrysonwyr mewn llysoedd barn. 'A'r anghytundeb a'r anhêddwch bêth a wnâ hitheu', meddai, 'onyd gyrru pawb benbenn, i ymleassu a e gilydd, ac i waethu pawb arr eu gilydd'.[66] Peri loes, poen ac ymgynhennu maleisus a wnâi cyfraith yn rhy aml a thrwy hynny roi cyfle i Gyngor Cymru a'r Gororau yn Llwydlo ffynnu yn ei 'peunyddiol gynhaliaeth'.[67]

Yn sail i'r holl ddadleuon hyn saif y pryder, mewn oes o ddysg a diwygio crefyddol, na roddwyd y lle priodol i'r iaith Gymraeg. Credai Edward Kyffin, brawd Maurice Kyffin efallai, yn ei gyfrol fer fydryddol o ddeuddeg salm gyfan a rhan o'r drydedd salm ar ddeg yn 1603, mai'r sail i gyfoethogi'r Gymraeg oedd ymddangosiad y Beibl, a gwêl yr oedi cyn symud ymlaen i'w ddefnyddio'n golled enfawr iddi i ddibenion crefyddol:

> O fy anwyl wlad-wyr, tra fo duw yn canhiattau i ni, y rhwydd-deb, yr heddwch, a'r rhyddid y rydym yrowron yn ei gael, na chollwn yr amser presennol, ond yn hytrach gwaredwn yr hîr-amser a gollasom yn barod, a dangoswn i'r byd, eyn bôd yn prisio mwy am Ogoniant Duw, am Orchafiaeth a derchafiad eyn Gwlâd a'n hiaith, ag am ddi-dranck lywenydd ag iechydwriaeth eyn Eneidiau eyn hunain, nag yr ydym am ddarfodedig fwnws y byd hwnn.[68]

Er cymaint y siom a'r anniddigrwydd a deimlwyd gan sylwebyddion ar dranc yr iaith lenyddol mewn prydyddiaeth a rhyddiaith ar ddiwedd oes y Tuduriaid a'r degawdau wedi hynny, ni ellir llai na chydnabod bod noddwyr unigol o blith boneddigion Cymru ar gael i hybu achos cyhoeddi gramadegau a gweithiau crefyddol yn y Gymraeg. Ond unigolion oedd y rheini a bychan oedd eu nifer. Rhestrir rhai ohonynt, a Chatholigion yn eu plith, gan Thomas Wiliems, sef Morus Wynn a'i fab, yr enwog Syr Siôn, o Wedir yn Nyffryn Conwy, Syr Siôn Salsbri o Leweni, Robert Pugh o deulu Catholigaidd Penrhyn Creuddyn, John Edwards, Pabydd o'r Waun, sir Ddinbych ('gwir ymgeleddwr yr iaith Gymraec'), Hugh Gwynn o'r Berthddu, Llanrwst, Edward Thelwall, Robert Holland, William Gruffydd, offeiriad Cemaes sir Drefaldwyn, William Herbert, Iarll Penfro ('Llygat holl Gymru'),[69] Syr Edward Stradling o Sain Dunwyd ac Edward Somerset, pedwerydd Iarll Caerwrangon. Amrywiai pob un ohonynt o ran statws cymdeithasol ac argyhoeddiadau crefyddol ond, yr un pryd, roeddent yn awyddus i hybu buddiannau awduron ac achos y Gymraeg.

Dengys y rhestr hon o wŷr amlwg yn eu cymdeithas fod gan bob un ohonynt ddiddordeb mewn llenyddiaeth Gymraeg a'u bod yn awyddus i'w hyrwyddo. Ymddiddorodd Syr Sion Wynn o Wedir yn fawr yng ngwaith Thomas Wiliems, a aned yn Ardhe'r Meneich ger Trefriw, ac yn ei flynyddoedd olaf ceisiodd ganfod cyhoeddwr i'r Geiriadur. Cysylltodd â'r Dr John Davies, Mallwyd, ond ni ddaeth dim o'i fwriad. Mab Siôn Salsbri a'r enwog Catrin, merch Tudur ap Robert o Ferain, o'i phriodas gyntaf oedd Syr Siôn Salsbri, a addysgwyd yng Ngholeg Iesu ac a etifeddodd ystâd Lleweni. Cafodd fywyd eithaf helbulus ond bu'n noddwr i'r beirdd ac, yn ddiau, bu hefyd yn gefnogol i awdur y Geiriadur.[70] Bu'r Pabydd Robert Pugh o Benrhyn Creuddyn yng Ngholeg Balliol yn Rhydychen a threuliodd ei flynyddoedd wedyn yn gyfreithiwr, a Phabydd rhonc hefyd oedd

John Edwards o'r Waun, geiriadurwr yr oedd Thomas Wiliems yn awyddus iddo lunio talfyriad o'i waith enfawr, ond nid oes prawf iddo gyflawni hynny. Aelod o gangen iau yn nheulu Gwedir oedd Hugh Gwynn, mab hynaf Gruffudd Wynn o'r Berthddu ger Llanrwst. Ewythr iddo oedd Dr John Gwyn, cyfreithiwr eglwysig amlwg a addysgwyd yng Ngholeg y Breninesau, Caer-grawnt, a brawd iddo oedd Dr Owen Wynn a ddyrchafwyd yn Feistr Coleg Sant Ioan yn yr un brifysgol.[71] Mab hynaf Simon Thelwall o Blas-y-Ward, oedd Edward Thelwall, cyfreithiwr a bardd, a'i drydedd wraig oedd Catrin o Ferain. Yn ôl y disgrifiad ohono fe'i cydnabuwyd yn 'most accomplished gentleman', gŵr a yfodd yn helaeth o ffynnon y Dadeni. Cafodd Robert Holland, aelod o deulu bonheddig yng Nghonwy, yrfa lwyddiannus yn glerigwr a wasanaethodd yn bennaf yn sir Benfro ac a ddaeth i amlygrwydd hefyd fel awdur, ac un o'i weithiau oedd *Sail Crefydd Cristionogol* (*c*.1600), cyfieithiad o gatecism William Perkins. Y tebyg yw mai William Griffiths, offeiriad Cemaes, sir Drefaldwyn, oedd 'M. Gr o r Cemeis',[72] er bod lle i gredu iddo ddal cysylltiad â theulu Pen-y-Benglog yng Nghemais, sir Benfro, ond ni wyddys am ei gysylltiad â Thomas Wiliems, ac mae hynny'n wir hefyd am y tirfeddiannwr grymus Edward Somerset, pedwerydd Iarll Caerwrangon.

Cyfeiriwyd eisoes at Syr Edward Stradling a'i ddiddordebau amrywiol. Enwir hefyd William Herbert, Iarll cyntaf Penfro o'r ail greadigaeth, Barwn Caerdydd, Arglwydd Stiward yn llys Elisabeth I yn 1568, Arglwydd-Lywydd Cyngor Cymru a'r Gororau yn Llwydlo ddwywaith (1550; 1555-8) a gwas amlwg i'r Goron yn Llundain, gan Thomas Wiliems, yn bennaf am iddo fod yn barod i siarad ei famiaith wrth ei gyd-Gymry yn y Llys Brenhinol ac 'yn fraethlym, vlaendost a geryddai r Cymro murseneidd, pefriaith, mindlws, a ddywetei estroniaith wrth ei gyt Gymro'.[73] Rhoddodd Gruffydd Robert fawl tebyg i'r iarll yn ei ragair i'w ramadeg:

> Canys fe ŵyr holl Gymru a Lloegr faint eich serch i'r Frutaniaeth, pryd na ddoedech wrth Gymro ond Cymraeg, ie, ymysg penaduriaid y deyrnas: mal y clywais fagad o wŷr yn doedyd, tan fawr ddiolch i Dduw, weled eu pennaeth, mewn gradd a lle cyn uched, yn dangos dirfawr serch o'i wlad naturiol ar ei ymddygiad a'i ymadrodd . . . Canys nid oes dim i ennill calonnau a deiliaid yn gystal ag ymgleddu eu hiaith a siarad wrthynt bob un yn ei iaith naturiol.[74]

Ategwyd hynny gan y bardd Wiliam Llŷn yn ei gywydd marwnad iddo yn 1570:

> Pe bai'r Iarll pybyr ei win
> Oll gerbron Lloegr a'i brenin,
> Doedai ef, a di-difar,
> Gymraeg wrth Gymro a'i gâr.[75]

Yn ddiau, roedd William Herbert yn ŵr tra chymeradwy gan foneddigion Cymru, a chyflwynodd Syr Siôn Prys lythyr annerch iddo ar ddechrau ei *Historiae Brytannicae Defensio*, a gyhoeddwyd gan ei fab Richard Price yn 1573, yn datgan ei edmygedd mawr ohono ef a'i deulu. Yn y llythyr hwn cyfunodd y rhinweddau sylfaenol a nodweddai 'ŵr y Dadeni':

> Oblegid y mae eich teulu chwi wedi adfer gogoniant y genedl hon – gogoniant a oedd wedi diflannu bron – a'i alw yn ôl megis o fro marwolaeth a'i ddyrchafu. Ond ymddengys eich bod chwi eich hun hefyd wedi rhoi mwy o fri ac anrhydedd ar y teulu hwnnw, er mor hyglod ydoedd eisoes . . . At urddas eich tras yr ydych chwi wedi ychwanegu holl olud eich meddwl . . . y mae gennych ddoethineb wedi'i gysylltu â dewrder, a chymedrolder wedi ei dymheru â chyfiawnder.[76]

Ceir nifer o ddatganiadau rhwysgfawr o'r natur hwn yn aml gan awduron Cymreig y Dadeni, a phlethir priodoleddau tebyg gan feirdd y canu caeth yn eu hawdlau a'u cywyddau mawl a marwnad. Mewn llythyrau annerch i Syr Henry Sidney a'i fab Syr Philip, dau a gynrychiolai gyfoeth ysbryd y Dadeni, ymhlith rhinweddau eraill, dyfynna Dr David Powel, caplan y tad, yn ei argraffiad o rai gweithiau gan Ponticus, a Gerallt Gymro yn 1585, eiriau Fyrsil yn *Aeneid* i gynrychioli'r *nobilitas*, y rhai anrhydeddusaf eu gradd mewn cymdeithas, a dyma'r hyn a ddywed am Syr Henry Sidney, Arglwydd Lywydd Cymru ac aelod o'r Cyfrin Gyngor:

> Oblegid wedi drachtio gwybodaeth o lên yn helaeth, treuliasoch gyfnod heini blodau'ch dyddiau yn ddyn arfog, ar flaen y gad, yn amddiffyn heddwch y Wladwriaeth; ond yn awr . . . yr ydych yn treulio'r cyfan o'r rhan olaf hon o'ch oes . . . yn casglu ac yn cyhoeddi hanes y rhanbarthau hynny yr ydych wedi bod yn eu rheoli . . .

Tra bo afonydd yn llifo i'r môr, cysgodion yn tramwyo'r mynyddoedd, y ffurfafen yn bwydo'r sêr bwaog, bydd dy anrhydedd a'th enw a'th glodydd di yn parhau byth.[77]

Yn ddiau, roedd anrhydedd y tad a'r mab yn dra adnabyddus ymhlith mawrion dyneiddiol a gwleidyddol eu hoes yn Lloegr, ac yng Nghymru safai Syr Edward Stradling hefyd yn berson nodedig, ac yn ôl Siôn Dafydd Rhys, yn ei gyflwyniad iddo yn ei *Cambrobrytannicae Cymraecaeve Linguae Institutiones*, sef ei Ramadeg Cymraeg yn Lladin, ef oedd y Maecenas, y '[gŵr] anrhydeddus, eithriadol ei ddysg a'i ddoethineb; noddwr arbennig i lên ac i wŷr llên'.[78] Cyfrifir ei glod i farchog Sain Dunwyd a'i wraig Agnes Gage, ymhlith y mwyaf rhodresgar, os nad yn lled fursennaidd:

ychydig iawn o ddynion y gallwn eu darganfod i'w cymharu â chwi, a braidd neb i'w ddewis yn eich lle. Yn ddiau yr ydych chwi bob amser wedi bod yn warcheidwad ac yn ddilynwr diwyro i wir rinwedd; yr ydych bob amser wedi rhagori ar bawb fel gwneuthurwr tangnefedd . . . mae gennych eich lle yn sedd eich hynafiaid ynghyd â'ch gwraig fonheddig ei thras . . . Y mae ei lledneisrwydd swynol, ei phurdeb Penelopeaidd, a doniau eraill o ran corff a meddwl sy'n eiddo iddi, doniau sy'n gwbl deilwng o'r fath arwres – y mae'r rhain oll yn cystadlu ag arwresau'r hen amser.[79]

Nid yw disgrifiadau gwasaidd o'r fath yn ddieithr ychwaith mewn ffynonellau eraill, ac maent yn cymharu'n deg â datganiadau aruchel sylwebyddion dyneiddiol fel Castiglione yn yr Eidal a Syr Thomas Elyot a Roger Ascham yn Lloegr – 'the fountain of all excellent manners', oedd disgrifiad Elyot o'r uchelwr delfrydol, 'the whole proportion and figure of noble estate . . . apt to his dignity and accommodate to time, place and company'.[80] Dyma'r *grazia* a nodweddai wŷr teilwng y Dadeni, symbol o barchusrwydd eneidiol a dyfasai o dras a gwehelyth.

Fel y dangoswyd eisoes, yn y cyd-destun Cymraeg ychwanegwyd un rhinwedd na fu'n gydnaws â meddylfryd Dyneiddwyr Lloegr, sef safonau iaith cenedl arbennig mewn cyfnod eang o ddeffroad llenyddol a deallusol yn hanes gorllewin Ewrop yng nghanrifoedd y Canol Oesoedd diweddar hyd yr unfed ar bymtheg. Ymestynnai hynny, meddai, o oes Petrarch, Boccaccio a Castiglione yn yr Eidal, ymlaen at Desiderius Erasmus, John

Reuchlin, Philip Melanchthon, ynghyd â Thomas Linacre, William Grocyn, John Colet, Syr Thomas More, aelodau o gymdeithas ddysgedig Rhydychen, ac eraill yn y celfyddydau cain. Oherwydd amgylchiadau cymdeithasol a gwleidyddol dan bwysau dylanwad y sefydliadau addysgol Saesneg, ni ddisgleiriodd y Cymry yn y byd celfyddydol. Ni chanfuwyd yn eu mysg un Michelangelo, Raphael na Hans Holbein, nac ychwaith rai fel Syr Thomas Elyot a Roger Ascham yn y byd addysgol. Wedi dweud hynny, ni ellir diystyru cyfraniadau Syr Siôn Prys, William Salesbury a Richard Davies, ynghyd ag ysgolheigion eraill – Catholig a Phrotestant – i ddeffroad ieithyddol a chrefyddol eu cenedl yng nghyfnod y Tuduriaid. Cynnyrch prifysgolion Lloegr, yn arbennig Rhydychen, oedd y mwyafrif ohonynt. Yng ngwir ysbryd y Dadeni penderfynodd rhai ohonynt, fel Dr David Powel, Humphrey Prichard, Siôn Dafydd Rhys a Henry Salesbury, gyhoeddi eu gweithiau a'u cyflwyniadau yn Lladin. Penderfynodd Siôn Dafydd Rhys ysgrifennu ei ramadeg yn Lladin er mwyn i ysgolheigion a ddeallai'r iaith honno ymgydnabod ag anian meddylfryd y Gymraeg a gwerthfawrogi ei rhinweddau. Ceir yn ei astudiaeth wendidau y gellid eu hepgor, ac ni chyrhaeddodd y safonau a osodwyd gan Gruffydd Robert a'r Dr John Davies o Fallwyd. Nid oes ganddo gynnig i'r Cymry hynny – seisgarwyr wrth reddf – oedd â'u bryd ar israddio'r Gymraeg, 'y rhai,' meddai, 'a fynnynt doddi a difa holl iaith y Cymry, a chyfléu a dodi iaith y Saeson ynn ei lle hi',[81] bwriadau na ellid eu cyflawni heb ddifa'n llwyr genedl y Cymry a'i seisnigeiddio'n llwyr. Defnyddiodd yr 'iaith gyffredin', sef Lladin, i gyflawni ei bwrpas, sef goleuo ysgolheigion eang eu deall a'u diwylliant yn 'Ewropa' am hynodrwydd llên a phrydyddiaeth Cymru sydd wedi ei gadw'n guddiedig mewn iaith sy'n deilyngach o gyhoeddusrwydd nag a gawsai. Dywed Humphrey Prichard i Siôn Dafydd Rhys ysgrifennu'r gramadeg ar ddymuniad Syr Edward Stradling, ac mai hwnnw a argymhellodd y dylid defnyddio'r Lladin yn hytrach na'r Gymraeg:

> Y mae'r Gramadeg hwn wedi cael ei gyhoeddi mewn iaith gyffredinol, sef mewn Lladin, am fod y Marchog urddasol hwnnw yn dymuno hynny'n fawr iawn, er mwyn i'r gwaith gael cylchrediad ehangach. Oblegid ni ellid egluro dulliau ymadrodd y Gymraeg mor hwylus yn yr iaith Saesneg . . . ac ymddengys nad yw'r iaith Ladin yn cyfateb yn nes i unrhyw iaith nag i'r Gymraeg.[82]

Yn ei astudiaeth o'r gwaith hwn dywed y Dr Thomas Parry nad oedd yr awdur wedi asio'r ddwy iaith ynghyd, a'i fod 'yn ystumio'r iaith Gymraeg i geisio'i ffitio i ffrâm ramadegol y Lladin' a dangosai hynny nad oedd ganddo'r gallu i ddadansoddi hanfodion yr iaith.[83]

Yn Lladin hefyd yr ysgrifennodd Henry Salesbury, aelod o hen deulu Salsbriaid Llewenni, ei lyfr gramadeg yn 1593, gwaith a gyhoeddwyd yn Llundain gan Thomas Salesbury, mab Pierce Salesbury o Glocaenog. Cyflwynwyd y gwaith i Henry Herbert, ail iarll Penfro, mab yr Iarll cyntaf, a ddaeth, fel ei dad, i swydd Arglwydd-Lywydd Cyngor Cymru a'r Gororau. Ym marn Salesbury ef oedd 'teilyngaf Lywydd y Cyngor hwnnw . . . seren ddisglair a llachar y genedl Frytanaidd'.[84] Deil hefyd ei fod yn bennaf llywodraethwr ac yn dra-dysgedig:

> ein Llywydd tra theilwng . . . yr ydych wedi gwarchod ein buddiannau cyhoeddus a chyffredin, trwy weithredu cyfiawnder a thrugaredd . . . chwi yw tad pob dysgyblaeth gymeradwy . . . yn Faecenas cyffredinol ym mhopeth perthynol i lên.[85]

Gŵr ydoedd, meddai ymhellach, a deilyngai ganmoliaeth am 'y modd yr ydych wedi gwarchod ein buddiannau cyhoeddus a chyffredin, trwy weithredu cyfiawnder a thrugaredd'. Cyfrifwyd Herbert yn un o'r pendefigion cyfoethocaf, yn ysgolhaig a addysgwyd yn Peterhouse, Caer-grawnt, a phennaeth cytbwys ei farn a'i weithredoedd yn ei swydd yn Llwydlo. Ni chyfeiriodd Salesbury, fel y gwnaeth Siôn Dafydd Rhys, at yr angen i ddefnyddio'r iaith Ladin, ond, yn ddiau, wedi iddo ddechrau ysgrifennu geiriadur Cymraeg-Lladin a aeth i ddwylo'r Dr John Davies, Mallwyd, yn ddiweddarach, dengys ei ddymuniad i ledu apêl ei waith ymhlith ysgolheigion ei oes. Yn ei ragymadrodd aeth ymlaen i gyfiawnhau ei ramadeg i'r darllenwyr. Gwyddai'n union am y feirniadaeth o'r Gymraeg, ei bod yn 'anodd ac yn drwsgl' ac 'ynganiad y llythrennau yn rhwth a gerwin',[86] ond ymwrthododd â'r sylwadau hynny'n llwyr a'u dirmygu. Terfynodd ei lith trwy ymbilio ar i Dduw 'adfer i olwg y byd ac i olau dydd weithredoedd a chofysgrifau nodedig ac aruchel y Brytaniaid sydd hyd yma wedi bod yn gorwedd yn guddiedig o dan laid trwchus anghofrwydd sydd yr un mor drwchus.'[87]

Yn yr astudiaeth hon amlygir arwyddocâd rhai o gyflwyniadau ysgolheigion eglwysig a lleyg, a gynhyrchodd rai o weithiau clasurol yr iaith Gymraeg yn ystod canrif gyntaf Cymru dan drefn wleidyddol newydd y Tuduriaid a degawdau cynharaf yr ail ganrif ar bymtheg, cyfnod allweddol a heriol yn hanes llenyddiaeth Gymraeg mewn byd o newid sylweddol. Er cymaint y dylanwad Seisnig cynyddol ar gyhoeddi llenyddiaeth Gymraeg a'r gŵyn gyson a fynegid gan ysgolheigion am effeithiau gwendidau cymdeithasol, economaidd a diwylliannol ar ymdrechion i feithrin corff o waith dyneiddiol, yn ddiau dengys y cyflwyniadau pa mor eiddgar oedd y garfan fechan o lenorion ysgolheigaidd i arddangos y cyfoeth llenyddol a feddiennid gan yr iaith Gymraeg a galluoedd cynhenid Cymry dysgedig i'w feithrin a'i gyflwyno yn ei burdeb.

Erbyn blynyddoedd canol yr ail ganrif ar bymtheg cyhoeddwyd corff o lenyddiaeth ddefosiynol a diwinyddol gan Anglicanwyr a Phiwritaniaid, rhai ohonynt a gyrhaeddodd y brig o ran safon lenyddol. At weithiau o'r fath ceid ad-argraffiadau o'r Beibl – yn 1620 a 1630 – a chynyddodd llyfrau Piwritanaidd, yn arbennig o 1630 ymlaen, gan roi sylfaen newydd i ryddiaith grefyddol. Yn eu plith ceid gweithiau Morgan Llwyd a Charles Edwards, a'u hamcan oedd, mewn cyfeiriadau gwahanol, i achub eneidiau'r genedl. Ysgrifennai'r naill mewn cyfnod o obaith bod ail-ddyfodiad Crist yn agosáu, a'r llall mewn oes o erledigaeth a dadrithiad. Mae eu cynnyrch, yn arbennig *Llyfr y Tri Aderyn* (1653) a *Y Ffydd Ddi-ffuant* (1667), yn weithiau o'r safon odidocaf yn hanes y Diwygiad Protestannaidd diweddar, ac yn dystiolaeth i natur y profiad Piwritanaidd aeddfed mewn oes o drawsnewidiadau enbyd.

O ystyried llenyddiaeth o'r fath tystir i'r cynnydd mewn argraffwaith yn Llundain a fu'n gyfrwng i ledaenu'r *genre* lenyddol glasurol newydd ar sail safonau'r Dadeni Dysg. Yn ystod y cyfnod tua 1660-1730, fel y dangosodd Geraint H. Jenkins, 'symudodd Cymru o fod yn ddiwylliant llafar i fod yn un argraffyddol yn yr ymgyrch dros lythrennedd ymhlith gwerin cenedl'.[88] Yn ddiau, pan ddilewyd trwy ddeddf gwlad yn 1695 y cyfyngu ar argraffu i Lundain a'r ddwy brifysgol, rhoddwyd hwb sylweddol i dwf y farchnad yng Nghymru.

Nid amcan yr ysgrif hon yw trafod nodweddion cynnwys llenyddol yr ail ganrif ar bymtheg yn ei gyfanrwydd eithr gosod yn gyfochrog y manteision a'r anfanteision a wynebai'r awduron Cymraeg yng nghenhedlaeth gynharaf blodeuo'r Dadeni yn y wlad fel yr adlewyrchid hynny yn y cyflwyniadau. Yn 1633 cyfieithwyd i'r Gymraeg *Disce Mori: Learn to Die* (1600), gwaith Christopher Sutton, gan David Rowlands, curad i Edmwnd Prys yn Ffestiniog a ficer Llangybi a Llanarmon yn Eifionydd. Yn ei ragymadrodd mynegodd ei werthfawrogiad o waith William Morgan a Prys, ei 'athro da' a'i 'hyfforddwr', ynghyd â Huw Lewys, Robert Llwyd, Dr John Davies o Fallwyd a Rowland Vaughan am eu llafur yn 'wŷr poenus, duwiol, yngwinllan yr Arglwydd'.[89] Wrth nodi eu rhagoriaeth ym myd ysgolheictod rhydd glod i'r arloeswyr Protestannaidd dros y ganrif a aethai heibio:

> Y gwŷr hyn . . . ymysg eraill, megis yr adailadwyr pennaf . . . a hyfforddiasant ac a ysbusasant i eraill, y ffordd yr oedd iddynt hwythau yn i grym a i gallu roddi i hesgwyddau tan y gwaith, i adgyweirio rhwygfeuydd muriau Sion: ymysg yrhain y mae yn ein bro a n parthau ni yn gyfagos . . . o fewn yr ychydig ddyddiau hyn, gwedi dangos eusus i hewllus da i r iaith a i gwir serch yw gwladwyr, fel i mae i gwaith yn dangos i r Cymru.[90]

Cyfeiria yn yr adran hon yn arbennig at gyfieithiadau Protestannaidd i'r Gymraeg, sef *Perl mewn Adfyd* gan Huw Lewys yn 1595, *Llwybr hyfforddi . . . i'r nefoedd* gan Robert Llwyd, a *Yr Ymarfer o Dduwioldeb* gan Rowland Vaughan, y ddau olaf yn 1630. Yn ddiau, ynghyd â chyfieithu'r Beibl yn 1588, dyma rai o brif sylfeini llenyddiaeth glasurol y Diwygiad Protestannaidd, a hyrwyddodd dwf y ffydd a'i diwylliant yn yr iaith Gymraeg. Yn ei *Hanes Llenyddiaeth Gymraeg* ceisiodd y Dr Thomas Parry grynhoi'r gwahaniaeth rhwng cynnyrch llenyddol oes Elisabeth a'r ail ganrif ar bymtheg. 'Byrdwn rhagymadroddion [yr ail ganrif ar bymtheg],' meddai, 'yw'r angen am dduwioldeb ymhlith y Cymry', a thrachefn, gosodwyd sylfeini dysg yn y ganrif flaenorol, ac yn sgil hynny fe'i cymhwyswyd i ddibenion crefyddol.[91] Yn ychwanegol at weithiau'r rhai a enwyd eisoes ceid campweithiau Morgan Llwyd a Charles Edwards i oleuo cenedl trwy eu defnydd o'r iaith Gymraeg glasurol, nodweddiadol o ysgolheigion cyfnod y Dadeni.[92] Eto, er i'r cyfnod Piwritanaidd gyfrannu'n helaeth i barhad y traddodiad llenyddol, mewn oes wleidyddol a chrefyddol derfysglyd, yn araf, o gyfnod Elisabeth I, ymddangosodd to newydd o wŷr bonheddig cefnog â'u bryd fwyfwy ar y diwylliant Ewropeaidd trwy gyfrwng addysg a thrigiant trefol tu draw i Glawdd Offa, yn arbennig yn Llwydlo, Amwythig, Caer a Llundain. Cafodd y Daith Fawr (*Grand Tour*) ddylanwad ar rai o'r boneddigion ifanc a ledodd eu gorwelion diwylliannol i werthfawrogi gogoniannau Dadeni'r cyfandir. Daw hynny'n eglur ym molawd Siôn Dafydd Rhys i'w noddwr Syr Edward Stradling:

> yr ydych wedi treulio amser helaeth yn yr Eidal, y wlad ardderchog honno yr wyf fi'n ddyledus iddi am y rhagoriaeth a berthyn i'm dysg i . . . ac nid hynny'n unig, oblegid yr ydych wedi teithio drwy'r rhan helaethaf o weddill Ewrop. Canlyniad hyn oll yw fod profiad wedi cynhyrchu ynoch ddysg, a dysg gynifer o rinweddau.[93]

Ni ellir gwell tystiolaeth i'r dylanwadau allanol – ond heb fod yn gwbl ddinistriol – ar ryddiaith Gymraeg na chwpledi Edward Morris o'r Perthillwydion, porthmon y byddai ganddo, yn rhinwedd ei swydd, wybodaeth dda am hynt a helynt Cymry dros y ffin yn ail hanner yr ail ganrif ar bymtheg:

> Celaf addysg celfyddyd,
> Seisnigedd yw bonedd byd;
> O'r Saesneg deg y digwydd,
> Pur iach wellhad, parch a llwydd;
> Can oes was'naeth cawn Saesneg,
> Llafur tâl, a llyfrau teg.[94]

Er mai canrif o bregethu, ymryson diwinyddol, cyfieithiadau a chyhoeddi hyfforddlyfrau defosiynol yn bennaf oedd yr ail ganrif ar bymtheg yng Nghymru ni ddylid ei diystyru, oherwydd rhoddodd sail adeiladol i gyfnod a welodd ogoniannau clasuron llenyddol y ganrif a'i dilynodd. Ar y brig saif gweithiau Morgan Llwyd, Charles Edwards, Stephen Hughes ac eraill, ynghyd â chyfieithwyr meistrolgar eu crefft. Bu eu campau hwy a'r cyfleusterau argraffu a fu'n ganllaw iddynt gyhoeddi ac ehangu dylanwad y grefft honno yn agoriad cyfoethog i'r llenorion a'r ysgolheigion a'u dilynodd.[95]

NODIADAU

1. Garfield H. Hughes (gol.), *Rhagymadroddion* (Caerdydd, 1951), tt. 103-4.
2. Ibid.
3. Rice Merrick, *Morganiae Archaiographia [A Book of the Antiquities of Glamorganshire]*, gol. Brian Ll. James (Barry, 1983), tt. 67-8.
4. George Owen, *The Dialogue of the Government of Wales* (1594), gol. John Gwynfor Jones (Cardiff, 2010), t. 96.
5. Ceri Davies (gol.), *Rhagymadroddion a Chyflwyniadau Lladin, 1551-1632* (Caerdydd, 1980), t. 87.
6. Ibid., t. 91.
7. Mae'r llyfryddiaeth ar y Dadeni yn niferus ac yma nodir rhai gweithiau sy'n trafod y prif ddatblygiadau. S. Fletcher, *The Longman Companion to Renaissance Europe 1390-1530* (London, 2000); *The New Cambridge Modern History: 1. The Renaissance 1453-1520*, goln., G. R. Potter a Denys Hay (Cambridge, ail arg. 1979); J. R. Hale, *Renaissance Europe 1480-1520* (London, 1971); V. H. H. Green, *Renaissance and Reformation: A Survey of European History between 1450 and 1660* (London, ail arg. 1962), tt. 13-58; M. P. Gilmore, *The Rise of Modern Europe: The World of Humanism 1453-1517* (New York, 1952). Yn Gymraeg gweler W. Gareth Evans, *Y Dadeni Fflorentaidd* (Aberystwyth, 1995).
8. *Rhagymadroddion*, t. 63.
9. Glanmor Williams, 'Dadeni, Diwygiad a Diwylliant Cymru', yn *Grym Tafodau Tân: Ysgrifau Hanesyddol ar Grefydd a Diwylliant* (Llandysul, 1984), tt. 64-7.
10. Am gefndir y maes argraffu gweler Ifano Jones, *A History of Printing and Printers in Wales to 1810* (Cardiff, 1925). Mewn cefndir ehangach gw. E. Eisenstein, *The Printing Revolution in Early Modern Europe* (Cambridge, 1983); Albert Kapr, *Johann Gutenberg: The Man and his Invention* (Aldershot, 1996); J. Feather, *A History of British Publishing* (London, 1988).
11. Am gefndir a gyrfa Erasmus gweler. L. E. Halkin, *Erasmus: A Critical Biography* (Oxford, 1993); J. Huizinga, *Erasmus of Rotterdam* (cyf. Saesneg, Llundain, 1952); M. M. Phillips, *Erasmus and the Northern Renaissance* (London, 1949).
12. Ar bwnc llythrennedd yn Ewrop gweler R. A. Houston, *Literacy in Early Modern Europe: Culture and Education, 1500-1800* (Harlow, 1988).
13. *Rhagymadroddion*, t. 3.
14. Ibid., t. 47.
15. Ibid., t. 81.
16. *Rhagymadroddion a Chyflwyniadau Lladin*, t. 92.
17. *Rhagymadroddion*, t. 94.
18. Ibid., t. 130.
19. *Y Bywgraffiadur Cymreig hyd 1940*, gol. J. E. Lloyd a R. T. Jenkins (Llundain, 1953), t. 311; R. Geraint Gruffydd, *Argraffwyr Cyntaf Cymru: Gwasgau Dirgel y Catholigion* (Caerdydd, 1972); W. Gerallt Harries, 'Robert Gwyn: ei deulu a'i dylwyth', *Bwletin y Bwrdd Gwybodau Celtaidd*, 25 (1972-4), 425-38; W. Alun Mathias, 'Rhai sylwadau ar Robert Gwyn', *Llên Cymru*, 3 (1954-5), 63-73; Geraint Bowen, 'Robert Gwyn o

Benyberth, awdur Catholig', *Trafodion Anrhydeddus Gymdeithas y Cymmrodorion* (1996), 33-58.

20. Gruffydd, *Argraffwyr Cyntaf Cymru*, tt. 8-10; idem, 'Gwasg ddirgel yr ogof yn Rhiw-ledyn', *Journal of the Welsh Bibliographical Society*, 9 (Gorffennaf 1958), 1-23; E. Gwynne Jones, 'Robert Pugh of Penrhyn Creuddyn', *Trafodion Cymdeithas Hanes Sir Gaernarfon*, 7 (1946), 10-19.
21. Am Thackwell gweler D. M. Rogers, '"Popishe Thachwell" and early printing in Wales', *Bibliographical Studies*, 1534-1829 (Bognor Regis, 1952), 11/1, 37-54.
22. John Penry, *Three Treatises concerning Wales*, gol. David Williams (Cardiff, 1960), t. 157.
23. 'Martin Marprelate', *Oh read ouer D. John Bridges* (neu'r *Epistle*), Hydref 1958, t. 23, yn *The Marprelate Tracts [1588-1589]* (Scolar Press, Menston, 1970).
24. *Rhagymadroddion*, t. 117.
25. Ibid.
26. Ibid., t. 47.
27. Ibid., t. 48.
28. Ibid., tt. 90-1.
29. Ibid., t. 53.
30. Ibid.
31· Ibid.
32. Ibid.
33. Thomas Elyot, *The Book named The Governor* (London, 1975), tt. 97, 241; Fritz Caspari, *Humanism and the Social Order in Tudor England* (Chicago, 1954), tt. 107, 109; gweler hefyd Ruth Kelso, *The Doctrine of the English Gentleman in the Sixteenth Century* (Gloucester, Massachusetts, 1964), pennod 5, tt. 70-110.
34. Nesta Lloyd, gol., *Cerddi'r Ficer: Detholiad o Gerddi Rhys Prichard* (Cyhoeddiadau Barddas, 1994), t. 97.
35. Ibid., t. 101.
36. Oliver Thomas, *Car-wr y Cymry* (ad-argr. J. Ballinger) (Caerdydd, 1930), t. 8.
37. Lewis Bayly, *Yr Ymarfer o Dduwioldeb 1630*, gol. J. Ballinger (ad-argr. 1930), tt. 183, 186.
38. Cyhoeddwyd dwy gyfrol, un fer yn 1630 a'r ail yn 1631. Nicholas Oker a argraffodd y gyntaf a Felix Kyngston yr ail dros Oliver Thomas.
39. Christopher Hill, *Society and Puritanism in Pre-Revolutionary England* (London, 1964), pennod 13, 'The spiritualization of the household', tt. 443-81.
40. Henry Lewis, gol., *Hen Gyflwyniadau* (Caerdydd. 1948), t. 6.
41. *Rhagymadroddion*, t. 123.
42. Ibid., t. 124; R. Geraint Gruffydd, 'Michael Roberts o Fôn a Beibl Bach 1630', *Trafodion Cymdeithas Hynafiaethau Môn* (1989), 25-41; E. White, *The Welsh Bible* (Stroud, 2007), tt. 15, 43-4.
43. *Rhagymadroddion*, t. 126.
44. Ibid., t. 127.
45. Ibid., t. 129.
46. Ibid., t. 131.

47. Ibid., t. 94. Bedwyr Lewis Jones, 'Deddf cyfieithu'r Beibl i'r Gymraeg 1563', *Yr Haul a'r Gangell*, 17 (1963), 24-5.
48. *Rhagymadroddion*, t. 131.
49. *A playne and a familiar introduction . . .* (1567).
50. W. A. Mathias, 'William Salesbury – ei fywyd a'i weithiau', yn Geraint Bowen, gol., *Y Traddodiad Rhyddiaith* (Llandysul, 1970), tt. 47-8.
51. P. R. Roberts, 'The Welsh language, English law and Tudor legislation', *Traf. Cymmr.* (1989), At. 2, 74-5. Gweler hefyd W. W. Greg, *A Companion to Arber* (Oxford, 1967), tt 8, 113-14; G. R. Elton, 'Wales in parliament, 1542-1581', yn R. R. Davies, R. A. Griffiths, I. G. Jones a K. O. Morgan, goln, *Welsh Society and Nationhood: Historical Essays presented to Glanmor Williams* (Cardiff, 1984), tt. 119-20.
52. SP 12/99 f.92; *Calendar of State Papers Domestic 1581-1590*, t. 400.
53. *Rhagymadroddion*, t. 64.
54. Ibid., tt. 74-5.
55. Ibid., t. 84.
56. Ibid., t. 88.
57. R. Tudur Jones, 'Rhesymeg y Piwritaniaid', *Efrydiau Athronyddol*, 13 (1950), 24-7.
58. *Rhagymadroddion*, tt. 84, 86.
59. Ibid., t. 88.
60. Gweler W. J. Smith (gol.), *Calendar of Salusbury Correspondence, 1553-c.1700* (Caerdydd, 1954), rhagymadrodd, tt. 7-8.
61. *Rhagymadroddion*, t. 100.
62. Ibid.
63. Ibid., t. 101.
64. Ibid.
65. Ibid., tt. 101-2.
66. Ibid., t. 79.
67. Ibid.
68. Ibid., 107.
69. Ibid., t. 114.
70. Am ei gefndir gweler Smith (gol.), *Calendar of Salusbury Correspondence*, tt. 8-9.
71. *Bywgr.*, tt. 308-9; John Wynn, *History of the Gwydir Family and Memoirs*, gol. John Gwynfor Jones (Llandysul, 1990), tt. 72-3, 189-90.
72. *Rhagymadroddion*, t. 114.
73. *Rhagymadroddion*, t. 114; *Bywgr.*, t. 876.
74. Gruffydd Robert, *Gramadeg Cymraeg* (1567), gol. G. J. Williams (Caerdydd, 1939), [vi] (wedi'i ddiweddaru).
75. J. C. Morrice, gol., *Barddoniaeth Wiliam Llŷn* (Bangor, 1908), 2, t. 73 (wedi'i ddiweddaru).
76. *Rhagymadroddion a Chyflwyniadau Lladin*, t. 39.
77. Ibid., tt. 49, 162; Fyrsil, *Aeneid*, I. 607-9.
78. *Rhagymadroddion a Chyflwyniadau Lladin*, t. 71; cydnabuwyd Gaius Maecenas yn batrwm o noddwr.
79. Ibid., t. 75.
80. Elyot, *The Book named The Governor*, ii, t. 99.

81. *Rhagymadroddion*, t. 64.
82. *Rhagymadroddion a Chyflwyniadau Lladin*, tt. 87-8.
83. Thomas Parry, *Hanes Llenyddiaeth Gymraeg hyd 1900* (Caerdydd, 4ydd arg. 1979), t. 158. Am gefndir Siôn Dafydd Rhys gweler idem, 'Siôn Dafydd Rhys', *Y Llenor*, 9 (1930), 157-65, 234-41.
84. *Rhagymadroddion a Chyflwyniadau Lladin*, tt. 93-4.
85. Ibid., t. 94.
86. Ibid., t. 97.
87. Ibid., t. 100.
88. Geraint H. Jenkins, 'Llenyddiaeth, crefydd a'r gymdeithas yng Nghymru, 1660-1730', *Efrydiau Athronyddol*, 41 (1978), 37-8.
89. *Rhagymadroddion*, t. 133.
90. Ibid.
91. Thomas Parry, *Hanes Llenyddiaeth Gymraeg hyd 1900*, t. 190.
92. Gweler e.e. M. Wynn Thomas, *Morgan Llwyd: Ei Gyfeillion a'i Gyfnod* (Caerdydd, 1991); Goronwy Wyn Owen, *Morgan Llwyd* (Caernarfon, 1992); Derec Llwyd Morgan, *Charles Edwards* (Caernarfon, 1994); idem, 'Charles Edwards', yn Bowen (gol.), *Y Traddodiad Rhyddiaith*, tt. 213-30.
93. *Rhagymadroddion a Chyflwyniadau Lladin*, t. 74.
94. Gwenllian Jones, 'Bywyd a Gwaith Edward Morris, Perthi Llwydion' (Traethawd M.A. Prifysgol Cymru, 1941); gweler hefyd D. J. Bowen, 'Y Cywyddwyr a'r Dirywiad', *Bwletin y Bwrdd Gwybodau Celtaidd*, cyf. 29, rhan 3 (1981), 494.
95. Charles Parry, 'From manuscript to print', II: 'Printed Books', yn R. Geraint Gruffydd, (gol.), *A Guide to Welsh Literature c.1530-1700* (Caerdydd, 1997), tt. 263-76.

2.

Agweddau ar gyhoeddi yn Gymraeg yn Llanddewibrefi

D. Ben Rees

Y MAE LLANDDEWIBREFI yn bentref adnabyddus i'r mwyafrif o Gymry Cymraeg oherwydd ei gysylltiadau amlwg â Dewi Sant, nawddsant y Cymry.[1] Meddyliwn am ei fywyd a'i dystiolaeth a'i bregethu effeithiol yn erbyn heresi Pelagiaeth bob tro y clywir yr enw Llanddewibrefi. Bu'r trigolion cynnar yn eiddgar i groniclo ei stori.[2] Y pwysicaf o'r llenorion hyn oedd Rhigyfarch (1057-1099), ac iddo ef yr ydym yn fwyaf dyledus am y ffeithiau ynglŷn â Dewi.[3] Campwaith y gŵr hwn yw ei gyfrol *Buchedd Dewi*; a sonnir ganddo fel roedd Llanddewibrefi'n ganolfan hwylus ac yn gyrchfan delfrydol i bererinion Cristnogol.[4] Enghraifft o hyn oedd y synod a gynhaliwyd yn y fro pan ddaeth Dewi yno i gyfathrebu dros y ffydd Gristnogol.

Yn hanes cyhoeddi a chynhyrchu llawysgrifau a llyfrau o fewn tiriogaeth Ceredigion nid yw Llanddewi mor bwysig ag yw Trerhedyn (Atpar), neu Landysul (lle y ceir Gwasg Gomer) neu Dal-y-bont (lle y lleolir Gwasg y Lolfa) neu Aberystwyth lle bu, ac y deil, argraffdai i gynhyrchu cylchgronau a newyddiaduron. Ac eto y mae mwy o lawer o gysylltiadau yn Llanddewi nag a feddylir.

Rhaid cychwyn gyda'r casgliad cynharaf a helaethaf o destunau crefyddol Cymraeg.

Llyfr Ancr Llanddewibrefi. Y mae'r teitl yn gamarweiniol gan mai nid gwaith creadigol gan feudwy neu ancr mo'r llyfr. Ysgrifennwr a gopïodd o'r llawysgrif neu lawysgrifau gwreiddiol ydoedd ac nid awdur. Eto, roedd ei gopi o'r llawysgrif (sydd bellach yn Llyfrgell Bodley, Rhydychen) yn bwysig iawn i Eglwys y Canol Oesoedd ac yn gymorth i offeiriaid oedd â gofal am y llannau. Ysgrifennwyd y llawysgrif, neu o leiaf ddarn helaeth ohoni, yn 1346.[5] Dywedir iddi gael ei hysgrifennu dan nawdd un o leygwyr enwog y cyfnod hwnnw, sef Gruffudd ap Llywelyn ap Philip ap Trahaearn o'r Cantref Mawr, bonheddwr a drigai yn Rhydodyn ger Llansawel yn Sir Gaerfyrddin. Er ein bod yn gwybod pwy a noddodd y gwaith arloesol, eto nid yw hi'n hawdd o gwbl i benderfynu pwy a'i hysgrifennodd. Y cyfan a wyddom yw ei fod yn ei alw'i hun yn ancr Llanddewibrefi, a'i fod yn treulio'i holl amser mewn cell yn yr eglwys golegol. Mae sail dros gredu nad awdur y llyfr oedd yr ancr cyntaf i ymneilltuo i'r eglwys hon o achos croniclodd rhyw ancr yn y chweched ganrif hanes synod Llanddewibrefi.[6]

Beth felly a welodd ancr Llanddewibrefi'n dda i'w gopïo i'w gyfaill a'i noddodd o Lansawel? Nid oes dim llawer o amheuaeth nad bwriad gwreiddiol yr ancr oedd copïo *Hystoria Lucidae* yn unig, ond dan ddylanwad Gruffydd o Lansawel a hefyd y cyffro llenyddol a ddigwyddai yn esgobaeth Tyddewi'r cyfnod hwnnw, ychwanegodd at ei fwriad gwreiddiol.[7] Priodolid peth o'r cyffro i Thomas Wallensis, esgob Tyddewi er 1247. Parhaodd y dylanwad yng nghyfnod ei olynydd, Richard de Carew, a hefyd ei olynydd yntau, Thomas Bec. Rheswm arall am yr adnewyddu oedd dylanwad y pedwerydd Cyngor Lateran a gynhaliwyd yn Nhachwedd 1215.[8] Bu dylanwad hwnnw'n fawr ar grefydd a moes, dysg a diwylliant y werin bobl a'r clerigwyr.

Llwyddodd yr ancr i gasglu llawer o ysgrifau crefyddol at ei gilydd a cheir ynddynt lawer o oleuni ar syniadau diwinyddol Cymry'r bedwaredd ganrif ar ddeg. Gellir rhannu'r llyfr i bum is-adran. Cynhwysa'r adran gyntaf ddau destun ar ffurf holwyddoreg, sef *Hystoria Lucidae* a *Historia Adrian ac Ipotis*. Cynhwysa'r ddau destun holi ac ateb rhwng athro a disgybl ar destunau crefyddol. *Hystoria Lucidae* yw'r hwyaf ac ef yw testun pwysicaf y llyfr. Rhennir hwnnw eto'n dri llyfr, a cheir cryn swm o ddiwinyddiaeth ar Dduw, natur, eglwys, pechod, dyletswyddau swyddogion eglwysig, marwolaeth, nefoedd ac uffern. Mae'r testun yr ymdrinnir ag ef yn *Hystoria Adrian ac Ipotis* yn fyrrach ac yn gyfieithiad o'r Lladin. Yn yr ail adran ceir tri thestun dadleuol: y modd yr aeth Mair i'r Nef, Breuddwyd yr Apostol Paul a Hanes Gwlad Ioan Fendigaid. Adroddir yn *Hanes Gwlad Ioan Fendigaid* am wlad hud a lledrith a'i phrif gymeriad, sef Prester

John, a lywodraethai ar y wlad fel offeiriad brenhinol. Roedd yr ancr yn Llanddewibrefi am sicrhau bod Cymry ei ddydd yn dod i wybod am y tywysog delfrydol hwn a hefyd am y wlad deg a dymunol y llywodraethai arni.

Ymdrin â bywyd y saint a wna trydedd adran Llyfr yr Ancr. Mae iddi ddwy ran, sef buchedd Dewi Sant a buchedd Beuno. Talfyriad yw buchedd Dewi o'r hyn a ysgrifennodd Rhigyfarch tra yn Nhyddewi rhwng 1178 a 1188. Priodolir buchedd Beuno (sant o'r seithfed ganrif) i'r drydedd ganrif ar ddeg. Cynhwysa'r bedwaredd adran nifer o ddarnau neu benodau ac adnodau o'r ysgrythur gydag ambell esboniad arnynt hwnt ac yma. Credir bellach fod y gwaith hwn yn gyfieithiad rhannol a hefyd wedi ei addasu'n rhannol o waith Lladin a ysgrifennwyd gan Hugh o San Fictor. Roedd yr awdur yn ddisgybl i Awstin Sant, beirniad a gwrthwynebydd pennaf Pelagius a Phelagiacth.

Ni allwn ond rhyfeddu at ddiwydrwydd yr ancr yn ei gell yn yr eglwys golegol yn Llanddewibrefi, yn copïo llenyddiaeth amrywiol y cyfnod cynnar hwn mewn un gyfrol. Llyfr bychan yw *Llyfr yr Ancr*, wedi ei rwymo mewn croen llo neu felwm.[9] Ychydig dros chwe modfedd a hanner yw ei hyd ac mae tua phedair modfedd a hanner o led. Ymddengys yn dra thebyg fod chwe thudalen o'r 144 tudalen gwreiddiol ar goll. Mae hanes diddorol i'r llawysgrif; stori lawn rhamant yw ei threigl o un wlad i'r llall drwy'r canrifoedd. Trosglwyddodd mab Thomas Wilkins o Lanbleddian ym Mro Morgannwg y llawysgrif i Goleg Iesu, Rhydychen yn 1706. Ni lwyddodd y Coleg i gadw'r trysor oherwydd, yn 1781, ceid y cyfan yng nghartref Dr Griffith Roberts yn Nolgellau, meddyg o ran galwedigaeth ond casglwr brwd. Gwerthodd Dr Roberts hi yn 1800 i'r ddau hynafiaethydd, Dr William Owen Pughe ac Owen Jones, a adnabyddir fel Owain Myfyr. Cymerodd chwe blynedd arall cyn iddi gael ei chyflwyno'n ôl i Goleg Iesu.[10]

Gwnaeth Syr John Rhŷs, pennaeth Coleg Iesu, a'i ddisgybl eiddgar Syr John Morris-Jones gymwynas bellach trwy adolygu, ail-lunio a chopïo'r llawysgrif ar gyfer myfyrwyr yr ugeinfed ganrif.[11] Heddiw, y mae cartref y llawysgrif yn Llyfrgell Bodley. Mae'r cyfan yn deyrnged i ŵr dawnus, anhysbys a fu'n gyfrwng i adfywio crefydd yn y Canol Oesoedd yng Nghymru. Goleuodd yr ancr o unigrwydd ei gell yn Llanddewibrefi genedl gyfan, a chreu enw a hir gofir ymhlith ysgolheigion a llengarwyr.[12]

Aeth canrifoedd heibio wedi cyfnod yr ancr cyn y profodd y fro a'r pentref ymweliadau gan yr ymneilltuwyr cynnar, fel Phylip Pugh, a'r Anglican o ddiwygiwr, Griffith Jones o Landdowror. Y mae Phylip Pugh, a anwyd yn yr Hendre, Blaenpennal, yn 1679 ac a gladdwyd ym mynwent eglwys Dewi Sant, Llanddewibrefi, ym mis Gorffennaf 1760 yn ŵr grymus ac unigryw.[13] Ei gyfrol ef, sef *Darluniad y Gwir Gristion*, a gyhoeddwyd yn 1748, oedd y gyfrol brintiedig gyntaf i ddod i gartrefi plant y diwygiad yn Llanddewibrefi, Llwynpiod a Llangeitho. Yn ei gyfrol ceir *Myfyrdodau Difrifol*, sef cyfieithiad o waith John Shamer, a hefyd ddetholiad o emynau gafaelgar Pugh.[14] Deil y cynulleidfaoedd i ganu'r emyn canlynol yn oedfa'r Cymun:

> Dewch, ffyddlon rai, nesewch mewn hedd,
> mae yma wledd arbennig
> o basgedigion wedi eu trin,
> a gloyw win puredig.
>
> Amgylchwch heddiw'r sanctaidd fwrdd,
> cewch gwrdd â'ch Prynwr Iesu,
> a llawnder o gysuron da
> sydd yma i'ch croesawu.
>
> Rhag clwyfau enaid o bob rhyw
> gan Dduw cewch feddyginiaeth,
> a rhag gelynion cryfion, cas,
> drwy ras cewch waredigaeth.
>
> Fe selir i chwi heddiw 'nghyd
> y golud anchwiliadwy,
> a dygir chwi ar fyr yn llon
> i Seion i'w meddiannu.[15]

Gem o emyn sydd yn fytholwyrdd yn ei neges.

Ond daeth Llanddewi yn gyrchfan pererinion Methodistaidd pan oedd Daniel Rowland yn gurad yn Eglwys Dewi Sant. [16] Roedd Daniel Rowland yn deip o bregethwr na chlywsai cenedl y Cymry mo'i debyg cyn hynny. Teithiai pobl o bob parth o'r wlad i wrando arno ac felly, o 1735 hyd

1742, bu'r pentref yn Feca i bererinion.[17] Llwyddodd Methodistiaeth yn rhyfeddol yn y parthau hyn – Llangeitho, Tregaron, Llanddewibrefi – a phriodolid hynny i'r ysgolion cylchynol ac i'r seiadau a gynhelid yn y plwyf o dan ofal un arall o gewri'r Diwygiad, William Williams o Bantycelyn.[18] Hynodid ef gan ei awch i ysgrifennu ac i werthu ei gyhoeddiadau ar ei deithiau.[19] Bu'n hynod hefyd fel awdur emynau a llyfrynnau, ac felly gellir mentro dweud i rai ohonynt gyrraedd cartrefi seintiau ei seiadau.

Erbyn y bedwaredd ganrif ar bymtheg gwelir y diwylliant Cymraeg yn ennill tir yn y pentref a'r plwyf trwy ymneilltuaeth a'r Eglwys Anglicanaidd ac, yn ddiweddarach, y diwylliant eisteddfodol. Cynnyrch plwyf Llanddewibrefi oedd David Rowland a adnabyddid yn y byd eisteddfodol fel Dewi Brefi.[20] Ganwyd ef yn Ffos-y-ffin, mewn tyddyn ger Cefn Llanio, a derbyniodd ei addysg ym mhentref Llanddewibrefi. Bu'n cadw ysgol yn Nhregaron, Llangeitho, Llanllawddog a Phencader cyn mynd am ragor o addysg i Goleg Presbyteraidd Caerfyrddin ac Ysgol Ystrad Meurig. Ordeiniwyd ef yn 1805 a bu'n gurad yn Sir Drefaldwyn a hefyd yn genhadwr yn Newfoundland o 1810 hyd 1816. Rhoddodd hwb arbennig i'r Eisteddfod ar ôl dod i weinidogaethu yng Nghymru, ef ac eraill o'r 'hen bersoniaid llengar', fel y'i gelwir, sef John Jenkins ('Ifor Ceri') a Walter Davies ('Gwallter Mechain'). Hiraethai am fro ei febyd, a chafodd ei ddymuniad pan benodwyd ef yn ficer Tregaron, ond bu farw o fewn chwe wythnos – sefydlwyd ef ar 7 Ionawr 1820 a bu farw ar 29 Chwefror. Wedi ei farwolaeth cyhoeddwyd cyfrol o'i waith, sef *Blodau Dyfed* (Caerfyrddin, 1824), yn cynnwys detholiad o'i gerddi a'i garolau.[21]

Yr oedd Dewi Brefi yn un o'r rhai cyntaf o'r fro i'w hordeinio yn yr Eglwys Anglicanaidd ond fe'i dilynwyd gan o leiaf 24 arall y gwn i amdanynt, a golyga hynny fod llyfr ac astudio, a darllen a pharatoi wedi dod yn rhan bwysig o'u bywydau.[22] Yr oedd hynny'n wir am y bechgyn a gysegrodd eu bywydau i waith y Weinidogaeth gyda'r Eglwys Bresbyteraidd a'r Annibynwyr Cymraeg. Cymdeithas werinol, syml oedd y gymdeithas a fodolai rhwng Diwygiad 1859 a Diwygiad Crefyddol 1904-5, ac yn y cyfnod hwn daeth llawer o deuluoedd i'r pentref i weithio i ffatri hosanau Rees Pryce.

Un llyfr a luniodd y Parchedig Rhys Morgan, gweinidog Bethesda o 1883 hyd 1918 – llyfr hynod am fachgen ifanc o'r plwyf a fu farw yn 23 mlwydd oed. Ni ddywedir pa bryd y cyhoeddwyd y gyfrol gan D. L. Jones (Cynalaw), argraffydd a chyhoeddwr yn Llansawel, sef Briton Ferry, o dan y teitl *Cofiant William Thomas, Cwmafon, gynt Llanddewi Brefi*. Sonia'r awdur fod tua 400 o drigolion yn y plwyf, ond balchder mawr Rhys Morgan yw bod cymaint o'r gwŷr ieuainc yn penderfynu cysegru eu hunain i'r dasg o efengylu. Soniodd am y proffwydi, fel meibion David Thomas Ophi, neu Dafydd Thomas Theophilus fel yr adwaenid ef weithiau. Teithiodd yn helaeth drwy Dde a Gogledd i bregethu. Magodd ei feibion – tri ohonynt, sef Benjamin, Thomas a Joseph Thomas – i ddilyn ei lwybrau. Yr oedd dau frawd arall yn dilyn yr un llwybrau yn y pentref, sef John Morgan Jones o Gaerdydd a D. M. Jones. O'r rhain, John Morgan Jones yw dyn y llyfr, fel cyd-awdur *Y Tadau Methodistaidd* (1895-7).[23] Cynhyrchodd yn Gymraeg dri esboniad a bu'n olygydd y cylchgronau *Y Lladmerydd, Y Drysorfa* a'r *Deonglwr*.

Sut y llwyddodd y rhain? Rhydd Rhys Morgan yr ateb yn ei gofiant i William Thomas pan ddywed, 'prynai y llyfrau gorau'.[24] Dyna'r rheswm pennaf pam y bu iddo symud i Gwmafan yn y gobaith y byddai'n agosach at ddysg a llyfrau.[25] Llwyddodd John Morgan Jones a'i frawd David Morgan Jones oherwydd dylanwad y fam gan iddi, oherwydd prinder addysg yn y pentref, ddysgu ei meibion i ddarllen Cymraeg a Saesneg cyn eu bod yn bum mlwydd oed.[26]

Mab i Rhys Morgan oedd D. J. Morgan, colofnydd y *Welsh Gazette*, dan y teitl 'Pant a Bryn'. Casglwyd y goreuon o'i erthyglau a'u cyhoeddi'n gyfrol gyda'r teitl *Pant a Bryn* (1953). [27] Bu gwerthu mawr ar y gyfrol honno yn Llanddewi gan fod yr awdur yn cyfeirio'n gyson at ddigwyddiadau a chymeriadau a gofiai yn ei lencyndod. Yr oedd yn llais cryf dros amaethyddiaeth, Clybiau Ffermwyr Ieuainc a bywyd cefn gwlad. Meddai ar arddull hyfryd a dawn y cyfarwydd.

Cyflawnwyd yr un gymwynas gan y Parchedig T. J. Davies, a fu yn saithdegau'r ugeinfed ganrif yn weinidog ar Bethesda. Ysgrifennai yntau'n wythnosol i'r *Cambrian News*. Cafodd bywyd y fro sylw ganddo yn ei golofn *Ar Ben Dinas*, a chofiaf am ei bortreadau o'r Parchedig John Thomas, Pebyll, cymeriad ecsentrig, yn "cario'i wardrob gydag ef"; o Miss Rachel Morris a'i bywyd syml, didwyll, o deulu'r Tŷ Capel, ac o'm rhieni a'u ffyddlondeb i'r cyfarfodydd a gynhaliai. Ymdaflodd T.J. i fyd y llyfr a chyhoeddwyd dwy gyfrol o'i waith yn ystod ei arhosiad.[28] Bu'n arwain grŵp trafod llyfrau Cymraeg, a gwefr oedd bod yn y grŵp hwnnw, gan y prociai'r dyfroedd a thynnu'r gorau o werinwyr, na ddarllenent lawer o lyfrau Cymraeg, i ymddiddori fwy ynddynt.

Symudiad pwysig yn 1914 oedd i'r Parchedig T. E. Nicholas (Niclas y Glais) dderbyn galwad i ofalu am gapeli Bethlehem, Llanddewibrefi ac Ebeneser, Llangybi. Dyma un o'r lleisiau mwyaf radical ac anghyffredin a glywyd yn y pentref.[29] Yr oedd yn utgorn y Mudiad Llafur ac yn heddychwr. Deuai bechgyn ato o bob cyfeiriad am gyfarwyddyd. Ysgrifennodd farddoniaeth a rhyddiaith wrthfilwrol a gwelir yr ing yn y gyfrol *Cerddi Rhyddid* a gyhoeddwyd yn 1914.[30] Cyhoeddodd ar liw coch bamffledyn *Dros Eich Gwlad*, sef llythyr agored at D. J. Davies, Belsize Crescent, Llundain, ar ryfel anghyfiawn. Gwerthai yn Llanddewi *Salmau Gwerin, Cerddi Gwerin, Cerddi Rhyddid, Nadolig Arall* a *Dros Eich Gwlad* am swllt y copi.[31]

Gadawodd y weinidogaeth yn 1918 am fyd y deintydd, ond deuai yn ei dro i bregethu i'r Annibynwyr Cymraeg.

Un o'r ychydig feirdd lleol a gasglodd ei waith ynghyd i'w gyhoeddi oedd D. Byron Lewis.[32] Yr oedd ei fywyd ef yn gryn ddirgelwch. Gwelir ei enw fel un a ddymunai gael gyrfa fel Gweinidog yr Efengyl ymhlith y Methodistiaid Calfinaidd, ond ni ddigwyddodd hynny. Cyhoeddwyd ei gyfrol *Blodau Cariad* yn Llanbedr Pont Steffan yn 1907 ac roedd ar werth am swllt. Ynddi ceir englyn cyflwyniad gan D. O. Jenkins, Rhydcymerau:

Llanddewi Brefi brofodd – o ddoniau
Bardd annwyl a fagodd;
O law'r bardd hwn y tarddodd
Blodau Cariad o rad rodd.

Barddoniaeth prentis yw peth o'r cynnyrch a pheth arall ohono'n fawreddog a chlogyrnaidd yn null y 'Bardd Newydd', fel y'i gelwid yn niwedd y bedwaredd ganrif ar bymtheg. Disgrifia Byron Lewis uffern fel 'ffos llygredigaeth, nythle front ellyllon lle brwydra dialgwn ac ysgorpionau duon'.

Mae yn y gyfrol gryn dipyn o ganu serch, gan i'r awdur deimlo hiraeth diddiwedd am ei gariad a fu farw'n ieuanc ac a gladdwyd ym mro Cellan:

Pe buasai dagrau'n gallu gwneud
Dy godi'n fyw o'th ddwfn fedd,
Tywallta'm calon ddagrau gwaed
Er mwyn cael cipdrem ar dy wedd.

Ymhlith pobl y llyfr rhaid rhoi lle dyladwy i Jonathan Ceredig Davies a ddeuai o un o deuluoedd hynaf yr ardal.[33] Fe'i ganed ym mhlwyf Llangynllo ond daeth i fyw i bentref ei rieni yn 1917, a bu farw yn ei gartref, Myfyrgell, Stryd-y-Felin. Disgrifia Dyfnallt Morgan ef mewn ysgrif fel hen ŵr barfog; aflêr ei wallt; gŵr a wisgai 'frock-coat' a welsai ddyddiau gwell; trowsus crych ac esgidiau trymion. Roedd ganddo bâr o lygaid gleision o dan aeliau trymion. Roedd ei lais yn fain a chryglyd, a thra'n siarad rhwbiai gledrau a bysedd meinion ei ddwylo ar ei benliniau. Hen lanc a fu'n deithiwr heb ei ail ydoedd. Yn 1875, yn llanc dwy ar bymtheg oed, aeth allan i'r Wladfa ac yno ceisiodd ffermio darn diffaith o'r paith eithr rhoes y rhan fwyaf o'i amser i waith cenhadol dros Eglwys Loegr. Adeiladodd eglwys yn Nyffryn Chubut a alwyd yn Llanddewi o barch i Ceredig. Elwodd ar ei gyfnod ym Mhatagonia a chyhoeddwyd ei lyfrau cyntaf tua 1891, sef *Patagonia,* ac *Adventures in the Land of Giants.* Yn 1909 cyhoeddodd lyfr ar ei deithiau yng Ngorllewin Awstralia, ac yn 1911, oherwydd anogaeth y Dywysoges Jean Sapieha, cyhoeddodd lyfr cynhwysfawr a gwerthfawr, sef *Folk-lore of West and Mid Wales.* Y mwyaf diddorol o'i lyfrau o safbwynt cyhoeddi, fodd bynnag, oedd y gyfrol *Life, Travels and Reminiscences.* Dim ond saith deg copi a gyhoeddwyd o'r llyfr anghyffredin hwn. Cyst tua phum can punt heddiw mewn siopau ail-law. Ynddo adroddwyd hanes yr argraffu gan nifer ohonom, ond yn bennaf gan Olwen Evans, Aberystwyth.[34] Bu hi a'i brawd yn rhoi help llaw yn y Fyfyrgell. Ar beiriant bychan yn ei gartref yr aeth Ceredig – ac yntau'n tynnu at ei ddeg a thrigain – ati i gysodi ac argraffu'i hunangofiant â'i ddwylo'i hun. Gwaith llafurus a blinedig ydoedd. Rhaid oedd gosod pob llythyren unigol yn ei lle ac yna argraffu'r gwaith fesul tudalen, pedwar cant pedwar deg ohonynt. Yn yr un flwyddyn argraffodd a chyhoeddodd, eto'n breifat, lyfryn yn dwyn y teitl *Welsh and Oriental Languages* ac argraffwyd 22 o gopïau. Credai'r awdur fod gwybodaeth o'r iaith Gymraeg yn amhrisiadwy ac yn werth i unrhyw berson ei dysgu er mwyn meistroli ieithoedd gwledydd eraill. Ar ei garreg fedd ym mynwent Llanddewibrefi (un o'r rhai mwyaf anghyffredin mewn unrhyw fynwent ym Mhrydain) nodwyd ei gyfraniad i fyd y llyfr a diwylliant, a'i gyhoeddiadau amrywiol eraill mewn pennill pwrpasol a baratowyd gan un o'r trigolion:

Nôl teithio cyfandiroedd
A chroesi llydan foroedd
I'w Geredigion hoff daith nôl
Ac yn ei chôl gorweddodd.[35]

Nododd un sydd yn gyfarwydd â'i hanes fod 'Ceredig Davies, fel yr ancr gynt, yn cynhyrchu ei lyfrau yn Llanddewibrefi'.[36]

Un o awduron pwysig Llanddewi yr ugeinfed ganrif ydyw David Lloyd Jenkins.[37] Roedd ei dad, William Jenkins, yn hoff o fyd yr eisteddfod a daeth y mab i byncio cân yn fachgen ifanc. Cyhoeddodd *Detholiad Cerddi Rhydd Cynnar* (dim dyddiad) a chyfrol o farddoniaeth, *Awelon y Bore* (Gwasg y Druid, Caerfyrddin, 1948). Bu yno nythaid o feirdd ond ni chyhoeddwyd cyfrolau o'u gwaith. Dylid gosod y Parchedig J. E. Williams ymhlith y beirdd.[38] Yr oedd yn feistr ar y gynghanedd ond ni chafwyd cyfrol, na chwaith gan ei ferch Mrs Eluned Ellis Jones (née Williams), a ddaeth i amlygrwydd yn ystod ei chyfnod yng Ngholeg y Brifysgol, Aberystwyth, lle yr arbenigodd ar y Gymraeg. Ceir ei gwaith yn *Awen Aberystwyth 1929-1939*.[39] Haedda ei chyfoeswr, Dyfnallt Morgan, gael ei chyplysu â hi, gan fod ei waith yntau y tu mewn i gloriau'r gyfrol, *Awen Aberystwyth*.[40] Er na anwyd Dyfnallt Morgan na'i fagu yn Llanddewi, eto cyfrifai'r pentref yn ail gartref iddo. Er mai yn Nowlais y ganed ac y magwyd ef, deuai yn gyson at ei deulu yn y pentref, a phan enillodd Goron Eisteddfod Genedlaethol Llangefni yn 1957, yn Neuadd y Pentref y cynhaliwyd y cyfarfod i'w longyfarch ar ei gamp. Bu'n adolygydd campus ac yn olygydd dwy gyfrol werthfawr.

Ond y gŵr sydd yn haeddu gwrogaeth ym myd cyhoeddi yw Alun R. Edwards (1919-1986), awdur y cyfrolau diddan *O Am Aros yn Norwy* a'r atgofion *Yr Hedyn Mwstard* a gyhoeddwyd yn 1980.[41] Mae i Alun R. Edwards le arbennig yn hanes Cymru. Gwelodd ei wlad drwy sbectol ei fro a'i gartref yn Nhŷ Capel Ysgoldy, Llanio, Ysgol Gynradd Llanddewibrefi ac

Ysgol Tregaron pan oedd athrawon fel S. M. Powell a D. Lloyd Jenkins yno, y rhai a ysbrydolai'r plant i ymddiddori yn eu gwreiddiau.[42]

Un o gampau Alun R. Edwards oedd rhoi hwb sylweddol, trwy ei gynlluniau a'i weledigaeth, i lenyddiaeth Gymraeg yn y cyfnod wedi'r Ail Ryfel Byd. Wedi iddo gael ei apwyntio, yn ŵr ifanc, yn llyfrgellydd Sir Aberteifi yn 1950, aeth ati, gyda chefnogaeth gwŷr oedd yn cydnabod llyfrau, fel W. Morgan Davies, Pont Llanio, Gwarnant Williams a'i frawd T. Oswald Williams ym mywyd cyhoeddus a gweinyddol y sir, i fynd â llyfrau i bob cartref. Magwyd ef mewn bro cwbl Gymraeg, ac eto, fel y gwelir yn y bennod hon, yr oedd diwylliant llyfr yn brin ynddi. Yr unig rai yn y pentref a feddai ar lawer o lyfrau Cymraeg yn nyddiau fy machgendod oedd gweinidog Bethesda, y Parchedig W. D. Davies, offeiriad Eglwys Dewi Sant, Ben James, prifathro'r ysgol, a'r bardd telynegol, Ben W. Davies, Tŷ Mawr. Ychydig iawn o lyfrau Cymraeg a welid yn unman arall a dywed Alun R. Edwards yr un stori yn *Yr Hedyn Mwstard*. Yr hynafiaethydd, D. D. Evans, Llanio Fawr, oedd yr unig un o'i gydnabod yn ardal Llanio a ddefnyddiai lyfrgell yn yr ardal. Dywed: 'Oni bai amdano, ni fyddwn yn gwybod am fodolaeth unrhyw lyfrgell'. Eithriad oedd D. D. Evans ac nid y norm. Y llyfrau a fwrcasid gan amlaf oedd esboniad yr oedolion ar gyfer yr Ysgol Sul a Detholiad y Gymanfa Ganu. Mae'n debyg nad oedd cenedlaethau o flaen D. D. Evans yn fwy awyddus na'i gyfoedion ef i ddarllen yn yr ardal wledig. Yn 1868 cyhoeddodd Griffith Jones *Enwogion Sir Aberteifi* ar ei liwt ei hun. Roedd yn rhaid chwilio am danysgrifwyr er mwyn i'r gyfrol weld golau dydd a llwyddodd yn wyrthiol oherwydd cafodd tua chwe chant o enwau. Ond yn y rhestr hirfaith nid oes dim ond tri enw o bentref Llanddewibrefi, sef Hugh Llwyd, dilledydd; Peter Peters, glöwr, a John Thomas, athro ysgol yn yr ysgol genedlaethol.

Yng ngoleuni hyn, gwelir bod dygnwch a gweledigaeth Alun R. Edwards yn unigryw. Yn wir, mae ei gyfraniad i fyd cyhoeddi Cymraeg yn gwbl wyrthiol.[43] Ef oedd un o'r prif ladmeryddion y tu ôl i enedigaeth Cymdeithas Lyfrau Ceredigion yn 1954.[44] Felly hefyd y Cyngor Llyfrau Cymraeg, gweithgarwch cyhoeddi'r Cyd-bwyllgor Addysg Cymreig, Cyngor Ysgolion Sul a Choleg y Llyfrgellwyr yn Llanbadarn Fawr. Er nad oedd Alun R. Edwards yn ei ystyried ei hun yn llenor, yn fy marn i yr oedd yn llenor da am fod ganddo ddawn i'w fynegi ei hun. Ond mwy na'i ddawn fel ysgrifennwr yn Gymraeg oedd ei ddawn i weithredu'n greadigol. Wrth gyflwyno fy nghyfrol *Enwogion Pedair Canrif 1400-1800* dywedais:

> Cyflwynedig i Alun R. Edwards, MA, FLA, Llyfrgellydd Dyfed, am hybu cyson ar chwilen sydd ynof i greu a chyhoeddi yn Gymraeg.[45]

Teyrnged haeddiannol i un y deuthum i'w adnabod yn dda a gweinidogaethu iddo pan ddeuai yn rheolaidd am gymorth i Ysbyty Broadgreen yn Lerpwl. Dywedodd Rheinallt Llwyd yr union eiriau: 'Ysgogwr, 'cultural amateur', oedd Alun, goruwch popeth, a'i ddawn fawr oedd ysbrydoli pobl.'[46]

Gallaf gytuno. Yr oedd ef ymhlith eraill a enwais eisoes yn y gyfrol hon a'm hysgogodd i sefydlu Cyhoeddiadau Modern Cymreig Cyf. yn Abercynon yn 1963. Bûm am 50 mlynedd yn sbarduno eraill i lenydda yn Gymraeg. Yn Abercynon y bu'r cyhoeddi o 1963 i 1968 ac yna yn Lerpwl oddi ar hynny. Ond yn 1978 defnyddiais gyfeiriad Llanddewibrefi yn ogystal â Lerpwl. Mater syml oedd yr ysgogiad gan fod digon o le yng nghartref fy rhieni i gadw stoc o lyfrau at ddefnydd y wasg. Yn y blynyddoedd hyn (1973 i 1986) yr oedd gennym stondin yn yr Eisteddfod Genedlaethol. Golygai hynny gario llwyth o lyfrau ar gyfer y babell. Yr oedd lleoliad Llanddewi yn berffaith a threuliem, fel teulu, ran o'n gwyliau yno bob haf. Yn 1980 braint fawr i mi oedd derbyn gwahoddiad y Pwyllgor Etifeddiaeth a Diwylliant i lunio cyfrol ar hanes y fro. Bu llawer un, o bryd i'w gilydd, yn awyddus i lunio cyfrol. Yn y saithdegau mynegodd Cyngor y Plwyf ei fwriad a bodlonodd T. J. Davies i wneud y gwaith am dâl o £200 i gwrdd â'r treuliau. Ond daeth terfyn ar y cynllun pan fynnodd y Cyngor feddiannu hawlfraint y gwaith. Ni fu trafferth o gwbl yn fy hanes, a chawsom y gyfrol allan mewn cyfarfod cofiadwy yn 1984. Bu Alun Creunant Davies yn barod ei gyfarwyddyd a chafwyd cadeirydd delfrydol yn W. P. Lloyd Jones, gŵr sydd ag inc yn ei waed, gyda'i ysgrifau gafaelgar bob wythnos yn y *Western Mail*, y dyddiau hyn. Erbyn heddiw mae'r plwyf yn amddifad o rai sy'n ysgrifennu (ar wahân i newydd-ddyfodiaid, a hynny yn Saesneg) i gylchgronau a phapurau Cymraeg. Ymdrech haeddiannol oedd cyhoeddi papur bro *Yr Ancr* yn 1975 a 1976, a chyflawnodd Raymond Daniel waith da fel golygydd a chysodydd. Ar ôl diflaniad *Yr Ancr* ymddangosodd *Y Barcud*, sy'n bapur bro i Dregaron a'r cylch, ac nid oes ganddo lawer o ofod am ysgrifau ar wahân i newyddion o'r pentrefi. Ond deil Llanddewi i gael colofn reolaidd yn *Y Barcud*.

Ac erbyn hyn cafwyd cymar i'r gyfrol *Hanes Plwyf Llanddewi Brefi*, sef *Llyfr Mawr Llanddewi Brefi* gan Raymond ac Olwen Daniel, a gyhoeddwyd yn 2011. Yn Eisteddfod Genedlaethol Glyn Ebwy yn 2010 cynigiwyd gwobr am lyfr bwrdd coffi ar thema bro, ac enillwyd y brif wobr gan Raymond ac Olwen Daniel. Gan fod Raymond yn ffotograffydd medrus, meddai ar gannoedd o luniau, a chafodd ragor tuag at ei gasgliad i greu cyfrol anghyffredin sy'n gronicl o Landdewi a'i phobl yn yr ugeinfed ganrif. Argraffwyd y gyfrol yn swyddfa'r *Cambrian News* yn Aberystwyth a'i gyhoeddi o'r 'Garnedd Wen', cartref yr awduron. Roedd yr holl brosesu ffotograffig, y sylwebaeth, yr hanesion a'r gwaith golygyddol, y dylunio a'r cysodi o dan ofal yr awduron, fel y dywed Lyn Ebenezer: 'Felly, eto ar fy anogaeth i, aeth Raymond ac Olwen ati i addasu'r gyfrol gan ryddhau argraffiad cyfyngedig ar gyfer y cyhoedd. Mae'r 'gwaith aruthrol' bellach o fewn cyrraedd a gwerthfawrogiad pawb.'[47]

Yn union fel yr aeth y meudwy gynt i groniclo hanes pwysig y Cymry a'r genedl, yn ei gell yn Llanddewibrefi, felly, yn ein dyddiau ni, aeth Raymond ac Olwen Daniel ati ar lan yr afon Brefi i groniclo 'casgliad unigryw o luniau, barddoniaeth, straeon a hanesion plwyfolion hen bentre'r Sant', a hynny ar eu haelwyd yn y pentref. Dywed Rheinallt Llwyd yn ei nodiadau gwerthfawr:

> Yr un broses ag a wnaed ganrifoedd lawer ynghynt er 'diogelu i'r oesoedd a ddêl'. Onid oes 'na ryw linyn arian diddorol iawn yn cysylltu *Llyfr Ancr Llanddewi brefi* hefo *Llyfr Mawr Llanddewi Brefi*, rhywfodd?[48]

NODIADAU A CHYFEIRIADAU

1. E. G. Bowen, 'Un o wir sefydlwyr y Gymru Gymraeg', *Y Cymro*, Mawrth 4, 1980, 20-1; Llwyd, 'Llanddewi Brefi', *Brython* 3, 1860, 424-5; D. Ben Rees, *Hanes Plwyf Llanddewi Brefi* (Llanddewi Brefi, 1984), 1-260; Raymond ac Olwen Daniel, *Llyfr Mawr Llanddewi Brefi* (Llanddewi Brefi, 2011), 1-384.
2. R. Geraint Gruffydd a Huw Parri Owen, 'The earliest mention of St David', *Bulletin of the Board of Celtic Studies*, xix (1961), 231-2.
3. J. W. James (gol.), *Rhigyfarch's life of St David. The basic mid-twelfth century Latin text with introduction, critical apparatus and translation* (Caerdydd, 1967).
4. D. Simon Evans (gol.), *Buchedd Dewi o Lawysgrif Llanstephan 27*, gyda rhagymadrodd a nodiadau (Caerdydd, 1959); idem, *Barn*, 12, 365, 13, 23, 14, 61.
5. Thomas Jones, 'The Book of the Anchorite of Llanddewi Brefi', *Ceredigion* xii, 63-81.
6. Gweler pennod 5, 'Llyfr Ancr Llanddewi Brefi' yn Rees, *Hanes Plwyf Llanddewi Brefi*, 38-41.
7. Ibid., 39.
8. Ibid.
9. Ibid., 41.
10. Ibid.
11. J. Morris-Jones a John Rhŷs, *The Elucidarium and other tracts in Welsh from Lhyuyr Agkyr Llanddewi vrevi*, A.D. 1346 (Jesus College MS 119) (Rhydychen, 1894).
12. Idris Foster, *The Book of the Anchorite: the Sir John Rhŷs Memorial Lecture, British Academy 1949* (Llundain, 1950), 197-226.
13. Thomas Eirug Davies, 'Philip Pugh (1679-1760)', *Y Bywgraffiadur Cymreig hyd 1940* (Llundain, 1953), 765-6.
14. Ibid.
15. Rhaid cofio rhybudd Delyth G. Morgans, 'Nid oes sicrwydd mai Phylip Pugh yw'r awdur'. Gw. *Cydymaith Caneuon Ffydd* (Aberystwyth, 2006), 207; T. Eirug Davies, 'Philip Pugh a'i ragflaenwyr yng nghanolbarth Sir Aberteifi', *Cofiadur*, 1937, 3-15.
16. T. Hughes Jones, 'Daniel Rowland, Llangeitho', *Llawlyfr Cymdeithas Ceredigion Llundain*, v, 33-5.
17. Gomer M. Roberts, 'Y Llafurwyr Cynnar' yn *Hanes Methodistiaeth Calfinaidd Cymru*, I, *Y Deffroad Mawr* (Caernarfon, 1973), 204-93.
18. Craig y Foelallt, 'Y Parch Daniel Rowlands, Llangeitho a'i amserau', *Yr Haul*, 25, Hydref 1881, 378-81.
19. Saunders Lewis, *Williams Pantycelyn* (Llundain, 1927), 28-9.
20. T. I. Ellis, 'David Rowland(s) ('Dewi Brefi; 1782-1820')', *Y Bywgraffiadur Cymreig hyd 1940*, 837.
21. Ibid.
22. 'Rhai o Blwyf Llanddewi Brefi a aeth i'r Offeiriadaeth' yn Rees, *Hanes Plwyf Llanddewi Brefi*, 57.
23. John Morgan Jones, 'Llanddewi Brefi: Canrif o Hanes Llanddewi Brefi a'r Gymdogaeth o Ganol y Ddeunawfed Ganrif ar Bymtheg', *Cymru*, xxiii Gorffennaf 1902, 5-15

(ysgrifennwyd yr hanes hwn yn wreiddiol tua'r flwyddyn 1869); William Davies (Caerdydd), 'Gweinidogion Dwyrain Morgannwg: Y Parch John Morgan Jones, LLD, Caerdydd', *Y Drysorfa*, ci (1931), 261-6; John Gwynfor Jones, 'The Revd John Morgan Jones, Pembroke Terrace, Cardiff (1838-1921): aspects of his contribution to the Christian Ministry', *Cylchgrawn Hanes y M.C.*, 26-27, 2002-2003, 90-121; idem, *Her y Ffydd: Ddoe, Heddiw ac Yfory: Hanes Henaduriaeth Dwyrain Morgannwg 1876-2005*, 55, 70-2, 76, 81, 94, 97-8, 104, 108, 145, 161, 164, 169-70, 175-6, 184-5, 186, 350-2, 366-9.

24. Rhys Morgan, *Cofiant William Thomas, Cwmafon, gynt Llanddewi Brefi* (Briton Ferry, d.d.), 23.
25. Ibid.
26. Rhys Morgan, 'Er Cof: Jane Jones, Llanddewi Brefi', *Lladmerydd*, 1893, 202-7.
27. D. J. Morgan, *Pant a Bryn: Detholiad o Ysgrifau* (Aberystwyth, 1953).
28. Raymond ac Olwen Daniel, *Llyfr Mawr Llanddewi Brefi*, 109.
29. D. Jacob Davies, 'Niclas – y Marcsydd Mwyn', *Cyffro*, Haf 1971, 19-21; Iorwerth C. Peate, 'Awen T. E. Nicholas' yn *Ym Mhob Pen* (Aberystwyth, 1948), 90-4; D. Ben Rees, 'Thomas Evan Nicholas (Niclas y Glais, 1879-1971)', *Dictionary of Labour Biography*, volume xiii (golygyddion: Keith Gildart & David Howell) (Basingstoke, 2010), 282-292.
30. T. E. Nicholas, *Cerddi Rhyddid* (Abertawe, 1914).
31. *Salmau'r Werin*, ail argraffiad (Wrecsam, 1913), *Cerddi Gwerin*, (Pontardawe, 1913); *Cerddi Gwerin* (Caernarfon, 1912); *Cyflog Byw* (Pontardawe, 1913); *Cerddi Rhyddid* (Abertawe, 1914); *Nadolig Arall* (Llangybi, 1915); *Dros Eich Gwlad* (Llangybi, 1915).
32. Rees, *Hanes Plwyf Llanddewi Brefi*, 91, 131.
33. Olwen Evans, 'Jonathan Ceredig Davies', *Yr Ancr*, 2, Gorffennaf 1975, 3; Dyfnallt Morgan, 'Cofio Ceredig', *Y Casglwr*, 4, Mawrth 1978, 4.
34. Olwen Evans, ibid., 3.
35. Raymond ac Olwen Daniel, 'Dyma orweddfan Jonathan Ceredig Davies', *Llyfr Mawr Llanddewi Brefi*, 7. Lluniwyd y beddargraff iddo gan Jenkin Lloyd, Pant, Llanddewi.
36. Geiriau Rheinallt Llwyd mewn dogfen ataf dyddiedig 14 Awst, 2013.
37. D. Ben Rees, 'David Lloyd Jenkins, 1882-1960' yn *Cymry Adnabyddus 1952-1972* (Lerpwl a Phontypridd, 1978), 103.
38. D. Ben Rees, 'John Ellis Williams, 1880-1959', yn *Cymry Adnabyddus 1952-1972*, 192; idem, 'Y Parchedig J. Ellis Williams, Llanddewi Brefi' yn *Namyn Bugail* (gol. T. J. Davies), (Llandysul, 1978), 141-50.
39. *Awen Aberystwyth* (Aberystwyth, 1938).
40. D. Tecwyn Lloyd, 'Barddoniaeth Dyfnallt Morgan', *Taliesin*, xxiv, 77-2.
41. Alun R. Edwards, *Yr Hedyn Mwstard: Atgofion* (Llandysul, 1980).
42. Alun R. Edwards, *Canmlwyddiant Ysgoldy Llanio 1859-1959* (Llanbedr Pont Steffan, 1959); Jenkin Jones, D. Ben Rees a T. J. Davies, *Dathlu Canmlwyddiant Ysgol Gynradd Llanddewi Brefi* (1976); Alun R. Edwards, 'Crwys a Nhad', *Yr Ancr*, 6 a 7 Nadolig, 1975, 3.
43. Gw. R. Gerallt Jones, 'Alun R. Edwards a'i Gyngor', yn *Gwarchod y Gwreiddiau: Cyfrol Goffa Alun R. Edwards*, gol. Rheinallt Llwyd (Llandysul, 1986), 61-80 a 'Cyfraniad Mr

Ready' gan y golygydd, 106-129, a D. Geraint Lewis, 'Llyfrau Plant 1950-90', 145-171, lle ceir syniad da o'i lwyddiant ym myd cyhoeddi.

44. Dafydd Jenkins, 'Cymdeithas Lyfrau Ceredigion: Babi Alun Edwards' [yn] *Gwarchod y Gwreiddiau*, 45-60.
45. D. Ben Rees, *Enwogion Pedair Canrif (1400-1800)* (Pontypridd a Lerpwl, 1976).
46. Rheinallt Llwyd 'Pensaer y gyfundrefn nawdd i gyhoeddiadau Cymraeg' yn 'Braslun o Agweddau ar gyhoeddi yn Llanddewi Brefi', dyddiedig 14 Awst 2013, 1.
47. Lyn Ebenezer, Rhagair, *Llyfr Mawr Llanddewi Brefi*, 5.
48. Rheinallt Llwyd, 'Agweddau ar gyhoeddi yn Llanddewi Brefi', 2.

Y bardd telynegol, Ben W. Davies, Tŷ Mawr.

Meinwen a D. Ben Rees (Trysorydd ac Ysgrifennydd y Wasg heddiw).

Yr awdur a'r cyhoeddwr.

J. Ceredig Davies yn anterth ei nerth.

J. Ceredig Davies yn niwedd ei oes.

Dyma fel oedd hi ar y sgwâr ym 1900. 'Roedd Siop y Foelallt yn gwerthu dillad gwlân a'r tai gyferbyn â'r Foelallt Arms yn un llawr. Pridd a cherrig oedd ar wyneb yr hewl bryd hynny. Tra'n gwyngalchu bwthyn Tanyfynwent canfuodd y perchennog fod yna dipyn o galch yn sbâr ac aeth ati i liwio wal gerrig y fynwent. Ond nid oedd awdurdodau'r Eglwys yn gwerthfawrogi ei ymdrechion a bu'n rhaid iddo lanhau'r cerrig i gyd.

Ar ddechrau'r pumdegau aethpwyd ati i godi arian i atgyweirio'r Eglwys. Cododd yr aelodau £1,200 ond 'roedd angen £7,000 i gwblhau'r gwaith angenrheidiol. Gwnaed apêl ehangach ac yn y diwedd daeth yr arian ynghyd. Cymerwyd 5 mlynedd i orffen y gwaith ac agorwyd yr Eglwys ar ei newydd gwedd ym 1957.

Dros gan mlynedd ynghynt 'roedd yr adeilad mewn cyflwr truenus a defnyddiwyd rhan ohono i gadw certi ac offer amaethyddol. Gwnaed tipyn i wella'r adeilad wedi hynny a chafwyd gwell trefn ar bethau erbyn 1874.

Ym 1534 gadawodd rhywun o'r enw Dafydd Roberts, naw ceiniog yn ei ewyllys i Eglwys Golegol Llanddewi Brefi.

Tudalen o Llyfr Mawr Llanddewi Brefi.

Eglwys Dewi Sant.

Y cyfrol ddiweddaraf o gynnyrch Cymraeg y fro.

Olwen a Raymond Daniel.

Nythfa, canolfan i Gyhoeddiadau Modern yn Llanddewibrefi.

3.

Cychwyniad a Gweledigaeth Cyhoeddiadau Modern Cymreig Cyf. yn Abercynon

D. Ben Rees

YN Y FLWYDDYN 1963 y daeth gwasg Cyhoeddiadau Modern Cymreig Cyf. i fodolaeth, a hynny yn Abercynon, Cwm Cynon. Symudais yn Hydref 1962 yn weinidog gydag Eglwys Bresbyteraidd Cymru gyda chyfrifoldeb am gynulleidfaoedd yn Abercynon a Phenrhiwceibr.[1] Yn ystod y blynyddoedd a dreuliais ym Mhrifysgol Cymru a'r Coleg Diwinyddol yn Aberystwyth cefais y profiad o olygu cylchgrawn, ei gyhoeddi a'i ddosbarthu, ac ar ôl cyrraedd Abercynon teimlwn gyfrifoldeb am y Gymraeg, gan gredu fod angen gwasg ym Morgannwg i wasanaethu'r cymoedd a'r genedl gyfan.[2] Cefais sgwrs â Gwilym Prys Davies, cyfreithiwr yn y Rhondda a Phontypridd, a derbyn ei gyfarwyddyd ar y weledigaeth.[3] Pwysleisiodd fod angen i ni fod yn arloeswyr, gan ganolbwyntio ar fyd y plant a hefyd gyhoeddi cyfrolau na ellid disgwyl i'r gweisg eraill eu cyhoeddi. Y peth cyntaf a wneuthum oedd ymweld â'r bargyfreithiwr Dafydd Jenkins, Aberystwyth, er mwyn ffurfio cymdeithas elusennol gyda chyfranddalwyr amrywiol. Cyflawnodd ef y dasg honno ac yna euthum ati i lythyru tua chant o bobl i'w gwahodd i gyfrannu at gyfalaf y wasg. Ymatebodd 45 ohonynt yn gadarnhaol. Yr oedd gennyf bedwar grŵp mewn golwg i ymateb, yn gyntaf, pobl amlwg o fewn y Mudiad Llafur, am imi fod yn weithgar o'i fewn fel golygydd y cylchgrawn *Aneurin*; yn ail, pobl y cymoedd a oedd yn frwdfrydig dros barhad iaith a diwylliant Cymru; yn drydydd, fy ffrindiau a'm teulu, ac yn bedwerydd, cefnogwyr y wasg Gymreig.

Diddorol yw nodi ymateb pob un o'r categorïau hyn gan ddechrau â'r Mudiad Llafur. Cefais ymateb gan y Comiwnydd glew T. E. Nicholas ('Niclas y Glais'), gŵr y treuliais lawer orig yn ei gwmni yn ei gartref,

Glasynys, yn Aberystwyth.[4] Yr oedd ef yn ŵr grymus yn y Gymru Gymraeg. Daeth cyfraniad haelionus o Undeb Gweithwyr Trafnidiaeth a Chyffredinol Adran Gogledd Cymru trwy ei harweinydd, Tom Jones, Shotton, neu 'Twm Sbaen' fel y gelwid ef ym mro ei febyd, Rhosllannerchrugog wedi iddo dreulio cyfnod mewn carchar yn Sbaen ar ôl brwydro yno yn y Rhyfel Cartref.[5] Yr oeddwn i a Tom Jones yn bennaf ffrindiau. Gan fy mod wedi chwarae rhan amlwg yn y mudiad Diarfogi Niwclear ac wedi bod yn aelod o'r Pwyllgor Cant (Committee of 100) o dan arweiniad yr athronydd Bertrand Russell, gofynnais i swyddogion y Gymdeithas yng Nghymru am eu cefnogaeth, a daeth cyfraniad oddi wrthynt. Un arall a gyfrannodd o fewn y Mudiad Llafur oedd John Shaw, Llundain, na wn i ddim llawer am ei gefndir, ynghyd â Gwilym Prys Davies, un o'r mwyaf brwdfrydig dros y fenter, a daeth y Parchedig D. Jacob Davies, gweinidog yr Undodiaid a gŵr oedd wedi newid ei deyrngarwch o Blaid Cymru i'r Blaid Lafur, i'r adwy.[6] Bellach yr oedd ei waith helaeth dros yr henoed wedi ei ddenu i rengoedd y Mudiad Llafur. At y rhain cyfrannodd y llengar Mati Rees, Abertawe, chwaer y Cynghorydd Loti Rees Hughes, y bûm yn ei chynorthwyo yn Etholiad Cyffredinol 1959 fel ymgeisydd yn Sir Aberteifi.

Yn ail, pobl y cymoedd. Cafwyd ymateb gwirioneddol werthfawr ganddynt hwy gan fy mod yn dod i adnabod amddiffynwyr y dreftadaeth Gymreig yng Nghwm Rhondda yn arbennig. Adwaenwn Olwen a Jane Jones, y ddwy chwaer o Stuart Street, Treorci, a Miss Susie Jones, Treherbert, a chefais gwmni y Parchedig L. Haydn Lewis, Tonpentre, ym mhob Henaduriaeth,[7] a chytunodd bob un ohonynt i gyfrannu. O Gwm Aberdâr ymunodd Luther James, prifathro ac un a fu'n weithgar yng Nghymdeithas Llyfrau Aberdâr, ac o Gwm Rhymni cefnogodd Gwyn Phillips, Ystrad Mynach,[8] gŵr hynod o haelionus a brawd i'r cenhadwr y Parchedig T. B. Phillips a wnaeth ddiwrnod da o waith ar fryniau Casia. Gŵr amryddawn a'n cefnogodd oedd y llyfrgellydd Harri Webb, y bardd Eingl-Gymreig, a galwn yn gyson i'w weld ef yn Llyfrgell Gyhoeddus Aberpennar, er mai ym Merthyr y trigai. Un arall a berthynai i'r cymoedd yn ardal y glo carreg oedd y bardd ifanc Derec Llwyd Morgan. Cofiaf yn dda drefnu i'w gyfarfod ef am sgwrs ym Mhontardawe pan oedd yn ei flwyddyn olaf yn yr Ysgol Ramadeg cyn iddo fynd i'r Brifysgol ym Mangor. O Gwm Tawe cefais gefnogaeth Edgar Jones, un o'r llenorion yng Nghwmgïedd. O ran fy nheulu, cyfrannodd fy mam-yng-nghyfraith, Mrs S. A. Llewellyn, Abercwmboi, fy mhriod Meinwen a minnau.

Daeth cefnogaeth gref oddi wrth gefnogwyr y Wasg Gymraeg, a'r mwyaf haelionus oedd Jenkin Alban Davies, Llanrhystud, un o Gymry Llundain.[9] Un arall a ymatebodd yn hynod o haelionus oedd Ambrose Williams, Caerdydd, gŵr a alwai i'm gweld yn gyson yn Abercynon. Byrlymai gyda syniadau a brwdfrydedd heintus. Daeth cyfraniad hefyd gan yr offeiriad Dr Bryn Thomas, enw pwysig a chyfarwydd yn y chwedegau ac un o Gymry mwyaf lliwgar Llundain. Adnabyddid y Dr Griffith Evans, Caernarfon yn bennaf fel arloeswr y Weinidogaeth Iacháu yn Eglwys Bresbyteraidd Cymru ac eglurais iddo beth oedd ein gweledigaeth.[10] O ganlyniad, mynegodd ei ddiddordeb yn syth ac anfonodd gyfraniad. Felly hefyd Hafina Clwyd a oedd yr adeg honno'n un o Gymry tra egnïol Llundain.[11] Soniai ar hyd ei hoes ei bod wedi cefnogi ein gweledigaeth. Llwyddais i gael dau o'm cyfoedion o ddyddiau Coleg i gefnogi, sef Gwynne Williams, Rhosllannerchrugog, a'r ysgolhaig Dafydd Glyn Jones, Carmel, Arfon.[12] Byddwn yn galw i weld Dafydd ar fy nheithiau i Arfon, a chofiaf un diwrnod ei weld ef a'i dad yn dod â gyr o ddefaid o'r mynydd. Derbyniais groeso mawr gan ei rieni ac yntau. Braf oedd cael cefnogaeth ein gwŷr llên, R. Gerallt Jones a W. R. P. George, Cricieth, ynghyd â'r cefnogwyr di-ail R. Alun Edwards, yr Athro Jac L. Williams, y nofelydd D. Griffith Jones, fy nghyfaill ysgol, W. Morgan Rogers, a'r gwyddonydd o lenor, R. Elwyn Hughes, yr Eglwys Newydd.

Heddiw rhaid diolch yn ddidwyll iawn i ddeuddeg arall a fu'n barod i weld yr angen a chefnogi'r fenter ar ddechrau hanes y wasg. Cyfeirio wnaf at gefnogaeth Eric Jones, Pontllyfni, R. E. Jones, Tŷ'r Ysgol, Llanberis, Dr Ll. G. Chambers, Bangor, Lillian Hughes, Y Fali, Sandra Evans, Caernarfon, T. E. Pritchard, Botwnnog, Dafydd Orwig Jones, Bethesda, Dr Phil Williams, y Parchedig R. Maurice Williams, Lerpwl, Nesta Jones, y Parchedig George W. Brewer a Moc J. Morgan, Pontrhydfendigaid. Cyfartaledd bychan iawn ohonom bellach sy'n dathlu hanner can mlynedd o fodolaeth y Wasg, ond heb yr enwau a nodais ni fyddai Cyhoeddiadau Modern wedi llwyddo i weld golau dydd yn 1963. A'r wyrth yw bod cyfanswm y buddsoddiadau yn £300,[13] y swm i ddechrau'r cwmni, ac er y disgwylid i bob un ohonom roi cyfraniad yn flynyddol, ni wnaed hynny.

Menter o ffydd ydoedd, a thrwy ofal ac ymroddiad llwyddwyd i oresgyn yr anawsterau i gyd, talu'n ffordd, a chyhoeddi rhaglen gynhwysfawr.

Aed ati i sefydlu swyddfa yn fy stydi yn Nhŷ Teifi, South Street, Abercynon. Deuthum i adnabod Miss A. M. Lloyd, merch ddi-Gymraeg dra gweithgar yn Abercynon yn y dyddiau cynnar, a oedd yn barod i ddefnyddio rhan o'i swyddfa i storio'r llyfrau ac i anfon allan y biliau a'r infois i'r llyfrwerthwyr.

Penderfynodd Gwilym Prys Davies a minnau ddewis swyddogion i'r gymdeithas a sefydlu Pwyllgor Gwaith i ystyried y rhaglen. Etholwyd Gwilym Prys Davies yn Gadeirydd, Trefor Evans i ddechrau ac yna Merfyn Griffiths yn Drysorydd Mygedol, J. Cyril Hughes yn Swyddog Cyhoeddusrwydd a minnau'n Ysgrifennydd. Dewiswyd nifer dda i gynorthwyo'r swyddogion yn y Pwyllgor Gwaith: bu Harri Webb, Dr Aled Rhys Wiliam, W. Morgan Rogers, Dr R. Elwyn Hughes a Hafina Clwyd yn aelodau yn y cyfnod o 1963 i 1968. Chwith meddwl mai dim ond pedwar ohonom o'r naw a enwais sydd ar dir y byw.

Cyfarfu'r Pwyllgor Gwaith yn gyson ar fore Sadwrn, yn Nhonteg (cartref y Cadeirydd), a chynhelid y cyfarfodydd hanner blynyddol yng Nghaerdydd a'r rhai blynyddol naill ai yn y brifddinas neu yn Abertawe. Yng nghyfnod Abercynon y cafwyd y gweithgarwch pennaf, a hynny oherwydd ein bod yn cyfarfod yn fisol ac yn trafod pa gyfrolau i'w cyhoeddi. Penderfynwyd gwahodd Gwynfil Rees, prifathro wedi ymddeol ym Mhennant, Ceredigion, i lunio cyfrol ar gyfer plant o dan y teitl *Brenin Teifi*. Bu gwerthu da ar y gyfrol honno, a chroesawyd hi. Credaf mai dyna'r unig gyfrol boblogaidd o eiddo Gwynfil Rees sydd mewn bodolaeth yn Gymraeg. Yr ail gyfrol oedd *Pe Symudai y Ddaear*, nofel gyffrous o waith y Parchedig D. Griffith Jones, Abertawe (Corris ac Aber-porth wedi hynny).[14] Comisiynwyd y cymdeithasegydd C. R. Williams, Y Rhyl, i lunio llyfr ar y Wladwriaeth Les. Y mae gennyf gofnod o werthiant cynnar y tair cyfrol, a hynny mewn dyddiau pan nad oedd y Cyngor Llyfrau Cymraeg wedi meddiannu'r holl farchnad. Yr oeddwn wedi creu perthynas â 26 o gyhoeddwyr a siopau oedd yn barod i werthu llyfrau Cymraeg ac roeddynt yn gwerthfawrogi'r cydweithrediad. Gan fod rhai o'r llyfrwerthwyr hyn wedi rhoi'r gorau i'r dasg, buddiol yw cofnodi ein perthynas â hwy yn hanes y tair cyfrol gyntaf.[15]

	Llyfrwerthwyr	*Gwerthiant*
1)	D. J. Davies, Pen-y-bont ar Ogwr	47 Pe Symudai y Ddaear 6 Wladwriaeth Les
2)	J. K. Davies, Aberaeron	5 Brenin Teifi 3 Pe Symudai y Ddaear 5 Wladwriaeth Les
3)	Elizabeth Evans, Aberteifi	2 Pe Symudai y Ddaear 2 Wladwriaeth Les
4)	Hugh Evans, Hackins Hey, Lerpwl	6 Pe Symudai y Ddaear 1 Wladwriaeth Les
5)	Galloway and Hodgson, Bangor	6 Brenin Teifi 7 Pe Symudai y Ddaear 24 Wladwriaeth Les
6)	Griffs, Llundain	5 Brenin Teifi 120 Pe Symudai y Ddaear 30 Wladwriaeth Les
7)	Bookland a'i Gwmni, Bangor	30 Pe Symudai y Ddaear 6 Wladwriaeth Les
8)	E. a D. Odwyn Jones, Aberhonddu	16 Pe Symudai y Ddaear 6 Wladwriaeth Les
9)	Arianwen Parry, Llanrwst	6 Brenin Teifi 30 Pe Symudai y Ddaear 6 Wladwriaeth Les
10)	C. Hughes, Siop yr Eglwys Fethodistaidd, Bangor	12 Pe Symudai y Ddaear 12 Wladwriaeth Les
11)	Caronian Jones, Tregaron	3 Pe Symudai y Ddaear 3 Wladwriaeth Les

	Llyfrwerthwyr	*Gwerthiant*
12)	Lemuel Rees, Llanbedr Pont Steffan	3 Pe Symudai y Ddaear 3 Wladwriaeth Les
13)	J. D. Lewis, Llandysul	6 Brenin Teifi 6 Pe Symudai y Ddaear
14)	Beti Rhys, Caerdydd	12 Pe Symudai y Ddaear
15)	Eric Jones (Siop J. R. Morris), Caernarfon	27 Pe Symudai y Ddaear
16)	Trebor Hughes, Rhuthun	50 Brenin Teifi 50 Pe Symudai y Ddaear 50 Wladwriaeth Les
17)	Galloway a Morgan, Aberystwyth	40 Pe Symudai y Ddaear
18)	Williams, King Street, Caerfyrddin	1 Brenin Teifi 18 Pe Symudai y Ddaear 3 Wladwriaeth Les

Gwerthwyd un neu ddau neu, ar y mwyaf, dri chopi i'r llyfrwerthwyr canlynol: T. Jones, Wrecsam; N. B. Smith, Llandrindod; Llyfrfa'r Methodistiaid Calfinaidd, Caernarfon; L. J. Thomas, Abertawe; R. G. Guest, Llangefni (archebwyd 5 copi o *Pe Symudai y Ddaear*); Idris Hughes, Llangefni (archebwyd 16 copi o *Pe Symudai y Ddaear*); J. Lewis, Ystradgynlais; Vickers, Aberdyfi; Tŷ John Penry, Abertawe a James Askew, Preston. Weithiau cafwyd archeb gan Sanders, Stryd Fawr, Rhydychen. Gwerthid nifer dda o lyfrau Cymraeg hanner can mlynedd yn ôl yn Aberhonddu, Llanrwst, Bangor, Rhuthun, Aberystwyth, Llundain a Chaerfyrddin. Nid yw'r tabl yn dweud y cyfan, ond mae'n awgrymu mai'r gwerthiant yw'r broblem fawr sy'n wynebu pob gwasg yn yr iaith Gymraeg; erbyn hyn ysgwyddwyd y cyfrifoldeb gan y Cyngor Llyfrau Cymraeg.

Menter fawr Cyhoeddiadau Modern Cymreig yn y cyfnod cynnar oedd cyhoeddi llyfrau lliwgar a deniadol i blant trwy gydweithrediad awduron, y Cyd-Bwyllgor Addysg Cymreig ac argraffwyr y tu ôl i'r Llen Haearn. Mentrais gysylltu ag argraffwyr yn Hwngari, Bwlgaria, Tsieina a'r Iseldiroedd. Golygai hynny gryn lawer o drefnu a gohebu a llogi cynrychiolydd yn nociau Llundain i gael y *crates* mawr llawn llyfrau i'w llwytho ar lori a'u cario i Abercynon. Byddwn yn cadw'r cyfan yn yr ardd gan roi digon o ddeunydd drostynt rhag y glaw nes cawn gyfle i'w dosbarthu yn y siopau ar hyd a lled De Cymru a mynd â channoedd ohonynt i stordy'r cwmni yng Nglancynon cyn eu gwerthu a'u dosbarthu. Dyna sut y cawsom *Jwmbo yr Eliffant Bach* gan Meinwen Rees a *Y Wenynen Fach Drachwantus* gan David Walters. Yn ôl *Y Cymro, Y Wenynen Fach Drachwantus* oedd y gyfrol harddaf a gyhoeddwyd ers tro byd yn yr iaith Gymraeg. Cyfrol hardd a argraffwyd yn yr Iseldiroedd oedd *Mae'n Fy Ngharu* a addaswyd gan y Parchedigion Harri Parri a Gareth Maelor Jones, dau ffrind coleg. Hwy oedd yn gyfrifol am wasg o'r enw Tŷ ar y Graig. Gwnaeth David Walters, prifathro yn ardal Pen-y-bont ar Ogwr, gymwynas fawr â phlant Cymru trwy Cyhoeddiadau Modern. Yr oedd yn feistr ar gyflwyno i blant oedd yn dysgu Cymraeg fel ail iaith a gwelir hynny yn y cyfrolau *Ci Mecanyddol*, cyfaddasiad o un o straeon plant Hwngari, a *Huw a'r Llong Ofod*, cyfaddasiad arall o'i eiddo. Merch ddawnus oedd Gwen Leavitt, Treorci (a ymfudodd yn ddiweddarach i Ganada) ac a fu'n gyfrifol am greu deunydd yn Gymraeg i bobl ieuainc fel *Cyfrinach Elisabeth, Crib Coch*, addasiad o lyfr o Bwlgaria, ac *Oriau gyda'r Gang*, pymtheg o storïau cyffrous am gang o bedwar. Bu canmol mawr ar *Y Dringwr Gorau*, cyfrol arall o'i heiddo, ac ynddi cafwyd helyntion a helbulon merched ifanc adolesent. Bu awduron plant o safon Mair Wynn Hughes, Mairwen Gwynn Jones, John Morgan a Gruffudd Roberts yn gyfrifol am greu ac addasu o ieithoedd eraill. Cawsom gyfrol liwgar gan Elfed Thomas o dan y teitl *Pum Stori* a'r darluniau ynddi o waith prif artist Hwngari. Cyhoeddiadau Modern Cymreig oedd yr arloeswyr, a dilynwyd hwy'n fuan, yn fwyaf arbennig gan Wasg y Dref Wen.

Yr oedd y Pwyllgor Gwaith yn awyddus iawn i gyhoeddi cyfrolau yn ymwneud â bywyd Cymru. A dyna sut y daeth y gyfres *Arolwg* i fodolaeth, sef arolwg ac adolygiad ar wahanol agweddau ar fywyd Cymru gan Gymry blaenllaw o dan olygyddiaeth un ohonom ni ar y cychwyn.[16] Ymddangosodd y gyfrol gyntaf yn y flwyddyn 1965 o dan fy ngolygyddiaeth i, a'r ail o dan olygyddiaeth y Dr Aled Rhys Wiliam.

Yn anffodus, bu'n rhaid inni dderbyn ymddiswyddiad Dr Aled Rhys Wiliam, a theimlem yn wir ddiolchgar iddo am ei waith graenus fel Golygydd. Bu'n gymorth amhrisiadwy am flynyddoedd, yn cywiro gwaith cyn iddo fynd i ofal argraffydd. Gosododd y patrwm, a gwahoddwyd R. Gerallt Jones yn Olygydd yn 1968. Meddyliai ef gryn lawer o'r wasg a throsglwyddodd i'w gofal *Gwared y Gwirion*, casgliad o straeon byrion sy'n disgrifio, trwy lygad plentyn, y broses o dyfu yng ngwlad Llŷn. Yn ddiau dyma un gyfrol y gall Cyhoeddiadau Modern ymhyfrydu'n fawr ynddi fel cyhoeddwyr.

Pwyswyd ar ein Cadeirydd, Gwilym Prys Davies, i gynhyrchu cyfrol a fyddai'n cyfarwyddo'r ffermwyr ynglŷn â'r gyfraith, a lluniodd *Y Ffermwr a'r Gyfraith*, cyfrol hynod o afaelgar, a werthwyd am bymtheg swllt. Gwerthwyd pob copi a phleser oedd cyhoeddi yn Gymraeg gyfrol ar bwnc cyfreithiol, rhywbeth na ddigwyddai o gwbl yr adeg honno ond, erbyn hyn, mae'r sefyllfa'n well. Lluniwyd hefyd lawlyfr i bwyllgorwyr gan Gwilym Prys Davies, Alwyn Hughes Jones, Caernarfon a Syr Ben Bowen Thomas. Gwerthwyd pob copi o'r llawlyfr gan i nifer dda o gymdeithasau archebu stoc ar gyfer eu swyddogion.

Menter newydd arall oedd cyhoeddi cyfrolau Moc J. Morgan, un o fechgyn Tregaron ac arbenigwr ym myd pysgota. Pan ymddangosodd y gyfrol *Yng Nghysgod Dai* yr oedd M. J. Morgan yn golofnydd ar bysgota yn yr wythnosolyn *Y Cymro*. Hwn oedd y llyfr cyntaf yn yr iaith Gymraeg ar bysgota. Rhoddodd Moc Morgan deitl trawiadol, gan gyfeirio at Dai Lewis, a fu farw ar dir y fferm lle'm ganwyd, sef Abercarfan. Bu farw'n sydyn ac yntau'n pysgota ar lan afon Teifi, a chodwyd carreg solet i nodi'r fan. Yr oedd Dai Lewis yn un o bysgotwyr enwocaf afon Teifi yn ei ddydd. Ail gyfrol Moc Morgan oedd *Moc yr Heliwr*, cyfrol ymarferol ar saethu a hela, rhywbeth newydd arall. Yr oedd newydd-deb yn bwysig. Wedi'r cyfan, hyn oedd y rheswm pennaf am yr enw Cyhoeddiadau Modern ac am y llyfrau gwahanol i'r arfer a ymddangosodd yng nghyfnod Abercynon. Gellir enwi cyfrol o gomic yr *Hebog* o dan olygyddiaeth Gerallt Lloyd Owen, bardd ieuanc y pryd hwnnw.

Yr oedd hi'n ddyddiau cyffrous ym myd crefydd, yn arbennig ar ôl cyhoeddi'r gyfrol *Honest to God* gan yr Esgob John A. T. Robinson. Nid rhyfedd felly inni gyhoeddi *Cristnogaeth a Chrefydd*, cywaith W. Eifion Powell a George W. Brewer, dau weinidog ieuanc disglair. Trafodwyd y ddiwinyddiaeth newydd a daeth enwau Paul Tillich ac eraill i'n byd unwaith yn rhagor. Cofiaf wahodd yr Athro Cyril G. Williams i drafod hanes meddylwyr mawr y byd fel Emil Brunner a Sigmund Freud, heb anghofio Tillich a Buber. Cyflawnodd ei addewid a chawsom ganddo gyfrol hardd o fywgraffiadau o bob un o'r meddylwyr hyn ynghyd â chrynodeb o'u dysgeidiaeth a darlun o bob un ohonynt. Cam arall oedd gwahodd y Parchedig Dewi Eirug Davies i gasglu ynghyd bregethau gan weinidogion ac offeiriaid a ordeiniwyd rhwng 1949 a 1967, a llwyddodd yn rhyfeddol. Derbyniodd 24 o weinidogion ifanc (dim ond deg ohonynt sydd ar y maes y dyddiau hyn) y gwahoddiad i gyfrannu i'r gyfrol eciwmenaidd honno, a chytunai rhai ohonom gyda geiriau yr Athro J. Oliver Stephens, Caerfyrddin: 'Y Bregeth, yn ddiau, yw cynnyrch rhagoraf athrylith Cymru. Traethwyd dysg, dawn a diwylliant ein cenedl i'w pherffeithio. Trwyddi hi yn bennaf y goleuwyd ein gwlad.' Cyfrol hardd oedd honno a chynllunïwyd y clawr gan Beryl Roberts, yr artist o Aberhonddu. Rhoddwyd croeso mawr i'r gyfrol a gwerthwyd argraffiad Gorffennaf 1967, sef mil o gopïau, mewn byr amser. Cofiaf yn dda i'r biocemegydd enwog, yr Athro Richard A. Morton, Prifysgol Lerpwl, gydnabod iddo dreulio'i wyliau haf yn Llansannan yn 1967 ac iddo ddarllen y gyfrol drwyddi a derbyn budd arbennig. Credai ei bod hi'n gyfrol gampus ar ei phen ei hun, ac ni chafwyd dim byd tebyg oddi ar hynny yn Gymraeg.

Un dasg bwysig i gyhoeddwr nad oedd yn argraffydd oedd gosod y cysodi a'r argraffu yn nwylo argraffwyr medrus. Ni chafwyd problem o gwbl, gan fod toreth o gwmnïau argraffu yng Nghymru a'r cyfandir. Defnyddiwyd argraffwyr adnabyddus o Gymru a Lloegr fel William Lewis, Caerdydd, Gwasg Gee, Dinbych, Gwasg y Brython, Lerpwl, Gwasg Gomer, R. H. John, Casnewydd, Gwasg y Dderwen, Llansawel; a chwmnïau argraffu yng Nghaerffili, Pontypŵl a Thonypandy.

Cofir am 1968 fel blwyddyn symud yn hanes Cyhoeddiadau Modern Cymreig.[17] Newidiodd y swyddfeydd, a datblygwyd peirianwaith newydd. Deliwyd â'r ochr olygyddol, nid yn Abercynon ond yn Allerton, Lerpwl, a'r ochr weinyddol yn Old Bank Chambers, Market Square, Pontypridd, Morgannwg. Cadwyd llawer o'r stoc yn yr hen Swyddfa yn Abercynon. Bu'r blynyddoedd o 1968 i 2013 yn gynhyrchiol, ond collwyd cefnogaeth y Pwyllgor Gwaith. Daeth y wasg yn gyfrifoldeb un person bron ond, erbyn hynny, roedd hi'n bosibl i bwyso llawer mwy ar Ganolfan Ddosbarthu'r Cyngor Llyfrau, ei Hadran Olygyddol a'i Hadran Ddylunio.

Hwyluswyd y dasg yn fawr iawn a gwelir yn y Llyfryddiaeth i'r Wasg gynhyrchu toreth o lyfrau yng nghyfnod Lerpwl. Wedi diflaniad Gwasg y Brython, Cyhoeddiadau Modern yw'r unig wasg Gymreig sy'n bodoli yn Lerpwl, dinas a fu'n un o'r canolfannau cyhoeddi amlycaf yn y Gymraeg.

NODIADAU

1. D. Ben Rees, *Codi Stêm a Hwyl yn Lerpwl* (Lerpwl, 2008), t. 95.
2. Ibid. 'Bu honno'n fenter fawr ac arloesol wrth gyhoeddi llyfrau plant lliwgar a threfnu iddynt gael eu hargraffu yn yr Iseldiroedd, Prâg, Bwdapest a Sofia a'u cludo trwy ddociau Llundain i Teify House yn Abercynon.'
3. Am Gwilym Prys Davies gw. *Llafur y Blynyddoedd* (Dinbych, 1991), tt. 11-192.
4. D. Ben Rees, 'Thomas Evan Nicholas (Niclas y Glais: 1879-1971)', yn *Dictionary of Welsh Labour Biography*, xiii, goln. Keith Gildart a David Howell (Llundain ac Efrog Newydd, 2010), tt. 282-92.
5. Keith Gildart, 'Thomas (Tom) Jones (1908-90)', yn *Dictionary of Welsh Labour Biography*, xi.
6. Lluniodd D. Jacob Davies gyfrol ddefnyddiol iawn ar gyfer Cyhoeddiadau Modern, a chyhoeddwyd y gwaith dan y teitl *Cyfoeth Cwm*, sef bywgraffiadau o'r beirdd a chysylltiad ganddynt â Chwm Cynon, a chafodd yr awdur a'r cyhoeddwyr ganmoliaeth fawr gan Saunders Lewis mewn adolygiad yn y *Western Mail*.
7. Yn 1969 cyhoeddodd Cyhoeddiadau Modern gyfrol o farddoniaeth o eiddo L. Haydn Lewis o dan y teitl *Eisin*.
8. Ef oedd yn bennaf cyfrifol am ariannu Ymddiriedolaeth Gogledd Ddwyrain India Cymru. Gweler y cyflwyniad yn D. Ben Rees (gol.), *Llestri Gras a Gobaith: Cymry a'r Cenhadon yn India* (Lerpwl, 2001), xi. Cyflwynwyd y gyfrol i goffadwriaeth Gwyn Phillips, Ystrad Mynach, Dr. R. Arthur Hughes, Lerpwl a Brynmor Jones, Aberystwyth.
9. Derbyniodd llawer o gymdeithasau a mudiadau, fel Urdd Gobaith Cymru, roddion hael ganddo. Gwnaeth ei orau i hyrwyddo'r iaith Gymraeg, a gwelai Jenkin Alban Davies Cyhoeddiadau Modern yn gyfrwng i'w hybu. Gw. E. D. Jones a Mair Auronwy James, 'Jenkin Alban Davies (1901-68), yn *Y Bywgraffiadur Cymreig 1951-1970* (Llundain, 1997), tt. 3,10.
10. D. Ben Rees, 'Griffith Ifor Evans (1889-1966), yn *Cymry Adnabyddus 1952-1972* (Lerpwl a Phontypridd, 1978), tt. 62-3.

11. Yn 1966 cyhoeddodd *Cyhoeddiadau Modern* gyfrol gyntaf Hafina Clwyd, sef *Shwrwd*, cyfres o ysgrifau difyr sy'n piclo cymeriad, potelu profiad, distyllu golygfa, a hynny gydag arddull afieithus.
12. Tyfodd Gwynne Williams i fod yn fardd arbennig iawn, ac un o'i nodweddion yw 'ei fod yn cyfaddasu cerddi o ieithoedd eraill i'r Gymraeg yn null y bardd Americanaidd, Robert Lowell'. Gw. Gwynn ap Gwilym ac Alan Llwyd (goln.), *Blodeugerdd o Farddoniaeth Gymraeg yr Ugeinfed Ganrif* (Cyhoeddiadau Barddas, 1987), t. 675. Ceir detholiad o'i gerddi ar dudalennau 461-68. Lluniodd Dafydd Glyn Jones ragymadrodd i'r gyfrol *Dyrnaid o Awduron Cyfoes*, gol. D. Ben Rees (Pontypridd a Lerpwl, 1975), tt. 9-13 a gyhoeddwyd gan Cyhoeddiadau Modern, un o gyfrolau pwysicaf y wasg yn fy nhyb i.
13. *Llyfr Nodiadau Cyhoeddiadau Modern 1963-1964* (ym meddiant yr awdur).
14. Adolygodd Islwyn Ffowc Elis *Pe Symudai y Ddaear* gan gyfeirio ati fel 'un o'r pethau mwyaf eithriadol a ddarllenais i yn Gymraeg ers tro byd'. Bu imi ddwyn perswâd ar D. Griffith Jones i lunio nofel arall, a gwnaeth hynny ar thema arswyd o dan y teitl *Ofnadwy Ddydd*. Yn fyr, y thema oedd gweddi gweinidog ifanc ac, fel canlyniad i hynny, mae'r holl feirwon ym Mhrydain yn codi.
15. *Llyfr Nodiadau Cyhoeddiadau Modern 1963-1964* (gw. nodyn 13).
16. Ymddangosodd yr *Arolwg* o 1965 i 1968 ac yna'n achlysurol hyd at 1981 (gw. y Llyfryddiaeth).
17. Adroddiad Cyhoeddiadau Modern Cymreig Cyf., yn *Arolwg 1968* (Lerpwl, 1969), tt. 74-5.

Dafydd Rees a Jean Edwards (Abercynon) ym mhabell y Wasg.

Gwilym Prys Davies.

4.

Llyfryddiaeth Cyhoeddiadau Modern Cymreig

Menna H. Evans

Brenin Teifi / Gwynfil Rees, Abercynon: Cwmni Cyhoeddiadau Modern Cymreig, [1964], 49tt.

Pe symudai y ddaear / David Griffith Jones, Abercynon: Cwmni Cyhoeddiadau Modern Cymreig, 1964, 143tt.

Y Wladwriaeth Les / Cyril Raymond Williams, Abercynon: Cwmni Cyhoeddiadau Modern Cymreig, 1964, 60tt.

Yr afal aur / Gerald Morgan, Abercynon: Cwmni Cyhoeddiadau Modern Cymreig, 1965, 101tt.

Antur Twts / Georgi Avgarski; cyfieithwyd ac addaswyd i'r Gymraeg gan Mairwen Gwynn Jones, Abercynon: Cwmni Cyhoeddiadau Modern Cymreig, 1965, [14]tt.

Arolwg 1965 / golygydd D. Ben Rees, Abercynon: Cwmni Cyhoeddiadau Modern Cymreig, 1965, 100tt.

Cyfoeth Cwm / D. Jacob Davies, Abercynon: Cwmni Cyhoeddiadau Modern Cymreig, 1965, 118tt.

Help llaw i'r noson lawen / Peter Hughes Griffiths, Abercynon: Cwmni Cyhoeddiadau Modern Cymreig, 1965, 68tt.

Lleufer y werin: cyfrol deyrnged i David Thomas, M.A. / golygwyd gan Ben Bowen Thomas, Abercynon: Cwmni Cyhoeddiadau Modern Cymreig, 1965, 112tt.

Arolwg 1966 / gol. Aled Rhys Wiliam, Abercynon: Cwmni Cyhoeddiadau Modern Cymreig, 1966, 93tt.

Clywsoch yr enw: arweiniad at ddeuddeg dysgawdwr / Cyril Glyndwr Williams, Abercynon: Cwmni Cyhoeddiadau Modern Cymreig, 1966, 140tt.

Cyffro yn y Cosmos: ffars-ffantasi mewn un act / Gwilym Thomas Hughes, Abercynon: Cwmni Cyhoeddiadau Modern Cymreig, 1966, 53tt.

Y dringwr gorau / Gwen Leavitt, Abercynon: Cwmni Cyhoeddiadau Modern Cymreig, 1966, 71tt.

Gwared y gwirion / R. Gerallt Jones, Abercynon: Cwmni Cyhoeddiadau Modern Cymreig, 1966, 137tt.

Hen raseli ac ysgrifau eraill / Stephen Owen Tudor, Abercynon: Cwmni Cyhoeddiadau Modern Cymreig, 1966, 83tt.

Ofnadwy ddydd / D. Griffith Jones, Abercynon: Cwmni Cyhoeddiadau Modern Cymreig, 1966, 158tt.

Ail gerddi'r barbwr / Jack Oliver, Abercynon: Cyhoeddiadau Modern Cymreig, 1967, 52tt.

Arolwg 1967 / gol. Aled Rhys Wiliam, Abercynon: Cwmni Cyhoeddiadau Modern Cymreig, 1967, 93tt.

Cerddi i ddysgwyr / David Walters, Abercynon: Cwmni Cyhoeddiadau Modern Cymreig, 1967, 37tt.

Y ci mecanyddol / David Walters, Abercynon: Cwmni Cyhoeddiadau Modern Cymreig, 1967, [30]tt.

Crib coch / Tanya Kassabova; cyfieithwyd ac addaswyd i'r Gymraeg gan Gwen Leavitt, Abercynon: Cwmni Cyhoeddiadau Modern Cymreig, 1967, [20]tt.

Cristnogaeth a chrefydd / George W. Brewer [a] W. Eifion Powell, Abercynon: Cyhoeddiadau Modern Cymreig, [1967], 59tt.

Cyfrinach Elisabeth / Gwen Leavitt, Abercynon: Cwmni Cyhoeddiadau Modern Cymreig, 1967, 82tt.

Y ffermwr a'r gyfraith / Gwilym Prys Davies, Abercynon: Cwmni Cyhoeddiadau Modern Cymreig, 1967, 187tt.

Ffolineb pregethu: cyfrol o bregethau / golygydd Dewi Eirug Davies, Abercynon: Cyhoeddiadau Modern Cymreig, 1967, 112tt.

Yr Hebog: cyfrol o gomic Yr Hebog / golygydd Gerallt Lloyd Owen, Abercynon: Cyhoeddiadau Modern Cymreig, 1967, 62tt

Y llong-ofod / David Walters, Abercynon: Cyhoeddiadau Modern Cymreig, 1967, 28tt.

Mae'n fy ngharu: faint mae Duw yn ein caru ni / An Strooband; addaswyd i'r Gymraeg gan Maelor Jones a Harri Parri, Hague; Van Goor Zonen; Abercynon: Cyhoeddiadau Modern Cymreig, 1967, 64tt.

Mentro / Gruffudd Roberts, Abercynon: Cyhoeddiadau Modern Cymreig, 1967, 61tt.

Moc yr heliwr / Morgan John Morgan, Abercynon: Cyhoeddiadau Modern Cymreig, 1967, 68tt.

Shwrwd / Hafina Clwyd, Abercynon: Cyhoeddiadau Modern Cymreig, 1967, 63tt.

Storïau Sioni Sbonc / M. Wynn Hughes, Abercynon: Cwmni Cyhoeddiadau Modern Cymreig, 1967, [40]tt.

Straeon pentre'r wig: yn cynnwys Y dwymyn triwant; Tro da; Cadw cyngerdd / Mairwen Gwynn Jones, Abercynon: Cwmni Cyhoeddiadau Modern Cymreig, 1967, 50tt.

Yng nghysgod Dai / M. J. Morgan, Abercynon: Cyhoeddiadau Modern Cymreig, 1967, 98tt.

Adnabod ein byd / E. V. Breeze Jones, Abercynon: Cyhoeddiadau Modern Cymreig, 1968, 48tt.

Amryw ddarnau / Owain Owain, Lerpwl: Cyhoeddiadau Modern Cymreig, 1968, 73tt.

Caniadau Llyfni: cyfrol goffa Llyfni Huws / trefnwyd gan Mallt Huws, Abercynon: Cyhoeddiadau Modern Cymreig, 1968, 58tt.

Diolch am gael byw: rhai o f'atgofion / David Thomas, Lerpwl: Cyhoeddiadau Modern Cymreig, 1968, 49tt.

Hanes rhyfedd dŵr / Urien Wiliam, Abercynon: Cyhoeddiadau Modern Cymreig, 1968, 40tt.

Helyntion Tedi a Sambo / Mair Wynn Hughes, Lerpwl: Cyhoeddiadau Modern Cymreig, 1968, [32]tt.

Jwmbo, yr eliffant bach / y stori wreiddiol gan Vera Williams; cyfaddasiad i'r Gymraeg gan Meinwen Rees, Lerpwl: Cwmni Cyhoeddiadau Modern Cymreig, 1968, 32tt.

Llyfr pôsau / John R. Morgan, Abercynon: Cwmni Cyhoeddiadau Modern Cymreig, 1968, 93tt.

Oriau gyda'r gang / Gwen Leavitt, Abercynon: Cyhoeddiadau Modern Cymreig, 1968, 83tt.

Pum stori / Elfed Thomas; cynlluniwyd y lluniau a'r clawr gan Bela Tanko, Lerpwl: Cyhoeddiadau Modern Cymreig, 1968, [31]tt.

Y wenynen fach drachwantus / David Walters, [Liverpool]: Cyhoeddiadau Modern Cymreig, 1968, 38tt.

Arolwg 1968 / golygwyd gan R. Gerallt Jones, Lerpwl: Cyhoeddiadau Modern Cymreig, 1969, 163tt.

Cadwyn cenedl / John FitzGerald, Lerpwl: Cyhoeddiadau Modern Cymreig, 1969, 52tt.

Camp ar gamp / W. M. Rogers, Pontypridd: Cyhoeddiadau Modern Cymreig, 1969, 66tt.

Eisin (cerddi ychwanegol) / Lewis Haydn Lewis, Lerpwl: Cyhoeddiadau Modern Cymreig, 1969, 64tt.

Epilogau'r ifanc / Elfed ap Nefydd Roberts, Lerpwl: Cyhoeddiadau Modern Cymreig, 1969, 112tt.

Iwan Tudur / T. Wilson Evans, Lerpwl: Cyhoeddiadau Modern Cymreig, 1969, 197tt.

Mahatma Gandi: pensaer yr India / D. Ben Rees, Lerpwl: Cyhoeddiadau Modern Cymreig, 1969, xvi, 130tt.

Yr olygfa / David Walters, Lerpwl: Cyhoeddiadau Modern Cymreig, 1969, 40tt.

Taith i'r Taiga / David Walters, Lerpwl/Pontypridd: Cyhoeddiadau Modern Cymreig, 1969, [20]tt.

Yr ynys wydr / John Ellis Williams, Lerpwl: Cwmni Cyhoeddiadau Modern Cymreig, 1969, 149tt.

Arolwg, rhif 5 / golygwyd gan Ednyfed Hudson Davies, [Lerpwl]: Cyhoeddiadau Modern Cymreig, 1970, 86tt.

Cario'r Groes / D. Idwal Jones, Lerpwl: Cyhoeddiadau Modern Cymreig, 1970, 58tt.

Cyfaredd cof Enid Wyn Jones: teyrnged serch / Emyr Wyn Jones, [Lerpwl]: Cyhoeddiadau Modern Cymreig, 1970, 166tt.

Gwaedd yng Nghymru / J. R. Jones, Lerpwl: Cyhoeddiadau Modern Cymreig, 1970, 95tt.

Mr Cadeirydd / Syr Ben Bowen Thomas, Alwyn Hughes-Jones, Gwilym Prys Davies, Liverpool: Cyhoeddiadau Modern Cymreig, [1970], 31tt.

Nibli'r wiwer a Pipo'r bioden / Magda Donazy; addaswyd gan Edith Davies ac Eiddwen James, Lerpwl: Cyhoeddiadau Modern Cymreig, 1970, 30tt.

Pwy bynnag a'ch lladdo – dwy ddrama: Yr ynys: drama fer; Y gweddill: drama fer, mewn dwy olygfa / W. R. P. George, Lerpwl: Cyhoeddiadau Modern Cymreig, 1970, 60tt.

Stori bob nos / Luned Tudno Jones, Pontypridd: Cyhoeddiadau Modern Cymreig, 1970, 44tt.

Tri chyfaill / [addaswyd gan] David Walters; [arlunydd J. W. Blackwell], Pontypridd: Cyhoeddiadau Modern Cymreig, 1970, 16tt.

Arolwg 1970 / golygydd D. Ben Rees, Pontypridd: Cwmni Cyhoeddiadau Modern Cymreig, 1971, 89tt.

Y byd o'r Betws / Alun Page, Lerpwl: Cyhoeddiadau Modern Cymreig, 1971, [7], 143tt.

Cant o gwestiynau 'Seiat Byd Natur' / golygydd y gyfrol E. Breeze Jones, Pontypridd: Cyhoeddiadau Modern Cymreig, 1971, 135tt.

Crib goch / Tanya Kassabova, a gyfieithwyd ac a addaswyd i'r Gymraeg gan Gwen Leavitt, Lerpwl: Cyhoeddiadau Modern Cymreig, 1971.

Pentre'r llygod / Mair Wyn Hughes, Lerpwl: Cyhoeddiadau Modern Cymreig, 1971, 36tt.

A'r bore a fu / Dafydd Owen, Lerpwl: Cyhoeddiadau Modern Cymreig, 1972, 62tt.

Arolwg 1971 / golygydd D. Ben Rees, Pontypridd: Cwmni Cyhoeddiadau Modern Cymreig, 1972, 157tt.

Awen alltud – cerddi Iago ap Hewyd / James T. Williams, Lerpwl: Cyhoeddiadau Modern Cymreig, 1972, 20tt.

Bara brith / gan Owain Owain, Lerpwl: Cyhoeddiadau Modern Cymreig, [1972], [5], 130tt.

Deunydd i noson lawen / Gwilym Jones, Lerpwl: Cyhoeddiadau Modern Cymreig, 1972, 46tt.

Y fêl ynys / Melfyn R. Williams, Pontypridd: Cyhoeddiadau Modern Cymreig, 1972, 135tt.

Ffrinc a Ffronc a'u ffrindiau / Dafydd Owen, Pontypridd: Cyhoeddiadau Modern Cymreig, 1972, 40tt.

Dr John Owen – Commonwealth Puritan / R. Glynne Lloyd, Pontypridd: Modern Welsh Publications, 1972, 135tt.

Pymtheg o wŷr llên yr ugeinfed ganrif / D. Ben Rees, Pontypridd: Cyhoeddiadau Modern Cymreig, 1972, 64tt.

Sioni'r Mwnci a Bili'r Broga / Meinwen Rees, Lerpwl: Cyhoeddiadau Modern Cymreig, 1972, 24tt.

Storïau'r Nadolig / C. E. Pothast-Gimberg; addaswyd i'r Gymraeg gan Elin Garlick; y darluniau gan Elly van Beek, Lerpwl: Cyhoeddiadau Modern Cymreig, 1972, 41tt.

Ar wyneb hen fêl / J. Roger Williams, Lerpwl: Cyhoeddiadau Modern Cymreig, 1973, 43tt.

Hanes rhyfedd tywod / Urien Wiliam, Lerpwl: Cyhoeddiadau Modern Cymreig, 1973, 40tt.

Helynt wythnos o wyliau / Morwenna Williams, Lerpwl: Cyhoeddiadau Modern Cymreig, 1973, 59tt.

Sioni Moni / Ann Evans; cynlluniwyd y lluniau gan Elwyn Ioan, Pontypridd: Cyhoeddiadau Modern Cymreig, 1973, 25tt.

Sioni Moni yn ddrwg / Ann Evans, Lerpwl: Cyhoeddiadau Modern Cymreig, 1973, 37tt.

Cerddi Llanowain / O. Trefor Roberts, Lerpwl: Cyhoeddiadau Modern Cymreig, 1974, 67tt.

Y gwanwyn / Nans Williams Owen, y darluniau gan John Jones, Lerpwl: Cyhoeddiadau Modern Cymreig, 1974, 36tt.

Mari Pari / Ann Evans, Lerpwl: Cyhoeddiadau Modern Cymreig, 1974, [25]tt.

Priodas y tylwyth teg / Nans Williams Owen, y darluniau gan John Jones, Lerpwl: Cyhoeddiadau Modern Cymreig, 1974, 40tt.

Siani'r hwyaden / Nans Williams Owen; y darluniau gan John Jones, Lerpwl: Cyhoeddiadau Modern Cymreig, 1974, 36tt.

Atgofion am bymtheg o wŷr llên yr ugeinfed ganrif / Aneurin O. Edwards, Lerpwl: Cyhoeddiadau Modern Cymreig, 1975, 113tt.

Awen pererin / James Thomas Williams, Lerpwl: Cyhoeddiadau Modern Cymreig, 1975, [4], 25tt.

Dyrnaid o awduron cyfoes / golygwyd gan D. Ben Rees, Lerpwl: Cyhoeddiadau Modern Cymreig, 1975, 222tt.

Y goeden Nadolig fach / Ann Parry, Pontypridd: Cyhoeddiadau Modern Cymreig, 1975, 23tt.

Y Tywysog bach / Antoine De Saint-Exupéry; cyfieithwyd gan Llinos Iorwerth Dafis, Pontypridd/Lerpwl: Cyhoeddiadau Modern a Gwasg y Brython, 1975, 95tt.

Yr ymlusgiaid / y gwreiddiol gan András Tasnádi-Kubacska; darluniau gan László Réber; [addaswyd i'r Gymraeg o'r Hwngareg gan Owain Owain], Pontypridd: Cyhoeddiadau Modern Cymreig, 1975, [1], 33tt.

Adfer a'r Fro Gymraeg / Emyr Llywelyn, Pontypridd / Lerpwl: Cyhoeddiadau Modern Cymreig, 1976, 101tt.

Enwogion pedair canrif (1400-1800) / Pontypridd/Lerpwl: Cyhoeddiadau Modern Cymreig, 1976, 115tt.

Gweddïau'r Cristion / D. Ben Rees, Pontypridd/Lerpwl: Cyhoeddiadau Modern Cymreig, 1976, 31tt.

Rhos Helyg a cherddi eraill / B. T. Hopkins, Lerpwl/Pontypridd: Cyhoeddiadau Modern Cymreig, 1976, 46tt.

Ail gerddi Llanowain / O. Trefor Roberts, Lerpwl/Pontypridd: Cyhoeddiadau Modern Cymreig, 1978, 77tt.

Awen pechadur / James Thomas Williams, 'Iago ap Hewyd', Pontypridd/ Lerpwl: Cyhoeddiadau Modern Cymreig, 1978, [7], 36tt.

Broc môr a storïau eraill / Geraint Vaughan Jones, Lerpwl: Cyhoeddiadau Modern Cymreig, 1978, 184tt.

Cymry adnabyddus 1951-1972 / D. Ben Rees, Lerpwl: Cyhoeddiadau Modern Cymreig, 1978, 215tt.

Gweddïau'r Cristion / D. Ben Rees, ail argraffiad, Lerpwl: Cyhoeddiadau Modern Cymreig, 1978, 31tt.

Trydydd cerddi'r barbwr / Jac Oliver, Pontypridd: Cyhoeddiadau Modern Cymreig, 1978, 75tt.

Pregethwr y bobl: bywyd a gwaith Dr Owen Thomas / D. Ben Rees, Lerpwl: Cyhoeddiadau Modern Cymreig, 1979, 333tt.

Gweddïau cyfoes / D. J. Evans, Lerpwl: Cyhoeddiadau Modern Cymreig, 1980, 55tt.

Herio'r byd / golygwyd gan D. Ben Rees, Lerpwl: Cyhoeddiadau Modern Cymreig, 1980, 103tt.

Rhai o wyddonwyr Cymru / O. E. Roberts, Lerpwl: Cyhoeddiadau Modern Cymreig Cyf., 1980, 100tt.

Cerddi eisteddfodol y diweddar Gwilym Jones / golygydd D. Ben Rees, Lerpwl: Cyhoeddiadau Modern Cymreig, 1981, [vi], 44tt.

Y chwalfa a cherddi eraill / Stanley G. Lewis, Lerpwl: Cyhoeddiadau Modern Cymreig, 1981, 60tt.

Cyfaredd Capel Bethesda, Cemaes, Môn (1781-1981) / golygwyd gan D. Ben Rees, Lerpwl: Cyhoeddiadau Modern Cymreig, 1981, 56tt.

Haneswyr yr hen gorff / D. Ben Rees, Lerpwl: Cyhoeddiadau Modern Cymreig Cyf., 1981, 127tt.

Pwy yw pwy yng Nghymru – Who's who in Wales / Thomas H. Davies, Lerpwl: Cyhoeddiadau Modern Cymreig, 1981, 76tt.

Pwy yw pwy yng Nghymru – Who's who in Wales; Cyfrol 2 / Thomas H. Davies, Lerpwl: Cyhoeddiadau Modern Cymreig, 1982, viii, 44tt.

Yr ardal wyllt: atgofion am Lanfair-yng-Nghornwy / golygydd Emlyn Richards, Lerpwl: Cyhoeddiadau Modern Cymreig, 1983, xvi, 165tt.

Dal i herio'r byd / golygwyd gan D. Ben Rees, Lerpwl: Cyhoeddiadau Modern Cymreig, 1983, 143tt.

Y doctor diwyd: Doctor John Hughes; trem ar fywyd meddyg gwlad a thref / J. M. Jôb, Lerpwl: Cyhoeddiadau Modern Cymreig, 1983, iv, 88tt.

Gweddiau'r Cristion / D. Ben Rees, 3ydd argraffiad, Lerpwl: Cyhoeddiadau Modern Cymreig, 1983, 31tt.

Oriel o heddychwyr mawr y byd / golygwyd gan D. Ben Rees, Lerpwl: Cyhoeddiadau Modern Cymreig, 1983, 120tt.

Pwy yw pwy yng Nghymru – Who's who in Wales; Cyfrol 3 / D. Ben Rees, Lerpwl: Cyhoeddiadau Modern Cymreig, 1983, vi, 26tt.

Bosworth Field and its preliminaries: a Welsh retrospect / Emyr Wyn Jones, Liverpool/Llanddewi Brefi: Modern Welsh Publications, 1984, 80tt.

Breuddwydion / Abe Adams, Lerpwl: Cyhoeddiadau Modern Cymreig, 1984, [8], 47tt.

Defosiwn yr ifanc / J. M. ac M. E. Jôb, Lerpwl: Cyhoeddiadau Modern Cymreig, 1984, 159tt.

Diwinyddiaeth ar waith / David Protheroe Davies, Lerpwl: Cyhoeddiadau Modern Cymreig, 1984, 82tt.

The Liverpool Welsh and their religion: two centuries of Welsh Calvinistic Methodism – Cymry Lerpwl a'u crefydd: dwy ganrif o Fethodistiaeth Galfinaidd Gymreig / R. Merfyn Jones and D. Ben Rees; edited by D. Ben Rees, Liverpool: Modern Welsh Publications, 1984, 70, 65tt.

Pwy oedd pwy 1: sef pobl y flwyddyn yng Nghymru 1983 / golygwyd gan D. Hywel E. Roberts, Lerpwl: Cyhoeddiadau Modern Cymreig, 1984, 74tt.

Pwy oedd pwy 2 / golygydd: D. Hywel E. Roberts, Lerpwl: Cyhoeddiadau Modern Cymreig, 1985, 94tt.

'Gŵr annwyl ein prifwyliau': William Matthews Williams 1885-1972 / Eryl Wyn Rowlands, Lerpwl/Llanddewi Brefi: Cyhoeddiadau Modern Cymreig, 1986, 78tt.

Lord why pick on me? / Gordon A. Catherall, Allerton, Liverpool/Llanddewi Brefi: Modern Welsh Publications, 1986, ii, 68tt.

Pwy oedd pwy 3 / golygydd: D. Hywel E. Roberts, Lerpwl: Cyhoeddiadau Modern Cymreig, 1986, 94tt.

Antur a menter Cymry Lerpwl / John Edward Jones, Lerpwl: Cyhoeddiadau Modern Cymreig, 1987, viii, 55tt.

Gwasanaethau'r Cristion / D. Ben Rees, Lerpwl/Llanddewi Brefi: Cyhoeddiadau Modern Cymreig, 1987, viii, 99tt.

Gweddïau'r Cristion / D. Ben Rees, 4ydd argraffiad, Lerpwl/Llanddewi Brefi: Cyhoeddiadau Modern Cymreig, 1987, 31tt.

Pwy oedd pwy 4 / golygydd: D. Hywel E. Roberts, Lerpwl: Cyhoeddiadau Modern Cymreig, 1987, 91tt.

Deuddeg Diwygiwr Protestannaidd / golygwyd gan D. Ben Rees, Llanddewi Brefi/Lerpwl: Cyhoeddiadau Modern Cymreig, 1988, 179tt.

Pwy oedd pwy 5 / golygydd D. Hywel E. Roberts, Lerpwl: Cyhoeddiadau Modern Cymreig, 1988, 83tt.

Whose table?: Thoughts at the Communion Table / Gordon A. Catherall, Liverpool: Modern Welsh Publications, 1988, 54tt.

Dal ati i herio'r byd: Cyfrol III / golygydd: D. Ben Rees, Llanddewi Brefi/Lerpwl: Cyhoeddiadau Modern Cymreig, 1989, 131tt.

May we wish you a goodnight in hospital / Gordon A. Catherall, D. Ben Rees, Liverpool: Modern Welsh Publications, 1990, 19tt.

Munud i ateb / Derek Vaughan Jones, Lerpwl/Llanddewi Brefi: Cyhoeddiadau Modern Cymreig, 1990, 64tt.

Prayers for Peace / D. Ben Rees, Lerpwl: Cyhoeddiadau Modern Cymreig, 1992, 39tt.

Perlau bro Talyllychau / Brenda M. James, Lerpwl/Llanddewi Brefi: Cyhoeddiadau Modern Cymreig, c.1993, vi, 57tt.

Fond memories of Talley / Brenda M. James, Liverpool: Modern Welsh Publications, 1994, 80tt.

Atgofion Lamech / Lamech Griffiths, Llanddewi Brefi/Lerpwl: Cyhoeddiadau Modern Cymreig, 1995, 41tt.

Dathlu a detholiad / golygydd: D. Ben Rees, Lerpwl: Cyhoeddiadau Modern Cymreig, [1995], 43tt.

Graces for all occasions / D. Ben Rees, Lerpwl: Cyhoeddiadau Modern Cymreig, 1995, 20tt.

In Touch / A. H. E. Watts, Liverpool/Llanddewi Brefi: Modern Welsh Publications, 1995, 56tt.

Cymry Lerpwl a'r cyffiniau, Cyfrol 1 / D. Ben Rees; lluniau o eiddo John Thomas, E. Emrys Jones ac eraill, Lerpwl/Llanddewi Brefi: Cyhoeddiadau Modern Cymreig, 1997, [12], i, 96tt.

The Welsh of Merseyside, Vol. 1 / D. Ben Rees, Liverpool/Llanddewi Brefi: Modern Welsh Publications, 1997, 80tt.

Cyrddau gweddi Shalom / golygwyd gan Alan Litherland yn Saesneg; cyfieithiad Cymraeg gan Nia Rhosier ac Islwyn Lake, Llanddewi Brefi/Lerpwl: Cyhoeddiadau Modern Cymreig, 1998, 33tt.

His own fanfare: Cynolwyn's autobiography / translated from the Welsh, "Ei Ffanffer Ei Hun" and with the addition of a postlude by Nansi M. Pugh, Liverpool: Modern Welsh Publications, 1999, vi, 272tt.

Apêl yr Hâg am Heddwch a Chyfiawnder yn yr Unfed Ganrif ar Hugain / The Hague Declaration on Peace and Justice in the Twenty First Century / golygydd D. Ben Rees, Lerpwl: Cyhoeddiadau Modern Cymreig, 2000, 48tt.

Change without decay / Gordon A. Catherall, Lerpwl: Cyhoeddiadau Modern Cymreig, 2000, 86tt.

Cymry Lerpwl a'r cyffiniau yn yr ugeinfed ganrif, Cyfrol 2 / D. Ben Rees, Lerpwl: Cyhoeddiadau Modern Cymreig, 2001, [11], 180tt.

Indian diary / E. Cynolwyn Pugh; translated from the original Welsh edition and with the addition of an epilogue by Nansi M. Pugh, Liverpool: Modern Welsh Publications, 2001, 145tt.

Llestri gras a gobaith / golygydd D. Ben Rees, Lerpwl: Cyhoeddiadau Modern Cymreig, 2001, xiv, 248tt.

The Welsh of Merseyside in the Twentieth Century, Vol. 2 / D. Ben Rees, Lerpwl: Cyhoeddiadau Modern Cymreig, 2001,146tt.

Divine discontent and longing / G. A. Catherall, Liverpool: Modern Welsh Publications, 2002, 72tt.

Ffydd a gwreiddiau John Saunders Lewis / golygydd: D. Ben Rees, Lerpwl: Cyhoeddiadau Modern Cymreig, 2002, 104tt.

The polymath: Reverend William Rees ('Gwilym Hiraethog', 1802-1883) of Liverpool / D. Ben Rees, Liverpool: Modern Welsh Publications for Merseyside Welsh Heritage Society, 2002, 32tt.

Y polymathiad o Gymro: Parchedig William Rees, Lerpwl ('Gwilym Hiraethog', 1802-1883) / D. Ben Rees, Lerpwl: Cyhoeddiadau Modern Cymreig Cyf., 2002, 20tt.

Cwmni deg dawnus / D. Ben Rees, Lerpwl: Cyhoeddiadau Modern Cymreig, 2003, 159tt.

The call and contribution of Dr Robert Arthur Hughes OBE, FRCA (1910-1996) and some of his predecessors in North-East India. Vol. 1 / editor D. Ben Rees, Liverpool: Cyhoeddiadau Modern Cymreig, 2004, 104tt.

The remarkable Dewi Mawrth: his times and spiritual home / Thomas Frimston, Liverpool: Cyhoeddiadau Modern Cymreig, 2004, 148tt.

Alffa ac Omega: tystiolaeth y Presbyteriaid Cymraeg yn Laird Street, Penbedw 1906-2006 / D. Ben Rees, Lerpwl: Cyhoeddiadau Modern Cymreig Cyf. ar ran Eglwys Bresbyteraidd Cymru, 2006, 200tt.

The life and work of Henry Richard / D. Ben Rees, Liverpool: Cyhoeddiadau Modern Cymreig, 2007, 32tt.

Alun Owen: a Liverpool Welsh playwright / edited by D. Ben Rees, Liverpool: Cyhoeddiadau Modern Cymreig, 2008, 94tt.

Codi stêm a hwyl yn Lerpwl / D. Ben Rees, Lerpwl: Cyhoeddiadau Modern Cymreig . . . dros Eglwys Bresbyteraidd Cymru [&c.], 2008, 287tt.

Labour of love in Liverpool: the history of the Welsh congregation in the chapels of Smithdown Lane, Webster Road, Ramilies Road, Heathfield Road and Bethel, Liverpool / D. Ben Rees, Liverpool: Modern Welsh Publications, 2008, 288tt.

Oedfa o ddiolch am Eglwysi Annibynwyr Cymraeg Lerpwl ac am Eglwys Annibynnol Woolton Road, Lerpwl, [Lerpwl]: Cyhoeddiadau Modern Cymreig, 2009, 8tt.

Caerwyn / Maredudd ap Rheinallt ac Owena D. Thomas, Lerpwl: Cyhoeddiadau Modern Cymreig, 2010, 368tt.

The saga of a revival: early Welsh Pentecostal Methodism / D. Ben Rees, Liverpool: Modern Welsh Publications, 2010, 144tt.

A portrait of a Battling Bessie / D. Ben Rees, Lerpwl: Cyhoeddiadau Modern Cymreig, 2011, 56tt.

Cysegr sancteiddiolaf Capel Westminster Road Ellesmere Port (1907-2007) – The Welsh missionary witness in Ellesmere Port (1907-2007) / D. Ben Rees, Lerpwl: Cyhoeddiadau Modern Cymreig Cyf., 2012, 132, 124tt.

Diptych / R. Gerallt Jones, Lerpwl: Cyhoeddiadau Modern Cymreig / Modern Welsh Publications, 2012, xxv, 118tt.

Miraculous healing and the Catholic Church / Dr. James Scott, Liverpool: Cyhoeddiadau Modern Cymreig / Modern Welsh Publications, 2012, 264tt.

Cylch yr Amserau Hanes Capel Bethania, Waterloo, a rhagor o Oleuni ar Achosion y Methodistiaid Calfinaidd yng Ngogledd Lerpwl a Southport (1879-2013) – Circle of Time A History of Bethania Chapel, Waterloo, and an insight to the Welsh Calvinistic Methodists in North Liverpool and Southport (1879-2013) / John P. Lyons, Lerpwl: Cyhoeddiadau Modern Cymreig / Modern Welsh Publications, 2013, 116, 100tt.

Yr wyf wedi dod ar draws cyfeiriad yn *Arolwg*, rhif 5, at y llyfr isod, ond nid wyf wedi medru dod o hyd i gofnod llawn na chopi ohono:

Ar lwybrau ffantasi / Gwilym T. Hughes, Abercynon: Cwmni Cyhoeddiadau Modern Cymreig, 1968, 56tt.

5.

Cofio Cyfraniad Isaac Foulkes ('Llyfrbryf', 1834-1904)

D. Ben Rees

PAN YSTYRIWN Y WASG Gymraeg yn oes Fictoria meddyliwn ar amrantiad am gyfraniad Thomas Gee (1815-1898), a oedd yn gyfrifol am argraffu cylchgrawn o safon ar hyd y cenedlaethau, sef *Y Traethodydd*, a hynny o'i gychwyniad yn 1845, ac am drefnu a chyhoeddi'r cyfrolau swmpus o dan y teitl *Y Gwyddoniadur.*[1] Costiodd y fenter iddo ugain mil o bunnoedd a chafodd Cymry Cymraeg diwylliedig ddeg cyfrol. Ond nid oedd hynny'n ddigon i Thomas Gee. Yn 1857 llywiodd wythnosolyn o'r enw *Baner Cymru* a dwy flynedd yn ddiweddarach cyfunwyd *Baner Cymru* gydag wythnosolyn *Yr Amserau* o Lerpwl, gan roi i wleidyddiaeth, crefydd a'r iaith gyfrwng nodedig. Heb amheuaeth y mae Thomas Gee yn haeddu pob gwrogaeth a gafodd.[2] Ond yr oedd yna ŵr arall o'r enw Isaac Foulkes, sy'n haeddu gwrogaeth debyg. Ni chafodd ef wrogaeth gan rai o haneswyr cyhoeddi yn Gymraeg er bod eraill ohonom yn darlithio arno o dro i dro.

Fel un a fu ynghlwm â chyhoeddi llyfrau yn yr iaith Gymraeg am hanner can mlynedd sylweddolaf fod cyhoeddi llyfrau yn fusnes, ond yn fwy na hynny, yn weithgaredd pwysig, na ellir mo'i ddibrisio.[3] Y mae cyhoeddi'n angenrheidiol i ddiwylliant ac iaith, ac er ein bod yn hoff o'n technoleg fodern a ffyrdd newydd o gyfathrebu ar y rhyngrwyd, fedrwn ni ddim cael byd lle nad oes gweisg, cyhoeddwyr, cyfrolau clawr caled a meddal, llyfrgelloedd a Chyngor Llyfrau Cymraeg. Ac y mae hyn yn fwy perthnasol ar gyfer ieithoedd bychain fel y Gymraeg. Yn wir, rwyf yn gwbl grediniol na all yr iaith Gymraeg fyth oroesi heb y wasg Gymraeg. Yr hyn rwy'n awyddus i'w ddweud yw bod cyhoeddi yn rhan annatod o'n bywyd, o'n horiau hamdden, o'n galwedigaethau ac o'n haddysg. Gwneir hynny'n grefydd erbyn hyn gan fod pob cyfrol yn cael arbenigwr i lunio clawr deniadol, er mwyn denu llygad y prynwr a'i argyhoeddi bod y gyfrol ar silff siop yn haeddu ei phrynu. A mawr yw ein dyled i bobl fel Thomas Gee, Isaac Foulkes, Hugh Evans, J. D. Lewis, Alun R. Edwards, Robat Gruffudd a Myrddin ap Dafydd. Ac y mae pob un a nodwyd mor wahanol. Yr oedd Thomas Gee yn frwdfrydig dros wleidyddiaeth y Rhyddfrydwyr fel ag y mae Robat Gruffudd dros Blaid Cymru, a minnau dros y Blaid Lafur. Ond i Isaac Foulkes y peth pwysicaf oedd nid gwleidyddiaeth, ond y cyfle i olygu.[4] Nid cynhyrchu llyfr oedd ei ddiléit pennaf ond paratoi, ymchwilio, a golygu'r cyfrolau. Disgybl iddo oedd Hugh Evans.[5] Yr oedd hwnnw'n debyg iddo, er nad mor gatholig ei ddiddordeb na chwaith mor greadigol. Cefnogai J. D. Lewis y dystiolaeth Fedyddiedig yn Nyffryn Teifi tra bu Hugh Evans yn Fethodist Calfinaidd yn nhref Bootle. Pobl solet oedd y ddau fel ei gilydd. Un felly oedd Alun R. Edwards, a chrwsâd dros yr Ysgol Sul yn llosgi yn ei galon fel roedd hybu llyfrau Cymraeg yn cael yr un gefnogaeth yn ei fywyd. Ond y mae'r rhai a'i dilynodd yn fy nghyfnod i dipyn yn wahanol. Gellir cyfrif y rhain yn fwy artistig a llawer mwy creadigol, a chyflawnodd Robat Gruffudd, Y Lolfa, wyrthiau ym myd cyhoeddi. O'i flaen cafwyd gwefr pan fu Morris T. Williams a Prosser Rhys yn gyfrifol am Wasg Gee a Gwasg Aberystwyth, ac mor wahanol a thyngedfennol fu eu cyfraniadau.

Ac i'r byd hwn y camodd Isaac Foulkes gan adael ei stamp ar y cyfan. Ganwyd ef ar 9 Tachwedd 1836 yn Llanfwrog, sydd erbyn hyn yn rhan o dref Rhuthun yn Nyffryn Clwyd. Deuai ei fam, Jane Foulkes, o Langwm ac roedd hi'n 39 mlwydd oed pan anwyd ei mab Isaac, a'i dad Peter Foulkes o Langynhafal yn 45 mlwydd oed. Hen bobl oeddynt felly ar ddechrau oes Fictoria. Prentisiwyd y mab fel llencyn i Isaac Clarke, argraffydd adnabyddus yn Rhuthun, ond ni lwyddodd i gwblhau ei gyfnod ar brawf ac roedd dau reswm am hynny. Yn gyntaf, apêl Lerpwl i lencyn o Ddyffryn Clwyd, dinas a ddenai gannoedd ar gannoedd o Gymry Cymraeg, rhyw ddwy fil ar gyfartaledd, bob blwyddyn. Yr oedd presenoldeb y Cymry'n amlwg a chanolfannau ganddynt ym mhob rhan o'r ddinas. Yn ail, yn Lerpwl y trigai un o wŷr amlycaf cenedl y Cymry, sef William Rees ('Gwilym Hiraethog', 1802-1883), polymath Calfinaidd.[6] Dywedodd J. Glyn Davies, yr ysgolhaig Celtaidd a chynnyrch Cymry Lerpwl, mai 'pwnc Lerpwl yw pwnc William Rees yn anad dim'.[7] Sylw yr Athro Aled Gruffydd Jones am Lerpwl fel canolfan cenedl y Cymry oedd:

> The city was to Wales in Hiraethog's time, as indeed it was to be subsequently, what Barcelona was to Catalunya, a culturally cosmopolitan, socially and economically dynamic city, and the site of a distinctive, urban, Welsh speaking community.[8]

Ac ychwanegodd J. Glyn Davies nodyn arall pwysig:

> William Rees's Welsh neighbours were not concerned with the same issues that worried the farmers, colliers and shop keepers of Wales, and were moved by a far fiercer form of urban Liberalism that was known in rural Wales.[9]

Nid oes amheuaeth nad oedd dinas Lerpwl wedi gadael ei dylanwad ar egni newyddiadurol Gwilym Hiraethog fel y gwnaeth ar yrfa a chynnyrch Isaac Foulkes. Wedi'r cyfan, roedd Isaac Foulkes yn gwbl ymwybodol o'r newid a ddaeth yn hanes cyhoeddi yn Gymraeg trwy ymddangosiad *Yr Amserau* a gyhoeddwyd yn Lerpwl yn 1843. Ar y dechrau cyhoeddid ef bob pythefnos. Rhydd y rhan fwyaf o'n haneswyr y clod am ymddangosiad y newyddiadur hwnnw i William Rees ond, mewn astudiaeth drylwyr o'r *Amserau* yn y cyfnod cynnar (1843-52), dengys Philip Henry Jones fod cynlluniau ar gyfer y papur wedi eu trefnu cyn i Hiraethog adael Dinbych am Lerpwl ym mis Mai 1843.[10] Mae'n bosibl iddo symud i Lerpwl er mwyn i'r *Amserau* gael ei gyhoeddi mor broffesiynol ag oedd modd. Mwy na thebyg, derbyniodd teulu Isaac Foulkes y rhifyn cyntaf o'r *Amserau* ar 23 Awst 1843 pan oedd Isaac yn naw oed. Argraffydd *Yr Amserau* oedd John Jones, Castle Street, gŵr cecrus ac anodd ei drin ers dauddegau'r bedwaredd ganrif ar bymtheg.[11] Cafodd aml i ffrae gyda'i gyd-flaenoriaid yng nghapel y Methodistiaid Calfinaidd, Pall Mall. Gadawodd y capel gan fynychu y Tabernacl, y capel a estynnodd alwad i Gwilym Hiraethog i weinidogaethu. Amcangyfrifir fod o leiaf ddeuddeng mil o siaradwyr Cymraeg yn Lerpwl y flwyddyn honno, cymundeb digon mawr i gefnogi papur yn yr iaith Gymraeg.[12] Pan brofodd Lerpwl argyfwng ariannol llwyddodd Hiraethog i gadw'r *Amserau* uwchben y dŵr trwy lunio cyfres o erthyglau gwreiddiol o dan y teitl, *Llythyrau 'Rhen Ffarmwr*, a denodd ffermwyr fel Peter Foulkes i fwrcasu'r papur yn Sir Ddinbych a gweddill Gogledd Cymru.[13]

Cyn cwblhau ei brentisiaeth penderfynodd Isaac Foulkes gymryd y cam pwysig o gerdded o Ruthun i Eastham ar benrhyn Cilgwri a chroesi'r afon Merswy i borthladd Lerpwl. Glaniodd yn Lerpwl ar y noson cyn y Nadolig 1854. Dyma symudiad anturiaethus, dewr a hynod o bwysig yn stori cyhoeddi Cymraeg dinas Lerpwl. Bu ef yn llwyddiannus iawn gan iddo adeiladu ar waith John Jones ym myd cyhoeddi Cymraeg y ddinas.

Ar ôl toriad Nadolig a'r Flwyddyn Newydd ymunodd y gŵr ifanc yn y ddarpariaeth helaeth a welid yn grefyddol a diwylliannol ymhlith Cymry Lerpwl. Deunaw oed ydoedd, ond llwyddodd i gael gwaith yn argraffdy *Yr Amserau*. Ddwy flynedd yn gynharach denwyd gŵr talentog arall i Lerpwl, sef John Roberts, a adnabyddir wrth yr enw barddol 'Ieuan Gwyllt'.[14] Un o ogledd Aberteifi oedd ef. Ymateb a wnaeth i hysbyseb a welodd yn *Yr Amserau* am y swydd o Is-olygydd. Am ei fod yn ŵr swil, heb hyder Isaac Foulkes, anfonodd neges at ei arwr Lewis Edwards, Prifathro Coleg y Bala a gŵr o'r un fro ag ef, sef Capel Bangor, am air o gyngor. Fel y soniodd yn ei lythyr cawsai brofiad yn Aberystwyth yn glerc i gwmni o fferyllwyr, yn athro yn Skinner Street, ac yn glerc am saith mlynedd i gwmni o gyfreith-wyr, Hughes a Roberts.[15] Disgwyliai *Yr Amserau* i'r newyddiadurwr lunio a golygu'r papurau bron i gyd ar wahân i'r Golygyddol, a fyddai'n dal yng ngofal Gwilym Hiraethog, arwr y werin ddiwylliedig. Y tâl am hyn i gyd oedd deg swllt ar hugain yr wythnos.

Nid oes ar gof a chadw beth yn union a ddywedodd Lewis Edwards wrth Ieuan Gwyllt ond, fel un a ddarllenodd lu o'i lythyron, gwn heb unrhyw amheuaeth iddo ddweud, a hynny yn Saesneg, 'Go to Liverpool, young man'. Wedi'r cyfan, ddeuddeng mlynedd yn ddiweddarach, dyna oedd ei gyngor i'w fab ei hun, Thomas Charles Edwards. Ar gyngor ei dad yr aeth hwnnw i Eglwys Bresbyteraidd Cymru (Adran Saesneg) yn hytrach nag i gapel Princes Road lle'r addolid yn Gymraeg. Cyflogwyd John Roberts fel gohebydd ac Is-olygydd yn 1852 a blwyddyn yn ddiweddarach llanwodd gadair y Golygydd.

Cafodd Isaac Foulkes ei gyflogi fel argraffydd ar amser anodd yn hanes *Yr Amserau*. Yr oedd Rhyfel y Crimea wedi ychwanegu at awydd y Cymry i glywed am y brwydro tra oedd y symudiad i ddileu'r 'Stamp Act' yng Ngorffennaf 1855 wedi cynyddu'r gystadleuaeth. Gwelwyd ar y gorwel gyfnod mwy toreithiog i gyhoeddwyr. Ym mis Tachwedd 1856 llwyddodd Thomas Gee i gael Gwilym Hiraethog i'w gynorthwyo i gychwyn papur newydd arall, *Baner Cymru*, y cyfeiriwyd ato eisoes. Yr oedd gan *Yr Amserau* gystadleuydd peryglus. Nid oedd John Roberts (Ieuan Gwyllt) yn meddu ar ddigon o brofiad newyddiadurol i gadw *Yr Amserau* yn broffidiol. I gymhlethu'r sefyllfa, yr oedd agwedd *Yr Amserau* tuag at Ryfel y Crimea yn colli darllenwyr, gan iddo roi cefnogaeth i Rwsia ac nid i Brydain, ac aeth y cylchrediad i lawr o wyth mil i bedair mil yr wythnos. Cafodd Ieuan Gwyllt fwy na digon o nosweithiau di-gwsg a gadawodd Lerpwl yn 1858 am Aberdâr lle y cychwynnodd gylchgrawn newydd a'i alw *Y Gwladgarwr*. Nid oedd gan Thomas Lloyd (perchennog *Yr Amserau*) ddewis ond gwerthu'r papur am £300 ar 1 Hydref 1859 i Thomas Gee.[16] O ganlyniad, ymddangosodd *Baner ac Amserau Cymru* yn arf effeithiol iawn o wasg Thomas Gee i radicaleiddio Cymru. Fodd bynnag, effeithiodd hynny ar aml un, a chan i Isaac Foulkes golli ei fywoliaeth nid oedd ganddo ddewis ond symud ymlaen.

Bu 1860 yn flwyddyn eithriadol o bwysig i Isaac Foulkes. Priododd â merch o'r enw Hannah, o Ruthun ond yn enedigol o Lan-rhydd yn Sir Ddinbych. Y flwyddyn ganlynol trigai'r ddau yn 55 King Street, West Derby. Yr oedd hi yn 24 mlwydd oed yn 1861 ac yntau'n 26, ac roedd ganddynt letywr o Ruthun, Thomas Foulkes (mwy na thebyg yn berthynas i Isaac) a lletywr o Wrecsam, Thomas Rodgers, a oedd yn 21 mlwydd oed.

Cyfeirir yn y cyfrifiad at Isaac Foulkes fel llyfrwerthwr, tasg ddigon anodd, ond yn y *Liverpool Gore's Directory* am 1862 cyfeirir ato fel argraffydd.[17] Dyma'r cyfnod y bu'n gweithio i David Marples, argraffydd yn Lerpwl, a gyhoeddodd beth deunydd yn y Gymraeg.

Yn 1862, fodd bynnag, cychwynnodd Isaac Foulkes ei gwmni ei hun yn King Street (y daethpwyd i'w galw'n Kinglake Street ar ôl 1868), lle roedd ef a'i briod yn byw. Cyhoeddwyd ac argraffwyd o'i gartref yn 28 King Street, ac fel cyhoeddwr Cymraeg cyflawnodd wyrthiau. Yr oedd cyhoeddi llyfrau Cymraeg wedi digwydd yn Lerpwl oddi ar 1767. Mentrodd llu o argraffwyr i Lerpwl i gyhoeddi llyfrynnau a llyfrau yn Gymraeg, fel C. Wosencroft yn 1782, J. M. Crery (1793), J. Gore (1795), Robinson a

Lang (1797), Nuttall, Fisher a Dixon (1801), T. Milner (1803), H. Forshaw (1808) a Nevetts (1814, y cwmni a fwrcaswyd gan John Jones). Fel y dengys yr ysgolheigion a fu'n trafod y bardd, cyhoeddwyd cryn lawer o waith barddol Peter Jones (Pedr Fardd) gan Nevetts.[18] Yna cafwyd Perry a Metcalf yn 1824 a David Marples yn 1825. John Jones oedd un o'r arloeswyr, ond ymunodd T. Thomas ag ef yn 1823, R. Morris yn 1837 a R. Ll. Morris yn 1839. John Jones, fodd bynnag, oedd y gwir gyhoeddwr hyd y pedwardegau pryd y daeth llu o gyhoeddwyr bychain Cymraeg fel E. a T. Jones, Elias Jones, Hugh Jones, M. A. Jones ac E. Parry. Dibynnai'r rhain ar waith cerddorol John Ambrose Lloyd ac ar bregethau cewri'r pulpud Cymraeg fel John Elias o Fôn. Yn y pumdegau cafwyd cyfraniad John Lloyd (cyhoeddwr *Yr Amserau*) a Thomas Hughes. Yn y chwedegau cynnar symudodd Lewis Jones, argraffydd yng Nghaergybi, i fyw yn Lerpwl ac fe'i cysylltid ag anturiaeth y Wladfa.

Bu Lewis Jones yn gyfrifol am gylchgrawn *Y Ddraig Goch* a rhai llyfrau i gyflwyno'r weledigaeth o Wladfa Gymreig.[19] O blith Cymry Lerpwl y cafwyd yr egni angenrheidiol i hybu'r anturiaeth, ac o borthladd Lerpwl yr hwyliodd y *Mimosa* yn 1865 yr holl ffordd i Borth Madryn.

Cychwynnodd Isaac Foulkes ei yrfa fel cyhoeddwr yn 1863, ac ymddangosodd cyhoeddiadau gwahanol iawn ymhlith Cymry Lerpwl. Cyn hynny roedd y byd cyhoeddi Cymraeg yn Lerpwl yn geidwadol a heb ryw lawer o weledigaeth.[20] Roedd y deunydd a gyhoeddid yn apelio at arweinwyr ac aelodau o'r capeli ymneilltuol, ac wedi'i fwriadu'n bennaf ar gyfer dosbarthiadau Ysgol Sul a'r Cymanfaoedd Pregethu a Dirwestol. Gwelodd Isaac Foulkes ymhellach o lawer na hynny. Yn 1865, ymddangosodd y cylchgrawn *Eich Modryb Gwen, Ddifyr Ddoeth, Dda*.[21] Ei weledigaeth oedd ehangu terfynau llenyddiaeth Gymraeg a chyhoeddi gwaith safonol, gan roi sylw i'r clasuron oedd yn cael eu hanghofio. Aeth ati i gyhoeddi gwaith un o feirdd mwyaf lliwgar ei genhedlaeth, sef John Jones ('Talhaiarn', 1810-1869),[22] a oedd wedi llunio awdl i goffáu'r Tywysog Albert. Teitl y gyfrol yw *Awdl er Coffadwriaeth am y diweddar Dywysog "Albert Dda"*. Fel y digwyddai roedd gan Lerpwl a'i thrigolion o bob iaith gryn edmygedd o 'Albert Dda'. Gwyddai Isaac Foulkes fod ganddo lyfryn a fyddai'n gwerthu'n dda oherwydd dawn farddol Talhaiarn a'r cof am y Tywysog Albert. Adeiladwyd dociau ar gryn gost i goffáu'r Tywysog Albert. Hoffai'r

Cymry grwydro i ymyl yr afon a gwyddent y byddai'r cof am Albert yn parhau am genedlaethau lawer i ddod.

Mentrodd Foulkes ar ei gyhoeddiad nesaf a fyddai'n hynod o dderbyniol, sef cyhoeddi alegorïau a bywgraffiad byr o Christmas Evans (1766-1838), un o gymeriadau mwyaf blaenllaw ymneilltuaeth Gymraeg, pregethwr dramatig na fu mo'i well yn y pulpud Cymraeg.[23] Fel Keir Hardie, ni chafodd ddiwrnod o addysg mewn ysgol ond trwy ei ymroddiad personol a bywiogrwydd y bywyd crefyddol datblygodd ei weinidogaeth yn 1790 yng ngwlad Llŷn, yn ddiweddarach ym Môn, yna am ddwy flynedd yng Nghaerffili, ac wedyn yng Nghaerdydd ac yna'n ôl i Wynedd, i dref Caernarfon. Bu farw ar daith bregethu yng nghartref Daniel Davies, pregethwr dall a dderbyniodd ei addysg yn Ysgol y Deillion, Lerpwl, yn ninas Abertawe. Gosodwyd ef i orffwys ym mynwent Capel y Bedyddwyr, Bethesda, yn Abertawe yn hytrach na'i gludo'n ôl i Gaernarfon.[24] Meddai Christmas Evans ar gryn ddawn i ddisgrifio, a chyfrifid ei ddamhegion yn llenyddiaeth o'r radd flaenaf o ran dychymyg. Yr oedd mewn byd mor wahanol i bron pawb arall yn ei gyfnod fel llenor damhegion y pulpud.

Sylweddolodd Isaac Foulkes fod gwir angen casglu llenyddiaeth a storïau'r werin bobl ar fyrder a dyna pam y cyhoeddodd, rhwng 1862 a 1864, y gyfrol *Cymru Fu*. Haedda ei weledigaeth a'i weithgarwch deyrnged fawr. Ef oedd yr arloeswr a baratôdd y ffordd ar gyfer Syr John Rhŷs, T. Gwynn Jones ac Iorwerth Cyfeiliog Peate ymhlith llu o rai eraill. Ymddangosodd *Cymru Fu* mewn tair rhan, a'i werthu am swllt y rhifyn, ac ynddo ceid casgliad o storïau, traddodiadau, chwedloniaeth a damhegion Cymraeg. Lluniwyd ac ysgrifennwyd bron y cyfan gan y cyhoeddwr ei hun.

Yna, yn 1864-5 cyhoeddodd Foulkes lyfr defnyddiol o dan y teitl *Adroddiadur*, yn cynnwys cerddi y gellid eu hadrodd yn hawdd mewn eisteddfodau a chyfarfodydd diwylliannol a ddaethai'n rhan o galendr y capeli. Estynnodd wahoddiad i Joseph David Jones (1827-1870), prifathro ysgol ramadeg breifat yn Clwyd Bank, Rhuthun, i gydweithio ag ef i gasglu ynghyd gynnwys yr *Adroddiadur*.[25] Cofir am J. D. Jones heddiw fel cyfansoddwr,[26] ond llwyddodd Foulkes i'w berswadio i olygu. Dangosai hynny fod ganddo ddawn i gael pobl ddeallus i gydweithio ag ef, a'i fod yn rhoi i'r mudiad eisteddfodol ddimensiwn hynod o berthnasol.

Enillodd Isaac Foulkes ei blwyf yn raddol fel un o ffigyrau mwyaf dylanwadol a phwysig y byd llenyddol Cymreig. Yr oedd ei ddealltwriaeth a'i ddiddordeb yn etifeddiaeth y Cymry yn ei osod ar wahân i'r mwyafrif o gyhoeddwyr Cymraeg ei gyfnod. Gwyddai pwy oedd pwy yn y byd llenyddol Cymraeg a gwelodd fod un ohonynt, sef William Rees, yn cyd-fyw ag ef yn Lerpwl. Cafodd sgwrs ag ef, a chanlyniad hynny oedd argraffu a chyhoeddi *Aberth Moliant*, o dan olygyddiaeth Gwilym Hiraethog, ar gyfer y capeli ymneilltuol. Yn Lerpwl cynhelid eisteddfodau, a'r pwysicaf ohonynt oedd Eisteddfod y Gordofigion. Yn 1869 bu farw brawd Gwilym Hiraethog, sef y seraff-bregethwr y Parchedig Henry Rees, gweinidog capel hardd Chatham Street. Gweinidogaethai'r ddau frawd o fewn canllath i'w gilydd, un yng nghapel y Methodistiaid Calfinaidd, Chatham Street, a'r llall yng nghapel yr Annibynwyr, Grove Street. Mae'r ddau adeilad bellach yn perthyn i Brifysgol Lerpwl, Chatham Street yn dal yno yn ei holl ogoniant a chapel Grove Street wedi ei lyncu gan Labordai Robert Robinson. Testun yr awdl yn Eisteddfod y Gordofigion 1869 oedd bywyd a gwaith Henry Rees, ac enillwyd y Gadair gan Richard Foulkes Edwards a adnabyddid fel Risiart Ddu o Wynedd.[27] Cyhoeddodd y wasg yr Awdl Farwnad er cof am Henry Rees.[28] Yr ail orau am y Gadair oedd cerdd Roger Jones a chyhoedd-wyd honno gan Thomas Lloyd, cyhoeddwr arall o blith Cymry Lerpwl.

Yn 1870 cyhoeddodd Isaac Foulkes waith y bardd crafog a sinicaidd Thomas Edwards, yr anwylid ef o Ddyffryn Clwyd i Ynys Môn o dan ei enw barddol 'Twm o'r Nant', a'i waith gorau *Cybydd-dod ac Oferedd* a welodd olau dydd o'r wasg.[29]

Anturiaeth nesaf Isaac Foulkes oedd paratoi a chyhoeddi cyfrol safonol a swmpus, *Geirlyfr Bywgraffiadol o Enwogion Cymru*, yn 1870. Ef a luniodd y rhan helaethaf o'r bywgraffiadau yn ogystal â llywio'r gwaith trwy ei wasg ei hun. Medrai Foulkes lunio bywgraffiadau hynod o raenus. Erbyn hynny roedd yna genhedlaeth wedi eu trwytho trwy'r Ysgolion Sul a oedd yn awyddus i wybod mwy a mwy am arwyr cenedl y Cymry. Deil y *Geirlyfr* yn gyfrol sydd o werth i haneswyr, a hyd inni gael y *Bywgraffiadur Cymreig* trwy Gymdeithas y Cymmrodorion parhaodd cyfraniad Foulkes yn berth-nasol. Yna, yn 1872 a 1873, cyhoeddwyd gwaith llenyddol William Rees mewn cyfrol sylweddol, sef *Rhyddweithiau Hiraethog*, ac aeth ati hefyd i roi gerbron y Cymry llengar farddoniaeth Dafydd ap Gwilym, o dan olygydd-iaeth y Parchedig Robert Ellis ('Cynddelw'), un o weinidogion amlycaf y Bedyddwyr.[30]

Yr oedd yr ysfa ysgrifennu yn gryf yn y cyhoeddwr. Nid rhyfedd felly iddo lunio dwy nofel, sef *Rheinallt ap Gruffydd* (1874) a'r *Ddau Efell, neu Llanllonydd* (1875). Nofelau na chaiff sylw ein haneswyr llên bellach yw'r nofelau hyn, ond maent yn enghreifftiau o safon y nofel Gymraeg cyn dyddiau Daniel Owen. Gellir dweud am y pedair blynedd nesaf (1874-1878) fod y cynnyrch a ddaeth o wasg Foulkes yn blwyfol i gymdeithas Cymry Lerpwl. Yn 1877 ysgrifennodd ef ei hun gyfrol ar gyfer Mudiad yr Ysgolion Sul o dan y teitl *Yr Ysgol Sabbothol* . . ., ac aeth ati i gyhoeddi gwaith llenyddol ei arwr Gwilym Hiraethog, sef tair cyfrol a ymddangosodd ymhen dwy flynedd. *Helyntion Bywyd Hen Deiliwr*, clasur heb amheuaeth, oedd y gyfrol gyntaf, yna cafwyd *Llythyrau 'Rhen Ffarmwr* yn 1878, ac yn yr un flwyddyn *Cyfrinach yr Aelwyd*.[31]

Yr oedd Isaac Foulkes bellach wedi sylweddoli bod gwaith safonol yn dderbyniol. Dyna paham y cyhoeddodd farddoniaeth Robert Williams ('Robert ap Gwilym Ddu'), y bardd o Eifionydd, yn 1877, a'r flwyddyn ganlynol holl waith Goronwy Owen, un o'r beirdd Cymraeg clasurol mwyaf adnabyddus. Gwnaeth *Holl Waith Barddonol Goronwy Owen* gryn argraff, a'r gyfrol hon oedd un o'r rhesymau pennaf am boblogrwydd Goronwy Owen ymhlith Cymry Lerpwl. Mewn llai na chwarter canrif sefydlwyd Cymdeithas Goronwy yn Lerpwl, a threuliodd John Morris-Jones un gaeaf cyfan yn darlithio arno ym Mhrifysgol Lerpwl. Nid oes manylion ar gael am werthiant y gyfrol ond fe wyddom fod cannoedd yn mynychu darlithiau John Morris-Jones. Trefnwyd trên cyfan i gludo cefnogwyr Goronwy Owen i Ynys Môn yn negawd cyntaf yr ugeinfed ganrif. Yn ddiau, roedd Foulkes ei hun wedi ei lwyr gyfareddu gan fywyd a chynnyrch awen Goronwy Ddu o Fôn a amlygid yn y gyfrol o'i waith.

Erbyn 1881 yr oedd Isaac Foulkes yn byw yn 18 Queensland Street a'i fab Arthur yn ddeunaw oed ac wedi cychwyn ers rhai blynyddoedd yn y Tŷ Cyhoeddi. Yn ôl y cyfrifiad yr oedd gan Hannah ac yntau bedair merch ieuengach nag Arthur, sef Fanny (13 oed), Elizabeth (11 oed), Emma (6 oed) ac Enid (3 oed). Galwyd ef yn 'Master Printer', a chyflogai dri gŵr a dau fachgen, un o'r bechgyn efallai'n fab iddo.

Trwy'r wythdegau bu'r wasg fechan ond pwysig hon yn hynod o gynhyrchiol ac yn gwella o flwyddyn i flwyddyn o ran diwyg y cynnyrch. Y mae'r gyfrol *Y Mabinogion Cymreig*, a ymddangosodd yn 1880, yn hynod sylweddol a hefyd *Hanes Llenyddiaeth Gymraeg* gan Robert John Prys ('Gweirydd ap Rhys') a gyhoeddwyd ar ran yr Eisteddfod Genedlaethol yn 1885. Yn 1887 cyhoeddwyd cyfrol ddeniadol o waith Philip Yorke o Erddig o dan olygyddiaeth Richard Williams, *The Royal Tribes of Wales*. Yn 1888 cyhoeddwyd llawysgrifau Iolo Morganwg – arwr yng ngolwg Foulkes – gyda chyfieithiad Saesneg a nodiadau o eiddo Taliesin Williams.

Erbyn y nawdegau yr oedd Isaac Foulkes yn un o gyhoeddwyr pwysicaf y genedl Gymraeg gan ei fod yn cyfuno cymaint o dasgau yn yr un person, fel awdur a llenor, golygydd, gŵr busnes craff a chyhoeddwr hirben. Erbyn y degawd hwn sefydlwyd ei swyddfa yn Don Chambers, Paradise Street, ynghanol dinas Lerpwl. Cafodd brentisiaeth hir fel awdur a gwelodd bellach fod ganddo'r cyfle i baratoi papur wythnosol ar gyfer Cymry Lerpwl a oedd yn gymuned gref o Gymry Cymraeg, y gymuned gryfaf mewn unrhyw ddinas yn y byd. Erbyn 1890 roedd y gymdeithas honno ar ei phinacl. Dadleuir weithiau fod o leiaf 80,000 o Gymry Cymraeg yn Lerpwl a'r cyffiniau. Gall hyn fod yn gamarweiniol, ond un peth sy'n ffaith yw fod mwy o Gymry Cymraeg yn Lerpwl nag oedd yn unman arall yn y byd. Ni fu gan Gymry Llundain na Chymry Caerdydd gynifer o gapeli a neuaddau cenhadol Cymraeg o 1890 i 1920 ag a gafwyd yn y ddinas a'r cyffiniau (e.e., Prescott, Skelmersdale, St Helens, Widnes, Runcorn). Gwelodd Isaac Foulkes y potensial a'r cyfle, ac aeth ati i gynhyrchu wythnosolyn o'r enw *Y Cymro*. O fewn cyfnod byr enillodd *Y Cymro* ddelwedd a dilynwyr ledled Gogledd Cymru ac ymhlith Cymry Lerpwl a Manceinion. Yn ôl y newyddiadurwr eithriadol o dalentog, E. Morgan Humphreys, yr oedd llwyddiant *Y Cymro* yn dibynnu ar y golygydd, Isaac Foulkes, ac yn y swydd honno roedd ganddo ddiddordeb mewn popeth yn ymwneud â bywyd y Cymry a'r genedl Gymreig. Meddai ar wybodaeth eang o draddodiadau a llenyddiaeth, dealltwriaeth o'r hyn oedd yn digwydd ar lawr gwlad ac yn y ddinas – yr ail ddinas bwysicaf ym Mhrydain Fawr; roedd ganddo gysylltiad a pherthynas gyda gwleidyddion amlwg, pregethwyr o bob enwad, beirdd coronog a chynhyrchiol, ynghyd â'r ddawn i egluro ei hunan yn gofiadwy, weithiau yn feirniadol. Hyn a wnaeth *Y Cymro* yn newyddiadur wythnosol atyniadol. Dywed O. Caerwyn Roberts, un o'r rhai a ddaeth i weithio arno yn 1890, nad oedd Foulkes yn un hawdd cydweithio ag ef o fewn y wasg. Ar brydiau gallai fod yn ŵr blin, ac yn ddig a chrac. Yr oedd ei golofn wythnosol 'Cwrs y Byd' ar adegau'n hynod o grafog, yn feirniadol ac yn peri poen a blinder i'r rhai a ddeuai o dan ei chwyddwydr.

Casglodd Isaac Foulkes o'i amgylch yn nawdegau'r bedwaredd ganrif ar bymtheg nifer o unigolion dawnus. Un o'r rhain oedd Lewis William Lewis ('Llew Llwyfo'), hen law ar newyddiadura ac un hynod hoff o gwrw a gwin.[32] Bu'n ohebydd i *Baner ac Amserau Cymru*, a deng mlynedd ar hugain cyn dod i wasg Foulkes, byddai ef, yn 1862, yn gofyn am ddwy gini ynghyd â'i dreuliau am draddodi anerchiad y Llywydd mewn eisteddfod. Ni wn beth oedd y swm a delid iddo gan Isaac Foulkes ond, yn ystod ei gyfnod yn Paradise Street, fe luniodd dair nofel a gyhoeddwyd i ddechrau yn wythnosol yn *Y Cymro*. Galwodd un o'r cyfrolau yn *Y Wledd a'r Wyrth* a'r llall yn *Cyfrinach Cwm Erfin*.[33] Un o gysodwyr yr argraffdy yn y cyfnod hwn oedd John H. Jones, a ddaeth yn hysbys yn y byd newyddiadurol Cymraeg fel 'Je Aitsh'.[34] Pan ddaeth Hugh Evans â phapur wythnosol allan yn Lerpwl yn 1906 fel cystadleuydd i'r *Cymro*, penodwyd 'Je Aitsh' yn olygydd *Y Brython*.[35] Gwnaeth *Y Brython* yn bapur cenedlaethol mewn byr amser. Gŵr arall amryddawn a weithiai yno yn y cyfnod hwn oedd T. Gwynn Jones. Bwriodd ei brentisiaeth yn swyddfa a gwasg Foulkes o 1893 i 1895.[36] Yr oedd ganddo air da a dyled i Isaac Foulkes gan mai ef a'i perswadiodd i gyfieithu barddoniaeth Dafydd ap Gwilym yn ogystal â chaniatáu rhyddid iddo gyfeillachu a dod i adnabod carfan o sosialwyr eiddgar yn y ddinas.

Yr oedd gan Isaac Foulkes gysylltiadau ardderchog y tu allan i'w swyddfa a'i argraffdy a bu'n gefn mawr i Ellis Pierce ('Elis o'r Nant', 1841-1912).[37] O'r flwyddyn 1874 ymlaen mentrodd Elis o'r Nant i fyw fel gwerthwr llenyddiaeth Gymraeg o bentref i bentref yng Ngogledd Cymru. Gwerthfawrogai Isaac Foulkes ei wasanaeth a deuai'n gyson i'w swyddfa yn Lerpwl i gasglu cyhoeddiadau'r wasg ar gyfer eu gwerthu yn yr ardaloedd Cymraeg. Un arall a alwai yn gyson oedd Syr Evan Vincent Evans (1851-1934), un o Gymry amlwg Llundain. Ysgrifennai ef yn rheolaidd i'r *Manchester Guardian* a cholofn wythnosol i *Baner ac Amserau Cymru*, a pherswadiodd Foulkes ef i ysgrifennu i'r *Cymro* ar faterion Cymreig o fewn Senedd San Steffan.[38] Ond sgŵp pennaf Isaac Foulkes fel cyhoeddwr a golygydd *Y Cymro* oedd dwyn pwysau ar y nofelydd Daniel Owen, ei ffrind o'r Wyddgrug, i lunio'r nofel *Enoc Huws*.[39] Gwelodd y nofel hon olau dydd ar dudalennau

Y Cymro o 1890 i 1891. Ar ôl hynny ymddangosodd y nofel *Gwen Tomos* yn *Y Cymro* yn 1893 a 1894. Gofynna Caerwyn y cwestiwn: 'Pa gyhoeddwr heblaw y Llyfrbryf tybed a anturiai gyhoeddi dwy nofel heb eu gweld yng nghyntaf wedi eu cwblhau?'[40] Mae hynny'n wir, ond yr oedd ganddo ddigon o ffydd, a mwy na hynny, adnabyddiaeth o awdur athrylithgar. Roedd ganddo synnwyr busnes i wybod y byddai'r nofel yn *Y Cymro* yn chwyddo cylchrediad yr wythnosolyn ac roedd yn llygad ei le. Ond fe'i cythruddwyd pan werthodd Daniel Owen yr hawlfraint i gyhoeddwr arall, sef Hughes a'i Fab yn Wrecsam, am well pris nag y byddai Foulkes wedi ei gynnig iddo. Mewn gwirionedd gwingai Daniel Owen fod Isaac Foulkes mor gybyddlyd yn y taliad a roddodd iddo am ei ddwy nofel a gyhoeddwyd yn *Y Cymro*.[41] Er hynny gallwn haeru fod Isaac Foulkes wedi cyflawni gwaith graenus iawn fel bywgraffydd Daniel Owen. Ymddangosodd y cofiant *Daniel Owen: Bywgraffiad* yn 1903, a daeth yr ail argraffiad allan yn y flwyddyn ganlynol, a chafodd gyhoeddusrwydd a llwyddiant mawr.

Ffigur llenyddol pwysig arall a gafodd ei anrhydeddu gan Llyfrbryf oedd y bardd telynegol John Ceiriog Hughes, gŵr a dreuliodd ei flynyddoedd cynhyrchiol fel alltud ymhlith Cymry Manceinion. Cyhoeddodd Llyfrbryf ei farddoniaeth yn yr wythdegau, ac yna aeth ati i lunio cofiant, *John Ceiriog Hughes, ei Fywyd, ei Athrylith a'i Waith* a ymddangosodd yn 1887.[42] Gwerthwyd yr argraffiad cyntaf mewn cyfnod byr a daeth yr ail argraffiad o'r wasg yn 1902. Yn ei astudiaethau difyr o Daniel Owen a Ceiriog y mae'r beirniad llenyddol J. Saunders Lewis yn canmol Llyfrbryf yn haeddiannol, ac yn ei gyflwyniad i'r gyfrol ar Ceiriog dywed:

> Y mae "John Ceiriog Hughes ei fywyd, ei athrylith a'i waith", 1887, gan Llyfrbryf yn llyfr anhepgorol a safonol. Mawr yw fy nyled iddo.[43]

Yna, yn ei ragair i'w astudiaeth o Daniel Owen a gyhoeddwyd yn 1935 dywed:

> Sgrifennwyd llawer ar Ddaniel Owen, ond y mae arnaf unwaith eto ddyled arbennig i waith Isaac Foulkes: Daniel Owen y Nofelydd, sy'n llyfr safonol.[44]

Y mae un peth yn eglur, ni chafwyd hyd yn hyn well cyfrolau ar y bardd a'r nofelydd na'r hyn a luniodd y cyhoeddwr a'r llenor o Lerpwl, Llyfrbryf.[45]

Cyflawnodd Foulkes waith aruthrol. Y mae'r farchnad lyfrau Gymraeg yn un anodd, ond dangosodd ef fod modd cyfannu gwaith graenus â diwyg gwerth ei gael. Nid oedd Cyngor Llyfrau Cymraeg yn bod na llawer o lyfrwerthwyr i hybu'r farchnad. Ond dygodd ef, gerbron y werin bobl oedd yn mwynhau barddoniaeth a llenyddiaeth Gymraeg, ddewis da o lyfrau, a thrwy hynny roi llwyfan i feirdd newydd a hen. Ef oedd yr un a roddodd gyfle i Howell Elvet Lewis ('Elfed'),[46] a chyhoeddwyd *Caniadau Elfed* gan y wasg yn 1901. Pan hysbysebwyd cyfrol newydd o'i wasg ar dudalennau *Y Cymro* yr oedd hynny yn ddigwyddiad ynddo'i hun. Byddai chwarelwyr Llanberis a Bethesda yn awyddus i brynu'r gyfrol fel y byddai glowyr yn y maes glo caled yn nwyrain Sir Gaerfyrddin. Nid oedd hi'n bosibl colli'r cyfle gan ei fod yn rhoi pwyslais ar hysbysebu'r gyfrol ymlaen llaw, ac yna, ar ôl ei chyhoeddi, ceid rhagor o wybodaeth. Yn 1899 perswadiodd y bardd-bregethwr Elfed i lunio gwerthfawrogiad o farddoniaeth Ceiriog. Cyflawnodd ei dasg a chyhoeddwyd y cyfan o dan y teitl *Athrylith John Ceiriog Hughes*.[47] Erbyn hynny mynnai Llyfrbryf gael cyfrolau defnyddiol o safon, hyd yn oed os nad oedd y gwerthiant mor uchel ag y dymunai. Ond bellach denai rai o wŷr llên amlycaf y Gymraeg.

Cefnogodd Isaac Foulkes awduron lleol, yn arbennig y Parchedig J. O. Williams, a ddaeth yn ddiweddarach yn Archdderwydd, a chwblhau hanner can mlynedd yn weinidog i'r Annibynwyr Cymraeg yn Lerpwl. Adnabyddid ef gan bawb wrth ei enw barddol 'Pedrog'.[48] Comisiynwyd ef i gyfieithu gwaith Charles M. Sheldon yn dilyn ôl traed yr Iesu. Gan fod Pedrog yn ffigur annwyl ymhlith Cymry capelog Lerpwl bu prynu mawr, yn ôl pob sôn, ar ei gyfieithiad, *Dilyn y Meistr*.

Erbyn hyn adnabyddid argraffdy Isaac Foulkes yn y cylch cyhoeddi yn y ddwy iaith, a llwyddodd Llyfrbryf i daro bargen â chwmnïau cyhoeddi Llundain. Pan dderbyniodd yn 1892 lawysgrif gan Eleazar Roberts yn Saesneg sylweddolodd fod angen cylchrediad eang ar y gwaith.[49] Yr hyn wnaeth Eleazar Roberts oedd llunio nofel, *Owen Rees: A Story of Welsh Life and Thought*, sef ymgais i oleuo'r darllenwyr Saesneg am hanes y Cymry yn Lerpwl, yn eu capeli a'u gweithgareddau diwylliannol Cymraeg. Cysylltodd Llyfrbryf â chwmni Elliot Stock yn 62 Paternoster Row yn Llundain a derbyniodd y cyhoeddwyr hynny y cyfrifoldeb gan ofyn i wasg Foulkes i argraffu'r gwaith.

Nid oes amheuaeth yn fy meddwl i nad oedd Llyfrbryf yn gweld ymhell; roedd llygad da ganddo ar gyfer gwisgo'r gwaith a gallu busnes i ofalu ei fod yn gwneud elw.[50] Meddai ef ei hun ar ddiwylliant eang, ailargraffodd lawer o'r clasuron Cymraeg, fel gwaith llenyddol Morgan Llwyd ac Ellis Wynne o'r Lasynys, barddoniaeth Dafydd ap Gwilym, Goronwy Owen, Robert ap Gwilym Ddu ac Elfed.[51] Nid anghofiodd ei gefnogwyr yn y ddinas lle y cafodd gyfle i lwyddo fel cyhoeddwr. Cyhoeddodd farddoniaeth gweinidog Bedyddwyr capel Balliol Road, Bootle, y Parchedig Peter Williams (Pedr Hir) a chynnyrch ei gymydog, y Parchedig Griffith Ellis, gweinidog y Methodistiaid Calfinaidd yn Stanley Road.[52] Cyhoeddwyd *Hanes Jonah* o'i waith ef ei hun hefyd yn 1886. Bu'r *Cymro* yn llwyfan i'r llenorion hyn. Gwelir agwedd iach y golygydd yn caniatáu, ac yn wir yn annog R. J. Derfel o Fanceinion i lunio cyfres hynod o arloesol ar Sosialaeth.[53] Rhoddodd lwyfan hefyd i arweinwyr dirwest fel Owen Owens, gweinidog y Methodistiaid Calfinaidd, a ymunodd fel colofnydd yn *Y Cymro* yn 1895. Yn hanes trist ac emosiynol iawn y Parchedig W. O. Jones, gweinidog Chatham Street, a'r achosion yn ei erbyn a'i gorfododd i adael ei enwad, bu Isaac Foulkes yn gefn mawr. Yn ei ddigalondid a'i boen meddwl dihangai W. O. Jones o'i gartref yn aml i fwynhau cysur a chefnogaeth Llyfrbryf. Yn wir, ymddiswyddodd J. H. Jones, Methodist Calfinaidd cadarn, o wasg ac argraffdy Llyfrbryf ar fater Chatham Street a'r modd y cefnogai Llyfrbryf y rebel yn ei storom fawr.

Daeth storom i fywyd personol Isaac Foulkes yn 1900 pan gollodd ei briod Hannah, a'r flwyddyn ddilynol yr oedd yn byw yn Cilgwyn, y tu allan i dref Rhuthun, gyda'i ferch Emma Olwen Foulkes. Roedd ei fab Arthur Foulkes wedi cymryd drosodd y dyletswyddau yn y wasg fel y medrai ei dad gael mwy amser i gyflawni nwyd llywodraethol ei fywyd, sef amser i ysgrifennu. Ond ni fedrai dorri pob cysylltiad â Lerpwl. Yn wir teithiai'n gyson o 98 Edge Lane i Cilgwyn, ac yn gynnar yn 1904 ailbriododd â Sinah o ffermdy Hafod Elwy, ond byr iawn fu eu bywyd priodasol. Bu farw Llyfrbryf ar 2 Tachwedd 1904 a gadawodd £808 6*s* 3*c* yn ei ewyllys i'w ail wraig. Trosglwyddwyd yr argraffdy i'w fab, ond nid oedd ganddo ef yr adnoddau na'r diddordeb a feddai ei dad. Llwyddodd i gadw wythnosolyn *Y Cymro* mewn bodolaeth am bum mlynedd a bu'n rhaid iddo ddibynnu cryn lawer ar Hugh Evans a oedd yn yr un traddodiad yn union â Llyfrbryf. Llwyddwyd i gyhoeddi cyfrolau o dan yr enw Foulkes and Evans, ond mater o amser oedd hi cyn y byddai Hugh Evans yn mentro yn gyfan gwbl ar ei ben ei hun. Gosododd Llyfrbryf safonau cyhoeddi uchel iddo'i hun yn Gymraeg gan wneud dinas Lerpwl yn un o ganolfannau cyhoeddi deunydd trwy'r iaith Gymraeg.[54]

NODIADAU

1. Philip Henry Jones, *A Nineteenth-century Welsh Printer: Some Aspects of the career of Thomas Gee, 1815-1898* (Fellowship of the Library Association, 1977); T. Gwynn Jones, *Cofiant Thomas Gee* (Dinbych, 1913); E. Morgan Humphreys, *Thomas Gee (1815-98); Y Bywgraffiadur Cymreig hyd 1940* (Llundain, 1953), 257.
2. Rhaid cydnabod gweithgaredd cyhoeddwyr eraill y Methodistiaid Calfinaidd ar wahân i Thomas Gee, fel Griffith Parry, Caernarfon, Peter Maelor Evans, Treffynnon, a Charles Hughes, Wrecsam, sylfaenydd Hughes a'i Fab.
3. Gallwn gael syniad o gymhellion cyhoeddwyr oes Fictoria wrth ddarllen Lewis Edwards, 'Cyhoeddiadau Cyfnodol y Cymry', *Y Traethodydd*, iv (1848); Isaac Foulkes, 'Llenyddiaeth Cyfnodol Gymreig', *Trafodion Cymdeithas Genedlaethol Cymry Lerpwl, 1887-88* (Lerpwl, 1888); T. H. Lewis, 'Y Wasg Gymreig a Bywyd Cymru 1850-1901', *Trafodion Anrhydeddus Gymdeithas y Cymmrodorion* (1964) (Rhif 1).
4. William Williams, 'Isaac Foulkes ('Llyfrbryf'; 1836-1904)', *Y Bywgraffiadur Cymreig hyd 1940* (Llundain, 1953), t. 251. Yr oedd William Williams, awdur y cofnod hwn, ar staff y Llyfrgell Genedlaethol ac yn fab-yng-nghyfraith i Hugh Evans.
5. William Williams, 'Hugh Evans (1854-1934)', *Y Bywgraffiadur Cymreig*, t. 223.
6. Aled Gruffydd Jones, 'Politics and prophecy in the journalism of Gwilym Hiraethog', *Trafodion Anrhydeddus Gymdeithas y Cymmrodorion 2002*, Cyfrol 9 (2003), 106-121; D. Ben Rees, *Y Polymathiad o Gymro: Parchedig William Rees (Gwilym Hiraethog) 1802-1883* (Lerpwl, 2002).
7. J. Glyn Davies, 'Gwilym Hiraethog', *Y Brython*, 21 Awst 1930.
8. Aled Gruffydd Jones, 'Politics and prophecy in the journalism of Gwilym Hiraethog', t. 106.
9. Ibid.
10. Philip Henry Jones, 'Yr Amserau: The First Decade 1843-52' yn Laurel Brake, Aled Jones a Lionel Madden (goln), *Investigating Victorian Journalism* (Llundain, 1990), tt. 85-103.
11. Ceir y stori yn llawn yn John Hughes Morris, *Hanes Methodistiaeth Liverpool*, Cyfrol 1 (Lerpwl, 1929), tt. 110-16. Yr oedd John Jones yn siaradwr hynod o effeithiol, ac 'ar brydiau yn gallu defnyddio gwawdiaeth ddeifiol'. Gwyddom fod un o'i gyd-arweinwyr, Samuel Jones (mab Robert Jones, Rhos-lan) yn llawdrwm iawn arno. Diarddelwyd ef

yn 1838 ac ymunodd ag eglwys yr Annibynwyr yn Great Crosshall Street, a dilynwyd ef yno gan ei wraig a'i ferch. Dyna yn 1843 sut y daeth i gyfeillachu gyda'r gweinidog newydd, William Rees.

12. Aled Gruffydd Jones, 'Politics and prophecy in the journalism of Gwilym Hiraethog', t. 110. Yr oedd 1,200 o brynwyr yr *Amserau* yn 1844 a 2,000 yn niwedd 1845.
13. Ibid., t. 111.
14. R. D. Griffith, 'John Roberts ('Ieuan Gwyllt'; 1822-77)', *Y Bywgraffiadur Cymreig*, tt. 815-16.
15. Ibid.
16. Aled Gruffydd Jones, 'Politics and prophecy in the journalism of Gwilym Hiraethog', t. 112.
17. Daw'r manylion hyn i gyd o Gyfrifiad 1861.
18. Dylid darllen astudiaeth O. E. Roberts, 'Pedr Fardd yn Lerpwl', *Cylchgrawn Cymdeithas Hanes y Methodistiaid Calfinaidd*, lix, 36-56.
19. Ceir y manylion yn llawn yng nghyfrol wych y Dr Huw Walters, *Llyfryddiaeth Cylchgronau Cymreig 1851-1900* (Aberystwyth, 2003), tt. 147-148. Newyddiadur pythefnosol *Y Wladychfa Gymreig* 5 Gorffennaf-4 Tachwedd 1862; newyddiadur cenedlaethol wythnosol, 15 Tachwedd 1862. Lewis Jones oedd y golygydd, yr argraffydd a'r cyhoeddwr o 44 Hanover Street, Lerpwl. Y flwyddyn ganlynol ymddangosodd newyddiadur *Y Ddraig Goch* a chafwyd 6 o rifynnau o 5 Medi i 14 Tachwedd 1863. Yr argraffydd oedd Meistri Lee a Nightingale, 7 Lower Castle Street, dros Bwyllgor y Wladychfa Gymreig, Lerpwl. Gweler tt. 148-9.
20. Er hynny, cofier am y weledigaeth o'r Wladfa Gymreig. Isaac Foulkes a fu'n gyfrifol am argraffu yn 1867 rai o rifynnau y trydydd fersiwn o'r cylchgrawn chwarterol *Y Ddraig Goch*. Gweler Huw Walters, *Llyfryddiaeth Cylchgronau Cymreig*, t. 149.
21. Ibid., tt. 151-2. Y golygyddion oedd 'Pwyllgor o lenorion galluog'. Yr oedd Isaac Foulkes yn argraffu a chyhoeddi o'i argraffdy yn 41 Peters Lane, Lerpwl. Gwelir y bywiogrwydd yn *Modryb Gwen*. Ceir adolygiadau, *Llith o'r Lleuad*, a llu o ysgrifau eraill fel 'Cymraeg ein pulpudau'. Yn rhifyn Mehefin 1845 dywed y cyhoeddwr: 'Dymuna I. F. hysbysu unwaith am byth nad yw ef yn gyfrifol yn unig am hysbysebiadau, argraffwaith a chyhoeddiad prydlon *Modryb Gwen*; y mae ei golygiaeth yn nwylo Pwyllgor o Lenorion galluog'.
22. D. Gwenallt Jones, 'John Jones ('Talhaiarn', 1810-70)', *Y Bywgraffiadur Cymreig*, t. 452. Lluniodd Isaac Foulkes erthygl ddiddorol iawn ar Talhaiarn. Gweler *Y Geninen*, vi, 282-7.
23. D. Ben Rees, 'Christmas Evans' [yn] *Pregethu a Phregethwyr* (Dinbych, 1997), tt. 112-123.
24. Ibid., 117.
25. R. D. Griffith, 'Joseph David Jones (1827-70)', *Y Bywgraffiadur Cymreig*, tt. 461-2.
26. Ibid., 461. 'Golygodd gyda 'Tanymarian' *Llyfr Tonau ac Emynau*, 1868; arno ef y disgynnodd y gwaith mwyaf – treuliasai bedair blynedd yn casglu, dethol a chynganeddu'r tonau'. Cofier iddo olygu gyda Foulkes yr *Adroddiadur* ar yr un adeg.
27. Elwyn Evans, 'Richard Foulkes Edwards ('Rhisiart Ddu o Wynedd'; 1836-70)', *Y Bywgraffiadur Cymreig*, t. 181.

28. Ibid. Cyhoeddwyd ei gyfrol o farddoniaeth, *Y Blaenffrwyth*, gan Thomas Gee. Adwaenai ef Gee a Foulkes. Yn wir, bu am gyfnod byr yn ysgrifennydd i Thomas Gee.
29. Thomas Parry, 'Thomas Edwards ('Twm o'r Nant'; 1739-1830)', *Y Bywgraffiadur Cymreig*, t. 183. Golygodd Isaac Foulkes holl farddoniaeth Thomas Edwards yn y ddau ddegawd nesaf. Daeth *Gwaith Thomas Edwards* o'r wasg yn 1874 ac argraffiad arall yn 1889. Gwelir adolygiad ar argraffiad 1874 yn *Y Traethodydd* (1875), 212-41. Pwysig hefyd yw nodi astudiaeth Isaac Foulkes o Twm o'r Nant. Gweler Isaac Foulkes, 'Thomas Edwards o'r Nant a'r interliwdiau', *Trafodion Anrhydeddus Gymdeithas y Cymmrodorion*, 1903-4, 43-57. Cefais foddhad mawr o ddarllen ysgrif y Parchedig D. D. Williams, gweinidog David Street, Lerpwl, ar Twm o'r Nant. Gweler D. D. Williams, 'Twm o'r Nant, bardd yr interliwd Gymraeg 1739-1810', *Beirniad*, vii, 1-10, a Saunders Lewis, *Meistri'r canrifoedd: Ysgrifau ar Hanes Llenyddiaeth Gymraeg . . . wedi'u dethol a'u golygu gan R. Geraint Gruffydd* (Caerdydd, 1973), tt. 280-98.
30. J. T. Jones, 'Robert Ellis ('Cynddelw', 1810-1875)', *Y Bywgraffiadur Cymreig*, tt. 96-7. Oherwydd ei wybodaeth aruthrol bu galw mawr amdano fel pregethwr a darlithydd. Ef a Hiraethog oedd darlithwyr enwocaf oes Fictoria. Cyfrannodd ysgrifau i *Eirlyfr Bywgraffyddol* Isaac Foulkes. Y mae y Cofiant swmpus amdano yn werth ei ddarllen. Gweler David Williams, *Cofiant Cynddelw* (Caerfyrddin, 1935),
31. Dylid darllen sylwadau Aled Gruffydd Jones, 'Politics and prophecy in the journalism of Gwilym Hiraethog', 113.
32. D. Gwenallt Jones, 'Lewis William Lewis ('Llew Llwyfo'; 1831-1901)', *Y Bywgraffiadur Cymreig*, tt. 522-3. Daeth Llew Llwyfo i olygu'r *Amserau* yn 1855 ac arhosodd am dair blynedd, ac mae'n amlwg iddo ddod yn ôl o America i weithio i Foulkes, ond nid yw Gwenallt yn sôn am hynny o gwbl. Ceir cyfeiriadau ato yn *Y Geninen*, xix, 161; xx (Gŵyl Ddewi), 48; *Y Traethodydd* (1910), 465; (1911), 1; *Barn* 17, 131; 18, 164.
33. O Caerwyn Roberts, 'O Gafell Hen Atgofion', *Y Clorianydd a'r Gwalia*, Rhagfyr 9 (1953), 2. 'Lluniodd dair nofel fer wrth fy ystlys ac fe'u cyhoeddwyd o wythnos i wythnos yn y *Cymro*.'
34. D. Ben Rees, 'Cymry Lerpwl', yn *Cydymaith i Lenyddiaeth Cymru*, (gol.) Meic Stephens (Caerdydd, 1986), 118.
35. Idem, *Cymry Lerpwl a'r Cyffiniau*, Cyfrol 1 (Lerpwl a Llanddewi Brefi, 1997), 36-7.
36. Maredudd ap Rheinallt ac Owena D. Thomas, *Caerwyn* (Lerpwl, 2010), 60.
37. O Caerwyn Roberts, 'O Gafell Hen Atgofion', *Y Clorianydd a'r Gwalia*, Tachwedd 23, 1955, 3. Sonia Caerwyn fod y llyfrwerthwr teithiol Elis o'r Nant yn hebrwng llawer o Gymry oedd â'u bryd ar ymfudo i'r Unol Daleithiau i ddociau Lerpwl i ddal y llong.
38. Ibid.
39. Caerwyn, 'Rwy'n cofio Daniel Owen', *Y Crynhoad*, Ebrill 1952, 12, 1-3.
40. Maredudd ap Rheinallt ac Owena D. Thomas, *Caerwyn*, 58.
41. Ibid., 59. 'Ni chafodd Daniel Owen y swm a haeddai am ei waith yn y *Cymro*, ac fe siomwyd y Llyfrbryf pan wybu fod Daniel Owen wedi gwerthu'r hawlfraint i gyhoeddi'r penodau yn ddau lyfr i'r Mri Hughes a'i Fab, Wrecsam, am bris llawer mwy nag a fynnai fy hen feistr ei roddi amdano.'
42. Daeth argraffiad newydd yn 1901. Lluniodd Llyfrbryf gyfres o ysgrifau ar Ceiriog i'r *Geninen* v, 148-55, 221-3; vi, 22-30; 69-82.

43. Saunders Lewis, *Yr Artist yn Philistia I: Ceiriog* (Aberystwyth, 1929), t. 1. Gweler adolygiad D. Myrddin Lloyd, *Brython*, 29 Hydref 1936, 5.
44. Saunders Lewis, *Daniel Owen* (Aberystwyth, 1936), t. 1.
45. Dienw, 'Hen lythyrau Daniel Owen at y Llyfrbryf' (1893), *Brython*, 6 Mai 1909, 5.
46. Emlyn G. Jenkins, *Cofiant Elfed* (Aberystwyth, 1957); Thomas Parry, 'Barddoniaeth Elfed', *Y Genhinen*, iv, 156-62; D. Gwenallt Jones, 'Elfed: bardd dwy genhedlaeth', *Llafur*, Gŵyl Ddewi (1956), 7-19.
47. H. Elvet Lewis, *Athrylith John Ceiriog Hughes* (Liverpool, Isaac Foulkes, 1899).
48. J. O. Williams, *Stori 'Mywyd* (Lerpwl, 1932); D. Ben Rees, *Cymry Lerpwl a'r Cyffiniau*, 64-5.
49. Darllenwyd proflenni *Owen Rees: A Story of Welsh Life and Thought* gan Caerwyn. Gweler 'O Gafell Hen Atgofion', *Y Clorianydd a'r Gwalia*, Medi 1, 1954, 3.
50. Dywed Caerwyn, a fu'n gweithio iddo am flynyddoedd: 'Er mai cydnabyddiaeth ariannol fechan a dalai i ohebwyr a chyflog tebyg i minnau am weithio o wyth y bore hyd chwech yr hwyr a myned wedyn yn fynych ar ôl gadael y swyddfa i groniclo hanes rhyw gyfarfod neu'i gilydd, eto cefais yn y swyddfa hyfforddiant a phrofiad gwerthfawr a fu o fantais i mi mewn blynyddoedd diweddarach.' Gw. Maredudd ap Rheinallt ac Owena D. Thomas, *Caerwyn*, 60.
51. Yn ôl E. Morgan Humphreys: 'Yr oedd diddordeb byw [y] golygydd ym mhopeth Cymreig, ei wybodaeth am hynafiaethau a llenyddiaeth, ei adnabyddiaeth o fywyd bob dydd Cymru a'i gydnabyddiaeth â llawer o wŷr amlwg y dydd, ynghyd â'i ddawn i ddweud ei feddwl yn finiog ac yn glir, yn gosod eu marc ar y papur drwyddo draw.' Gweler E. Morgan Humphreys, *Y Wasg Gymraeg* (Cyfres Pobun), gol. E. Tegla Davies (Lerpwl, 1945), t. 31.
52. Thomas Richards, 'Peter Williams ('Pedr Hir'; 1847-1922)', *Y Bywgraffiadur Cymreig*, t. 1000; idem, 'Griffith Ellis (1844-1913)', ibid., tt. 193-4.
53. T. E. Nicholas, 'R. J. Derfel: y gwrthryfelwr Cymreig', *Y Geninen*, xxxii (Gŵyl Ddewi), 59-62.
54. Dylid edrych ar y rhestr o lyfrau a gyhoeddwyd yn Lerpwl rhwng 1767 a 1908 yn erthygl William Williams, 'Liverpool Books' yn *Journal of the Welsh Bibliographical Society*, 7 (1951), 94-113.

6.

Cylchgronau a Newyddiaduron Cymraeg a Gweisg Lerpwl (1795-2013)

D. Ben Rees

ER BOD DINAS LERPWL yn ddaearyddol y tu allan i Gymru ni fu unrhyw dref yng Nghymru, ar wahân i Gaernarfon, yn fwy amlwg yn hanes cyhoeddi yn Gymraeg dyweder o 1840 i 1940 na'r ddinas a fydd o dan sylw yn yr erthygl hon. Mae rhesymau amlwg am hynny. Yr oedd yn Lerpwl yng nghanol y ddeunawfed ganrif gymuned glòs o Gymry Cymraeg a'r arweinwyr, fel Owen Pritchard a fu'n Faer y Dref yn 1744, yn gwarchod y Cymry a ddeuai i weithio fel Morysiaid Môn, a'r enwocaf ohonynt i gyd, Goronwy Owen, y bardd a ddaeth yn gurad i eglwys y plwyf yn Walton.[1] Pam y daeth Goronwy Owen i Lerpwl? Am ei fod ef am glywed y Gymraeg, profiad na chawsai yn Donnington yn Sir Amwythig. Ond roedd digon o longwyr Môn yn y porthladd i sicrhau bod y Gymraeg yn cael ei chlywed. Nid rhyfedd felly i'r Cymry hyn, llawer ohonynt wedi derbyn ysbrydoliaeth i ddarllen Cymraeg yn ysgolion Griffith Jones, fod yn awyddus i gael llyfrau yn eu hiaith ac yn eu halltudiaeth. Hyn oedd yn gyfrifol am gyhoeddi gwaith John Thomas (1730-1804?), un o wŷr llên diddorol y Diwygiad Methodistaidd, yn Lerpwl.[2] Ei gyfieithiad ef o *Fywyd Ffydd William Romaine* a gyhoeddwyd yn 1767. Ar yr wyneb-ddalen ceir y cwpled –

O'm llafur yn Llynn y Lleifie
Mewn lle drud ymhell o dre.

Gwyddom ei fod ef, fel ei arwyr Howel Harris a Phantycelyn, yn hoffi crwydro, ac mae'n amlwg ei fod ef ym mlwyddyn ei sefydlu'n weinidog yn Rhaeadr Gwy wedi picio i Lerpwl, a'i fod wedi gofalu am gyfrol arall yn y

Gymraeg bum mlynedd yn ddiweddarach. Cyfieithodd i'r Gymraeg *Life and Death of Mr Badman* o waith John Bunyan a gyhoeddwyd gan gwmni Wosencroft yn Cook Street. Erbyn 1787 yr oedd y Cymry wedi adeiladu capel Cymraeg yn Pall Mall a llu o Gymry ifainc, awyddus am addysg ond tlawd eu byd, wedi symud i Lerpwl. Un ohonynt oedd Daniel Jones o Ros-lan, ac ef a lywiodd trwy'r wasg un o lyfrau emynau cynnar y Methodistiaid Calfinaidd, casgliad o eiddo ei dad, Robert Jones, Rhos-lan, llenor unigryw; ymddangosodd yr argraffiad cyntaf yn 1795 o wasg argraffu Nevetts yn Castle Street.[3] Ac i'r argraffdy hwn y daeth John Jones, un o arloeswyr mawr y wasg Gymraeg yn Lerpwl.[4] Fe aned John Jones ar 29 Mai 1790 yn Llansanffraid Glan Conwy ond symudodd yn un ar ddeg oed i Lerpwl lle prentisiwyd ef am saith mlynedd yn argraffdy'r Mri Joseph Nevett & Co., 9 Castle Street. Wedi gorffen y saith mlynedd o brentisiaeth daeth yn un o ryddfreinwyr y fwrdeistref, a pharhaodd i weithio yn Nevetts. Yn wir, daeth yn oruchwyliwr yr argraffdy ac erbyn 1816, pan welwyd pedwerydd argraffiad *Grawn-syppiau Canaan*, ceir y geiriau, 'Argraffedig gan John Jones o argraffdy Nevetts'. Yr oedd John Jones yn bartner yn y cwmni a phan fu farw Joseph Nevett yn 1832 aeth y cwmni i'w feddiant ef.

Yr oedd John Jones yn ŵr amlwg iawn yng nghapel Pall Mall ac yn ffrindiau gyda'r athro a'r emynydd Pedr Fardd, ac yn arbennig â'r pregethwyr grymus a ddeuai o Gymru i wasanaethu, fel John Elias o Fôn.[5] Ef oedd gwas priodas John Elias adeg ei ail briodas â'r Arglwyddes Ann Bulkeley yn Eglwys Gymraeg Dewi Sant yn Russell Street. Fel llawer o gyhoeddwyr Cymraeg a fu yn Lerpwl yr oedd John Jones yn llenydda, ac ef a John Roberts ('Minimus'), awdur emynau cenhadol gwych, a luniodd y cofiant cyntaf i John Elias a gyhoeddwyd yn 1850.[6] Er ei fod yn ŵr mor amlwg yn Pall Mall ni lwyddodd i ddianc rhag y ddisgyblaeth Galfinaidd. Yn Nhachwedd 1830 cynhaliwyd is-etholiad seneddol yn Lerpwl. Hynodid y cyfan gan lwgrwobrwyo. Prynwyd pleidleisiau'r etholwyr. Un o'r rhai a werthodd y bleidlais am £30 oedd John Jones, a rhoddodd hyn gyfle i Samuel Jones, mab arall Robert Jones, Rhos-lan, i ddal ati heb gymrodeddu ar achos y cyhoeddwr. Penllanw'r cyfan fu iddo gael ei ddiarddel ac ymunodd ag eglwys yr Annibynwyr Cymraeg yn y Tabernacl, Great Crosshall Street, lle y daeth yn ŵr blaenllaw ac yn un o sylfaenwyr Salem, Brownlow Hill (Grove Street wedi hynny), capel Annibynwyr arall y ddinas. Yn 1843 symudodd Gwilym Hiraethog, un o Gymry dawnus y ganrif, i Lerpwl, ac o'r cyfarfyddiad hwnnw y tarddodd un o bapurau pwysicaf y cyfnod, *Yr Amserau.*[7] Cychwynnwyd ef yn 1843 gyda John Jones, Castle Street, yn gyhoeddwr a Gwilym Hiraethog yn Olygydd. Roedd John Jones wedi bod yn cyhoeddi cylchgronau cyn hynny. Cyhoeddodd y cylchgrawn bychan *Y Cymro* yn 1822 o dan ei olygyddiaeth ef a Pedr Fardd. Ond byr fu ei oes. A byr fu hanes y cylchgrawn nesaf, *Y Brud a Sylwydd,* a gychwynnwyd gan y cyfreithiwr Joseph Davies, genedigol o Lanfair-ym-Muallt, yn 1828.[8] Daeth wyth rhifyn ohono allan rhwng Ionawr ac Awst 1828. O'r trydydd rhifyn ymlaen ceid ysgrifau Saesneg yn ogystal â rhai Cymraeg. Un o ddilynwyr William Owen Pughe ydoedd, ac yn ôl Syr Thomas Parry, gwerth y cylchgrawn yw'r geiriau Cymraeg newydd a luniwyd ar gyfer anghenion yr oes. Argraffwyd y cylchgrawn yng Nghaerfyrddin a'i gyhoeddi yn Lerpwl.

Yna yn 1835 cyhoeddodd John Jones fisolyn o dan y teitl *Y Pregethwr,* cylchgrawn a oedd yn cynnwys pregethau cewri'r Methodistiaid Calfin-aidd. John Roberts ('Minimus') a'r Parchedig Richard Williams, nai Samuel Roberts, Llanbryn-mair, oedd y golygyddion.[9] Yna, yn 1836 cyhoeddodd John Jones *Y Dirwestydd* gan gofio mai ymhlith Cymry Lerpwl y cychwyn-nodd y Mudiad Dirwestol yn y cyfnod hwnnw. Mae'n amlwg fod John Jones yn ŵr a oedd yn gweld ei gyfle, ac wedi hir drafod, penderfynodd y ddau gyhoeddi papur newydd Cymraeg, gyda John Jones yn gyhoeddwr ac argraffydd a Gwilym Hiraethog yn olygydd (ond gyda John Jones yn gweinyddu ac is-olygu). Daeth y rhifyn cyntaf o'r *Amserau* o'r wasg yn Awst 1843. Araf fu Cymry Lerpwl i ymateb, a bu bron i John Jones roi'r gorau i'w gyhoeddi ymhen chwe mis.[10] Ond trawodd Gwilym Hiraethog ar y syniad o gyfrannu ei gyfres wych o lythyrau dan y ffugenw ''Rhen Ffarmwr'.[11] Ceir hanes cynnar *Yr Amserau* gan Gwilym Hiraethog yn Rhif 30, Rhagfyr 1847 o'r newyddiadur hwnnw.

Erbyn Mehefin 1845 rhoddodd John Jones y gorau i'w fusnes argraffu, a daeth y gwaith yn eiddo i M. J. Whitty a William Ellis. Ychwanegodd yn rhifyn Gorffennaf o'r *Amserau* y byddai'r 'un fantais i argraffu Cymraeg yn y swyddfa ag o'r blaen, gan fod ei feibion yn aros yno'. Parhaodd Whitty ac Ellis i argraffu a chyhoeddi'r *Amserau* o'r swyddfa yn Castle Street hyd Rhif 29, Mehefin 1849. Dyna'r adeg yr aeth *Yr Amserau* i feddiant John Lloyd (yr argraffydd o'r Wyddgrug) a oedd yn gweithredu fel goruchwyliwr i'r papur o'i swyddfa yn St Anne Street.

Yr oedd gan John Jones ferch a oedd mor alluog ag yntau gyda chyhoeddi a'r wasg. Agorodd hi, sef Mary Ann Jones, fusnes argraffydd a llyfrwerthwr yn Copperas Hill a School Lane yn 1844 ac yna yn 18 Tithebarn Street erbyn 1847. Ei hargraffnod hi sydd ar gofiant ei thad a Minimus i John Elias. Priododd Mary Ann Jones â Thomas Lloyd (brodor o Aberystwyth a ddaeth i Lerpwl yn 1845 yn 23 mlwydd oed) ac ymunodd ef yn y busnes gyda hi. Etholwyd ef yn flaenor yn Eglwys MC Rose Place yn 1857, swydd a lanwodd hyd ei farw yn 1899, a'r capel wedi symud flynyddoedd cyn hynny i Fitzclarence Street yn Everton.

Erbyn canol y ganrif, fodd bynnag, dioddefodd y papur am iddo wrthwynebu Rhyfel y Crimea. Bob yn ail wythnos y cyhoeddid ef i ddechrau a'i bris yn dair ceiniog a dimai, ond erbyn 1848 ymddangosodd yn wythnosolyn. Yn 1852 daeth John Roberts ('Ieuan Gwyllt') yn is-olygydd ac yna yn olygydd.[12] Gostyngwyd ei bris i geiniog. Gwerthwyd *Yr Amserau* i Thomas Gee, Dinbych, yn 1859 ac unwyd y papur â *Baner Cymru* a gyhoeddwyd eisoes gan Gee.[13]

Cyhoeddodd John Lloyd *Gronicl yr Oes* yn yr Wyddgrug cyn dod i Lerpwl, ac wedi dileu'r doll ar bapurau newydd penderfynodd gychwyn papur ceiniog *Y Cronicl* a chael Lewis William Lewis ('Llew Llwyfo', 1831-1901), un o wŷr mwyaf amryddawn Oes Fictoria, yn olygydd.[14] Y canlyniad fu i'r *Cronicl* bron lladd *Yr Amserau*, ac yn lle parhau i gyhoeddi'r naill neu'r llall am geiniog gwaredodd John Lloyd y *Cronicl* gan gredu y byddai'r werin lengar yn dychwelyd at *Yr Amserau*, eu cariad cyntaf.[15] Ond nid oedd Ieuan Gwyllt yn ddigon o ddyn i gael y Cymry Cymraeg i lynu wrth bapur dwy geiniog a oedd yn tueddu i fod yn sych ac anniddorol.

Mentrodd John Lloyd ar gylchgrawn arall o'r enw *Y Gwerinwr*, papur misol i ddyrchafu yn feddyliol y dosbarth gweithiol a chael John Thomas, un o weinidogion mwyaf dawnus yr Annibynwyr yn Lerpwl, yn olygydd iddo.[16] Cafwyd deunaw rhifyn ohono, ac o Ebrill 1855 i Mawrth 1856 cyhoeddwyd ef yn swyddfa'r *Amserau*, ac o Ebrill hyd Medi 1856 yn swyddfa D. Lloyd.

Cyhoeddwr cynnar arall yn Lerpwl oedd Robert Lloyd Morris, gŵr o Sir Ddinbych, a adnabyddir wrth ei enw barddol 'Rhufoniawc'. Bwriodd ei brentisiaeth yn Nhreffynnon a Dinbych gyda Thomas Gee. Erbyn 1833 yr oedd gan Morris ei fusnes argraffu yn Mason Street/Villiers Street, Edge Hill; aeth oddi yno yn 1836 i Tithebarn Street, ac erbyn Awst 1840 yr oedd wedi symud i Dale Street. Argraffodd *Hymnau a Salmau* Richard a Joseph Williams ar ran y Methodistiaid Calfinaidd yn 1840, ac yn 1842 y pumed argraffiad o'r cyfieithiad Cymraeg o lyfr Elisha Coles, *Traethawd Ymarferol ar Benarglwyddiaeth Duw.*

Pwysigrwydd R. Ll. Morris oedd iddo ddod yn 1840 yn berchennog ac yn olygydd i'r cylchgrawn *Y Gwladgarwr* a gyhoeddwyd o'i gychwyniad yn 1833 yn ninas Caer. Yr oedd *Y Gwladgarwr* mewn trafferthion pan gymerodd R. Ll. Morris afael arno, ac ymdrechodd i wella ei ddiwyg a'r print. Ond er pob ymdrech, dod i ben a wnaeth *Y Gwladgarwr* gyda rhifyn Mehefin 1841 a hynny yn ddirybudd. Yr oedd Robert Lloyd Morris yn eisteddfodwr brwd, ac yn ysgrifennydd Cymreigyddion Lerpwl, ac ef a drefnodd yr Eisteddfod enwog yn 1840 lle'r enillodd Eben Fardd ar yr awdl a Pedr Fardd yn ail iddo. Argraffwyd y ddwy awdl mewn cyfrol a ddaeth o wasg R. Ll. Morris yn 1841.

Rhaid cyfeirio hefyd at y cylchgronau a dyfodd o fudiad sefydlu'r Wladfa Gymreig ym Mhatagonia.[17] Y cyntaf oedd *Y Ddraig Goch*, newyddiadur pythefnos y Wladychfa Gymraeg a gyhoeddwyd o 5 Gorffennaf i 4 Tachwedd 1862 o dan olygyddiaeth yr anfarwol Lewis Jones. Ef oedd y cyhoeddwr a'r argraffydd, a'r adeg honno yr oedd yn byw ynghanol y ddinas yn 44 Hanover Street. Pris *Y Ddraig Goch* oedd ceiniog. Yna, yn y flwyddyn ganlynol daeth cylchgrawn gyda'r un teitl o Lerpwl. Nid oes enw golygydd ar y chwe rhifyn a gafwyd (5 Medi i 14 Tachwedd) ac a argraffwyd gan Lee a Nightingale, 7 Lower Street. Yna, yn 1867 cafwyd *Y Ddraig Goch* eto, wedi ei olygu gan Thomas Cadivor Wood, Caer, ysgrifennydd y Gymdeithas Ymfudol, a'i argraffu gan Isaac Foulkes, Lerpwl. Yr oedd gan Foulkes ddiddordeb mawr yn y Wladfa gan iddo gyhoeddi cylchgrawn gyda'r enw rhyfedd *Eich Modryb Gwen, Ddifyr, Ddoeth, Dda*. Daeth hwn allan yn 1865, a'r golygyddion oedd 'Pwyllgor o lenorion galluog'. Ond doedden nhw ddim yn ddigon galluog i gadw *Modryb Gwen* i fynd am fwy nag un rhifyn ym Mehefin 1865. Dyna fu'r stori am y rhan fwyaf o gylchgronau hyd yn oed yn oes aur Cymry Lerpwl pan oedd miloedd ar filoedd o Gymry Cymraeg yn byw yno, yn ôl rhai tua 80,000 yn 1880.

Dyma i chwi'r rhestr. Yn gyntaf *Yr Annibynwr*. Dechreuwyd ei gyhoeddi yn 1856. Dr John Thomas oedd y prif hyrwyddwr, a bu'n olygydd hyd 1861. Yna'r *Llenor* yn 1860-61. Y prif hyrwyddwyr oedd Dr Hugh Jones, Josiah Thomas a Dr G. Parry, Caer. Misolyn dwy geiniog oedd hwn. Wedyn *Cronicl yr Ysgol Sabbothol*. Cychwynnwyd a golygwyd ef yn 1878-80 gan y Parchedig John Evans, Garston, a'r Parchedig John Jones, Lerpwl a Runcorn cyn hynny.

Soniwn nesaf am *Y Meddwl*. Ymddangosodd pum rhifyn yn 1879, cyhoeddedig gan Gwmni'r Cambrian, Lerpwl. Papur lleol i Lerpwl oedd *Yr Ymwelydd Cyfeillgar* a'i nod oedd i daenu gwybodaeth grefyddol. Cychwynnwyd a golygwyd hwn gan un o weinidogion y Bedyddwyr, y Parchedig L. Lewis. Ceiniog oedd ei bris. Yna, *Yr Ysgol*, cylchgrawn a fu mewn bodolaeth o Ionawr 1880 i Mawrth 1881. Misolyn ceiniog ydoedd, a gyhoeddid gan olygyddion *Cronicl yr Ysgol Sabbothol*. Ar ei ôl ef daeth *Y Cennad Hedd* o 1881 hyd 1885, misolyn dwy geiniog a gyhoeddwyd ac a olygwyd gan y Parchedig William Nicholson, olynydd Gwilym Hiraethog.[18] Wedyn, daeth *Newyddion Da* yn 1881, chwarterolyn ceiniog i hyrwyddo'r genhadaeth dramor, a olygid gan y Parchedig Josiah Thomas, brawd Owen Thomas, Princes Road (taid Saunders Lewis). Bu Owen Thomas yn olygydd *Y Traethodydd* o 1854 hyd at 1862, a John Thomas yn olygydd *Y Dysgedydd* o 1865 i 1870.

Ailgychwynnwyd *Y Newyddion Da* yn 1892, a'r Parchedig Griffith Ellis, Bootle, yn olygydd medrus arno.[19] *Y Wyntyll* – ni pharhaodd *Y Wyntyll* ond am flwyddyn, yn 1890.[20] Papur dau-fisol oedd, ar gyfer Eglwys Princes Road yn bennaf, a'i bris yn ddwy geiniog. Fe'i cychwynnwyd ac fe'i golygwyd gan F. Rees Jones ac Elwyn D. Symond ac fe'i hargraffwyd gan Foulkes ac Evans. Modern iawn oedd diwinyddiaeth y cylchgrawn er syndod i'r gweinidog, Dr Owen Thomas, ac eraill oedd yn Galfiniaid o'r iawn ryw. Ar y llaw arall croesawyd y cylchgrawn yn wresog gan yr Annibynnwr J. O. Williams ('Pedrog').[21] Gwelwyd *Y Mis* yn 1892, cylchgrawn a gyhoeddwyd ac a olygwyd gan y Parchedig John Hughes, Fitzclarence Street.[22] Misolyn dwy geiniog oedd hwnnw a argraffwyd gan W. W. Lloyd yn Low Hill, Kensington.

Y mae tri phapur i'w nodi eto, ac yn gyntaf, *Y Tyst Cymreig*. Gweinidogion llengar yr Annibynwyr yn Lerpwl, Gwilym Hiraethog, Noah Stephens, ac yn arbennig John Thomas, a'i cychwynnodd fel papur wythnosol i'r enwad. Dechreuodd S.R., Llanbryn-mair, gyhoeddi'r *Dydd* yn 1868, ac yn 1871 unwyd y ddau gyda'r teitl dwbl *Y Tyst a'r Dydd.* O 1872 hyd ei farwolaeth yn 1892 bu John Thomas yn olygydd ond argraffwyd yr wythnosolyn, sydd yn dal mewn bodolaeth, ym Merthyr a'i olygu yn Lerpwl. Dim ond rhyw naw mis oedd oes *Y Dinesydd,* yr wythnosolyn dimai a gyhoeddodd W. Wallis Lloyd, Low Hill, Lerpwl yn 1888-9. Hollol leol oedd ei newyddion a golygwyd ef gan Edmund Griffiths, a fu am flynyddoedd yn gofalu am gapel Cymraeg Ashton-in-Makerfield. Gŵr gonest ond tlawd a helbulus oedd Wallis Lloyd, mab John Lloyd, cyhoeddwr *Yr Amserau.* Nid oedd yn llenor nac yn ŵr busnes, a dywed J. H. Jones ('Je Aitsh' *Y Brython*) amdano: 'byddai ei bapuryn, druan mor llawn o wallau trwstan nes mai fel William Wallus Lloyd y cyfeiriai'r Llyfrbryf ato'.[23] Ysgrifennai Pedrog a Cadfan, dau a gafodd eu hethol yn Archdderwyddon, yn rheolaidd i'r *Dinesydd.*

Ac yna yn 1890 cychwynnwyd wythnosolyn dan yr enw *Y Cymro* gan lenor dawnus o'r enw Isaac Foulkes ('Y Llyfrbryf', 1836-1904), a aned yn Llanfwrog, Dyffryn Clwyd, ac a dreuliodd hanner can mlynedd yn Lerpwl. Golygodd *Y Cymro* o'r cychwyn hyd ei farw. Bwriedid *Y Cymro,* fel *Y Dinesydd,* yn bapur wythnosol i Gymry Lerpwl yn bennaf ond llwyddodd Llyfrbryf i godi'r safon nes bod pobl ei oes yn cyfrif *Y Cymro* yn bapur cenedlaethol. Yr oedd ei golofn 'Cwrs y Byd' yn hynod o boblogaidd am fod Foulkes yn golofnydd difyr. Llwyddodd i gael tîm da i gyfrannu – Elfed yn golygu'r farddoniaeth, Vincent Evans yn ysgrifennu nodiadau o Lundain a Watcyn Wyn nodiadau o'r de, a Pedrog a Llew Llwyfo yn crwydro yma a thraw ac yn sgwrsio. Ei brif lwyddiant, fodd bynnag, oedd perswadio Daniel Owen i ysgrifennu i'r *Cymro.*

Fel cyhoeddwr yr oedd yn y rheng flaenaf a dechreuodd ei fusnes argraffu yn 23 Brunswick Street, 18 Paradise Street ac 8 Paradise Street. [24] Cyhoeddodd ugeiniau o lyfrau hardd ar gewri ein llên, Dafydd ap Gwilym a hanes llenyddiaeth Gymraeg, Gweirydd ap Rhys a Charles Ashton. Er mwyn creu diddordeb yn llenyddiaeth orau Cymru ymysg y werin cyhoeddodd *Cyfres y Ceinion* yn llyfrau bychain swllt, ac adargraffiadau o'r clasuron Cymreig fel *Gweledigaethau y Bardd Cwsg* mewn cyfres dair ceiniog.

Y trydydd enw pwysig yn hanes y wasg yn Lerpwl yw Hugh Evans, sylfaenydd Gwasg y Brython.[25] Pwrcasodd Hugh Evans, brodor o Langwm, ei beiriant argraffu cyntaf yn 1896 a chychwynnwyd y gwaith yn ystafell wely siop gwerthu papur a agorwyd yn 444 Stanley Road. Dinistriwyd y cyfan gan fom y gelyn yn yr Ail Ryfel Byd. Ei fab E. Meirion Evans, a oedd yn brentis argraffydd gydag Isaac Foulkes, oedd y cyntaf i weithio i'w dad, a bu llawenydd mawr pan argraffwyd a chyhoeddwyd y llyfr Cymraeg cyntaf yn 1901 o dan y teitl *Teulu'r Bwthyn*. Dechreuodd T. A. Davies fel goruchwyliwr gyda Hugh Evans yn 1901 a bu yn y swydd honno am bum mlynedd a deugain.

Cychwynnodd Hugh Evans bapur wythnosol yn 1906 gyda'r teitl *Y Brython*, a dyfodd i fod yn bapur cenedlaethol o dan y golygydd unigryw, John Herbert Jones ('Je Aitsh').[26] Daeth ef i'r Glannau yn 1875 ac yr oedd yn gweithio i Isaac Foulkes yn 1890. Fe'i penodwyd yn olygydd yn 1906 a bu yn y swydd hyd Ionawr 1932. Dilynodd esiampl Llyfrbryf trwy ddefnyddio geiriau gwerinaidd anghyffredin yn ei ysgrifau, ac roedd ganddo arddull a'i gosodai ar ei ben ei hun. Gwir y dywedodd E. Morgan Humphreys – 'Yr oedd ei arddull wrth fodd rhai ac yn peri i eraill wylltio – ond yr oedd yn amhosibl peidio â'i ddarllen.' Heddiw byddai Je Aitsh yn hen ffasiwn ac yn amherthnasol ond yn ei gyfnod yr oedd ei ddisgrifiadau o'i deithiau ar hyd a lled Cymru yn dderbyniol. Trysorai hefyd bregethau'r hoelion wyth a seneddwyr Cymru, fel David Lloyd George, a throsglwyddodd lawer o'i areithiau ynghyd â dywediadau hen gymeriadau cefn gwlad, i dudalennau'r *Brython*. Casglodd lawer o'i ysgrifau i'w cyhoeddi gan Wasg y Brython gyda'r teitlau *O'r Mwg i'r Mynydd* (1913), *Siop o Rug* (1920), *Moelystota* (1931) a *Gwin y Gorffennol* (1938).[27]

Yr oedd nythaid o feirdd a llenorion ar y Glannau'r dyddiau hynny a roddai help llaw i'r *Brython*, eisteddfodwyr fel Pedr Hir a Pedrog, a beirdd cynganeddol fel Madryn a Gwilym Deudraeth. Roedd hefyd ddigon o weithgarwch i'w gofnodi ac o fewn dim yr oedd hanes y genedl Gymraeg ar dir Cymru a'r genedl estynedig ym Manceinion, Llundain a Lerpwl a mannau eraill fel Earlstown, Preston, Birmingham a Bryste ar gael i'w ddarllen. Yr oedd ysgolheigion a llenorion Cymraeg yn barod iawn i gyfrannu, fel Syr John Morris-Jones a W. J. Gruffydd ac un o blant y Glannau, J. Saunders Lewis. Gwasg y Brython oedd yn gyfrifol am yr holl gostau, ac ni fu'r *Brython* yn rhydd o helbulon ariannol. Ond ar ôl ymddeoliad Je Aitsh cafwyd cyfraniad am saith mlynedd arall fel golygydd gan Gwilym R. Jones, ac yn ystod y cyfnod hwn enillodd ef Gadair yr Eisteddfod Genedlaethol am ei awdl 'Rwy'n edrych dros y bryniau pell'.

Erbyn hynny yr oedd y sylfaenydd ei hun wedi marw. Bu farw Hugh Evans, 68 Hertford Road, Bootle, ar 30 Mehefin 1934 a bu ei arwyl ddydd Mercher, 4 Gorffennaf, yng nghapel Stanley Road ac yn ddiweddarach ym mynwent Longmoor Lane. Dilynwyd ef yn y busnes gan y meibion E Meirion Evans a Howell Evans a'r wyres a'r ŵyr, M. Bronwen Evans ac Alun H. Evans.[28] Y mae gennyf bedwar pwynt i'w hychwanegu am Wasg y Brython. Yn gyntaf ei chysylltiad maith â'r Eisteddfod Genedlaethol. Yr oedd hyn yn bartneriaeth bwysig. Argraffwyd llu o lyfrau ar ran yr Eisteddfod Genedlaethol, a hwy a fu am flynyddoedd yn argraffu'r *Rhestr Testunau*, *Rhaglen yr Wythnos* a'r *Cyfansoddiadau a Beirniadaethau*. Argreffid hefyd raglenni eisteddfodau capeli a chymdeithasau'r Glannau ac nid oedd dinas arall yn un man yn hanner cyntaf yr ugeinfed ganrif â chynifer o eisteddfodau, er enghraifft, Eisteddfod Myfyrwyr Prifysgol Lerpwl, Eisteddfod y Ddraig Goch, Eisteddfod Plant Bootle, Eisteddfod y Glomen Wen ac Eisteddfod Lewis's, y siop fawr yn Renshaw Street, Eisteddfodau Widnes, Ashton-in-Makerfield ac eraill. Gwasg y Brython oedd yn cael y gwaith o argraffu rhestrau testunau'r eisteddfodau. Trwy hyn cefnogid y wasg gan nifer helaeth o'r beirdd. Ni feddyliai Cynan roi ei waith i neb arall ac yr oedd llawer o'i gyd-eisteddfodwyr yn teimlo'r un fath ag ef.

Yn ail, yr oedd Gwasg y Brython yn barod i gyhoeddi llyfrau nad oedd y gweisg eraill (fel Hughes a'i Fab a Gwasg Gomer) yn barod i'w derbyn am nad oedd budd masnachol yn y llyfrau hyn. Gellid sôn am ddau faes yn benodol, byd y ddrama a byd ysgolheictod. Cyhoeddodd y wasg o leiaf ddau gant o ddramâu un act, neu dair act, o waith dramodwyr sydd, erbyn hyn, yn anghofiedig. Mae'n debyg fod Hugh Evans a Meirion Evans, dau flaenor, yn cael eu cyflyru gan yr holl gwmnïau drama oedd yn perthyn i gapeli Glannau Mersi. Yn 1930 yr oedd o leiaf 29 o gwmnïau drama a phob un ag angen dramâu newydd bob blwyddyn. Mae'n sicr mai'r gymwynas fwyaf a wnaeth y wasg oedd cyhoeddi cylchgrawn safonol o 1912 i 1920, sef *Y Beirniad*, o dan olygyddiaeth John Morris-Jones. Mae cynnwys y cylchgrawn yn parhau'n ddiddorol, yn arbennig ysgrifau ac adolygiadau'r golygydd gwybodus. Yn drydydd, gwnaeth Gwasg y Brython gyfraniad nodedig iawn ym myd llyfrau plant a'r ifanc. Hwy a roddodd lwyfan i nofelau ditectif Meuryn a George Breeze, a nofelau Alwyn Thomas fel *Deg o'r Gloch*, y cofiaf yn dda ei darllen yn 1947, a holl lyfrau John Pierce, Joseph Jenkins a Gwyneth Wiliam ar gyfer y plant ieuengaf a'r plant hŷn.

Yn bedwerydd, roedd Gwasg y Brython yn gyfrifol am gyhoeddi clasuron ein llenyddiaeth yn yr ugeinfed ganrif. Gellid cyfrif cyfrol nodedig y sylfaenydd, Hugh Evans, *Cwm Eithin*, fel un o'r clasuron. Gwasg y Brython a gyhoeddodd farddoniaeth Euros Bowen, J. Glyn Davies (*Cerddi Edern*), *Cerddi Cynan* yn bum argraffiad o 1959 i 1972, a holl gyfrolau E. Tegla Davies, heb anghofio'r gyfres werthfawr o dan ei olygyddiaeth, Cyfres Pobun, sy'n cynnwys astudiaeth Gwenallt o'r bardd Islwyn ac esboniad *Enwau Lleoedd* Syr Ifor Williams. A dim ond cyffwrdd a wnaethom. Rhaid cofio peth arall. Trwy gyfnod y tyfiant yn hanes y wasg fe gyflogid trigain o bobl, a'r rhelyw ohonynt yn Gymry Cymraeg. Roedd safon eu gwaith yn dda, a gwelais hynny pan benderfynodd Cyhoeddiadau Modern Cymreig gyd-gyhoeddi â nhw *Y Tywysog Bach*, cyfieithiad Llinos Iorwerth Dafis o un o glasuron llenyddiaeth plant yr iaith Ffrangeg i'r Gymraeg. Cafodd Gwasg y Brython golled aruthrol yn 1940 pan ddinistriwyd yr argraffdy yn Stanley Road ond, o fewn blwyddyn, yr oeddynt yn cynhyrchu gwaith o South Castle Street. Dinistriwyd siop lyfrau'r wasg yn Commerce Court yn 1941, ond fe'i hailagorwyd yn Hackins Hey ddwy flynedd yn ddiweddarach a symudwyd yr adran argraffu i Edge Hill. Ailadeiladwyd y swyddfeydd a'r argraffdy yn Stanley Road a'u hailagor yn 1948, a buont yno hyd y diwedd yn 1977.

Gadawyd bwlch mawr yn hanes cyhoeddi Cymraeg ar ôl Gwasg y Brython ond ers 1968 bu gwasg Cyhoeddiadau Modern Cymreig Cyf. yn cyhoeddi yn Lerpwl. Gwasg oedd hon a gychwynnais yn Abercynon yn 1963 ac yr wyf yn dal i ofalu amdani. Y mae cyfraniad y wasg hon yn ddigon tebyg i eiddo Gwasg y Brython, ymgais i dorri tir newydd gyda chyfresi fel *Arolwg, Pwy yw Pwy* a *Pwy oedd Pwy*, llyfrau plant lliwgar, ac ambell i gyfrol ar hynt a helynt Cymry Lerpwl. Fel yn achos Isaac Foulkes a Hugh Evans bûm innau yn ymhél â golygu a sgrifennu, ac mae'n debyg mai cyfrol ar Dr Owen Thomas, *Pregethwr y Bobl*, a gyhoeddwyd yn 1979, yw'r un fwyaf derbyniol o'r holl gyfrolau y bûm yn eu paratoi yn Gymraeg, rhagflas o'r holl lyfrau a baratoais ac a gyhoeddwyd gan Cyhoeddiadau Modern.

Yn ystod teyrnasiad *Y Brython* yr oedd cylchgronau eraill yn cael eu cyhoeddi yn Lerpwl a nodaf hwy yn fyr:

i *Yr Ymwelydd Misol* a ymddangosodd o 1903 i 1909, ac a olygwyd gan weinidog y Presbyteriaid Cymraeg yn Rock Ferry, y Parchedig O. J. Owen.

ii *Llais Rhyddid*, cylchgrawn a ddaeth i fodolaeth pan ddaeth enwad newydd o'r enw Eglwys Rydd y Cymry i fodolaeth yn nechrau'r ugeinfed ganrif trwy'r sgandal a achoswyd gan weinidog Chatham Street, y Parchedig W. O. Jones. Parhaodd y cylchgrawn o 1902 i 1926 o dan olygyddiaeth y Parchedig W. O. Jones a W. A. Lewis.

iii *Y Banerydd*, cylchgrawn yr Eglwys Fethodistaidd o 1910 hyd 1957. Golygwyd ef am flynyddoedd gan ŵr cyfarwydd iawn â'r dasg, y Parchedig Wesley Felix.

iv *Ysbryd yr Oes*, cylchgrawn a ymddangosodd o Swyddfa'r Cymro, o 1903 i 1907.

v *Y Llusern*. Golygwyd gan y Parchedig Richard Humphreys, gweinidog capel Chatham Street o 1903 i 1907.

vi *Y Cenhadwr*, cylchgrawn cenhadol Eglwys Bresbyteraidd Cymru, o 1922 i 1974. Cyhoeddwyd y cylchgrawn yn ddi-fwlch am 62 o flynyddoedd, a'i bwrpas oedd adrodd hanes y gwŷr a'r gwragedd oedd ynghlwm â'r genhadaeth, yn arbennig yn India, ond heb anghofio Llydaw; yn wir, cynhwysid unrhyw fater neu stori'n ymwneud â'r gwaith cenhadol. Bu'n gylchgrawn derbyniol, ac mae'n wir i ddweud ar un cyfnod mai dyma'r unig gylchgrawn Cymraeg a gyhoeddid yn Lerpwl a dalai ei ffordd. Cafodd olygydd medrus yn y Parchedig J. Hughes Morris, cynnyrch bywyd Cymraeg Lerpwl, a gyflawnodd y gwaith am wyth mlynedd ar hugain. Byr fu cyfnodau'r gweddill a fu yn ei olygu – D. R. Jones, David Edwards, Llewelyn Jones, Ednyfed W. Thomas, R. Leslie Jones ac R. Emrys Evans, pob un ohonynt yn gweithio yn y Swyddfa Genhadol yn Falkner Street, Lerpwl.[29]

vii *Y Gadwyn*, misolyn ar gyfer yr Annibynwyr Cymraeg, o 1945 hyd 2007, o dan olygyddiaeth y Parchedig J. D. Williams Richards a (hyd ei farw yn 2007), y Parchedig R. J. Môn Hughes. Gyda'i farwolaeth ef daeth Y *Gadwyn* i ben.[30]

viii *Y Glannau*. Fe lansiwyd *Y Glannau* yn 1944 fel Cylchlythyr Aelwydydd Glannau Mersi o dan olygyddiaeth y Parchedig Llewelyn Jones, gweinidog capel Douglas Road yn Anfield. Yr oedd chwe Aelwyd lewyrchus ar y Glannau'r adeg honno, a phwyllgor yr Aelwydydd oedd yn gyfrifol am y cylchgrawn, yn bennaf O. E. Roberts, T. Meilyr Owens ac Edwin Jones. Bu Llewelyn Jones yn gyfrwng i ddenu llawer o Gymry blaenllaw i sgrifennu i'r *Glannau* – rhai o blant Lerpwl, fel yr hanesydd John Edward Lloyd, John Glyn Davies, Athro Celteg Prifysgol Lerpwl, Idris Foster ac eraill o'r tu allan fel Iorwerth Cyfeiliog Peate a W. Ambrose Bebb. Am y saith mlynedd olaf fe'i golygwyd gan y Parchedig R. Emrys Evans, Penbedw, gyda'r un gofal â'i ragflaenydd a chyhoeddwyd y rhifyn olaf fis Rhagfyr 1958. Ym mis Mawrth 1959 cyhoeddwyd cylchgrawn newydd gyda'r enw *Y Bont.*

ix *Y Bont.* Gwnaed dau gyfnewidiad pwysig wrth lansio'r *Bont.* Apeliwyd am noddwyr, a sicrhawyd cronfa i ddiogelu'r cylchgrawn. A hefyd etholwyd Bwrdd Golygyddol – y Parchedig R. Maurice Williams, gweinidog capeli Waterloo a Southport, y Prif Lenor O. E. Roberts, a enillodd y Fedal Ryddiaith yn Eisteddfodau Cenedlaethol Aberystwyth 1952 ac Ystradgynlais 1954, a Gwilym Meredydd Jones, llenor arall a gipiodd y Fedal Ryddiaith yn 1982. Hyd ymddeoliad R. M. Williams fe ddaeth *Y Bont* allan yn rheolaidd, a'r rhifyn olaf oedd Rhif 238, fis Rhagfyr 1978, o fewn tri mis i fod yn ugain oed. Fe gafwyd ysgrifau, erthyglau ac adroddiadau gan Gymry'r Glannau a llenorion Cymru, a bu'n rhaid meddwl am ddilyn hyn.

x *Yr Angor.* Yr oedd hi'n amlwg nad oedd R. M. Williams am drosglwyddo *Y Bont* i ddwylo neb ohonom. Sylweddolais y byddai bwlch anferth heb ddolen gyswllt rhyngom fel cymunedau Cymraeg ar lannau Mersi. Gelwais gyfarfod cyhoeddus yn yr Eglwys Fethodistaidd yn Renshaw Street ac ar ôl cryn ddadlau penderfynwyd, nid yn unfrydol, i gyhoeddi papur bro gyda'r teitl *Yr Angor.* Ymddangosodd y rhifyn cyntaf o dan fy ngolygyddiaeth ym mis Mehefin 1979 a byth ers hynny fe ymddangosodd yn rheolaidd. Llwyddodd y papur bro am iddo lwyddo i gael swyddogion gweithgar, a hefyd trwy haelioni cymdeithasau eglwysig ac unigolion. Yn y nawdegau daeth cymorth ariannol Bwrdd yr Iaith (ac yn ddiweddarach Llywodraeth y Cynulliad), a bu hyn yn gaffaeliad mawr. Ehangwyd hefyd y dalgylch ers 1993 i gynnwys Cymry Manceinion, Altrincham a Warrington. Daw naw deg y cant o'r ysgrifau a'r newyddion gan Gymry sy'n byw yn nalgylch *Yr Angor.* Y mae diwyg y papur bro yn wahanol ac mae'n llawer mwy o faint na'r *Glannau* a'r *Bont.* Nid oes cymhariaeth o gwbl. Yr unig wendid yw bod yr enw ar y papur bro yr un ag sydd ar bapur bro tref Aberystwyth, ond ni fu hynny yn rhwystr o gwbl. Anodd hefyd yw cael hysbysebion i'n cefnogi. Y mae'r papurau bro yng Nghymru yn llwyddo yn well na ni yn hynny o beth, ond deil nifer y prynwyr yn rhyfeddol, o ystyried ein colledion blynyddol fel cymunedau. Teimla Pwyllgor Gwaith *Yr Angor* a'r darllenwyr (ac mae'n costio oddeutu £100 yr wythnos i'w gynnal) yn falch ein bod yn cynnal traddodiad y wasg Gymreig yn Lerpwl. Trwy Cyhoeddiadau Modern Cymreig Cyf. a'r *Angor* parhawn draddodiad sydd yn dirwyn yn ôl i John Jones, Castle Street, a'i gymrodyr ar ddechrau'r bedwaredd ganrif ar bymtheg.

NODIADAU

1. John Davies (Gwyneddon), 'Gwehelyth Goronwy Owen', *Y Geninen*, xlv, 71-2; H. Isgaer Lewis, 'Goronwy Owen a Morusiaid Môn', *Y Geninen*, xx, 115-18, xxi, 121-3; J. E. Caerwyn Williams, 'Goronwy Owen yn 1757', *Y Traethodydd*, 1957, 145-50; D. Ben Rees, 'Goronwy Owen (1723-9)' yn *Enwogion Pedair Canrif (1400-1800)* (Pontypridd a Lerpwl, 1976), 97-109.
2. Lluniodd un o weinidogion Lerpwl gyfres arno. Gw. D. Eurof Walters, 'John Thomas, Rhaeadr Gwy 1730-1803', *Y Tyst*, 15 Gorffennaf 1954, 6-7, 22 Gorffennaf 1954, 7; 29 Gorffennaf 1954, 15; 5 Awst 1954, 7. Gweler erthygl Guto Prys ap Gwynfor, 'John Thomas, 1730-1804', *Bwletin Cymdeithas Emynau Cymru* (1981), 101-12.
3. Robert Jones, *Grawn-syppiau Canaan*, Liverpool, argraphwyd gan J. Gore dros Daniel Jones, 1795, 192tt. Y mae'r argraffiad hwn gennyf yn fy meddiant gyda llofnod Daniel Jones.
4. J. Hughes Morris, *Hanes Methodistiaeth Lerpwl*, Cyfrol 1 (Lerpwl, 1929), 33-53.
5. Morris Williams ('Nicander'), 'Pedr Fardd yn Athraw Ysgol', *Y Geninen*, iv, 1 (1866), 65-6; J. R. Morris, 'Pedr Fardd (1775-1845)', *Y Drysorfa*, 1945, 167-70, 191-5; O. E. Roberts, 'Pedr Fardd yn Lerpwl', *Cylchgrawn Cymdeithas Hanes y Methodistiaid Calfinaidd*, lix, 36-56.
6. D. Ben Rees, 'Cyfraniad Methodistiaid Calfinaidd Lerpwl i Grefydd a Chymdeithas', yn *Cymry Lerpwl a'u Crefydd*, R. Merfyn Jones a D. Ben Rees (golygydd: D. Ben Rees), (Lerpwl a Llanddewi Brefi, 1984), 43-60; ceir cyfeiriadau at John Roberts ('Minimus') ar dudalennau 44-5, 47 a 49.
7. Philip Henry Jones, '*Yr Amserau*: the First Decade 1843-52', Laurel Brake, Aled Jones a Lionel Madden (golygyddion), *Investigating Victorian Journalism* (Llundain, 1990), 85-103.
8. Thomas Parry, 'Joseph Davies (?-1831)', *Y Bywgraffiadur Cymreig hyd 1940* (Llundain, 1953), 130-1.
9. Am Richard Williams (1802-42), gw. John Hughes, *Methodistiaeth Cymru* (Wrecsam, 1856), iii, 410; Owen Thomas, *Cofiant John Jones, Talsarn* (Wrecsam, 1872), 532-6.
10. Hyd yn oed yn 1848 gwerthid mwy o'r *Amserau* yn nhref Merthyr nag yn Sir Feirionnydd. Gweler Philip Henry Jones, '*Yr Amserau*: the First Decade', 93.

11. Dywed Aled Gruffydd Jones: 'What probably saved the paper at this critical moment in its history was, firstly, an innovative series of articles entitled 'Llythurau 'Rhen Ffarmwr', which appeared from December 1846 and secondly, the reaction to the report of the Welsh Education Commission, whose shocking conclusions had started to circulate towards the end of 1847'. Gweler Aled Gruffydd Jones, 'Politics and Prophecy in the Journalism of Gwilym Hiraethog', *Trafodion Anrhydeddus Gymdeithas y Cymmrodorion*, 2002, 9, 2003, 106-121. Ceir y dyfyniad ar dudalen 111.
12. Haedda John Roberts deyrnged haeddiannol am ei gyfnod fel newyddiadurwr yn Lerpwl o 1852 hyd 1858 pan symudodd i Aberdâr i olygu *Y Gwladgarwr*. Gweler R. D. Griffith, 'John Roberts ('Ieuan Gwyllt', 1822-77)', *Y Bywgraffiadur Cymreig hyd 1940*, 815-16.
13. Ieuan Wyn Jones, *Y Llinyn Arian: Agweddau o Fywyd a Chyfnod Thomas Gee (1815-1898)* (Dinbych, 1998), 86-88.
14. Dywedodd D. Gwenallt Jones amdano, 'Ef, efallai, oedd y gŵr mwyaf amryddawn yn y ganrif ddiwethaf', sef y bedwaredd ganrif ar bymtheg. Gweler D. Gwenallt Jones, 'Lewis William Lewis ('Llew Llwyfo, 1831-1901')', *Y Bywgraffiadur Cymreig hyd 1940*, tt. 522-3. Ceir erthyglau arno yn *Y Geninen*, XIX, 161; xx (Gŵyl Ddewi), 48, 48; *Traethodydd*, 1910, 465; 1911, 1; *Barn*, 17, 131; 18, 164.
15. Nid oedd John Lloyd a Gwilym Hiraethog yn bennaf ffrindiau: Aled Gruffydd Jones, 'Politics and prophecy in the Journalism of Gwilym Hiraethog', 111.
16. Owen Thomas a J. Machreth Rees, *Cofiant y Parchedig John Thomas DD, Liverpool* (Llundain, 1898), 1-626.
17. Ceir y manylion yn llawn yng nghyfrol odidog Huw Walters, *Llyfryddiaeth Cylchgronau Cymru 1851-1900* (Aberystwyth, 2003), lle mae'n trafod *Y Banerydd*, 70; *Cyfaill y Plant*, 267; *Y Ddraig Goch*, 322 a 323; *Eich Modryb Gwen, ddifyr, ddoeth, dda*, 333; *Y Gwerinwr*, 386; *Yr Hyfforddiadyr*, 48; *Liverpool Welsh National Society Transactions*, 454; *Liverpool Young Wales*, 455; *Y Meddwl*, 523; *Y Mis*, 533; *Yr Oenig*, 585; *Old Price's Remains*, 590; *Y Symbylydd*, 722; *Y Wyntyll*, 859. Gwnaeth gymwynas fawr i haneswyr newyddiaduriaeth Gymreig. Cofier bod rhai o'r cylchgronau hyn, fel *Yr Oenig*, yn perthyn i Abertawe gymaint ag i Lerpwl. Ond ceir yn yr ysgrif enwau rhai papurau a chylchgronau na cheir yng nghyfrol Huw Walters.
18. Richard G. Owen, 'William Nicholson (1844-85)', *Bywgraffiadur Cymreig hyd 1940*, t. 645. Lluniodd Gwilym Deudraeth englyn iddo:

    Gwyrai o flaen ei gref floedd – weis cedyrn
    Ysgydwai dyrfaoedd;
    Cu lais Nof Nicholson oedd –
    Nef urddedig fardd ydoedd.

    Gw. Gwilym Deudraeth, *'Chydig ar Gof a Chadw* (Lerpwl, 1926), 12.
19. D. Ben Rees, *Pregethwr y Bobl: Bywyd a Gwaith Owen Thomas* (Lerpwl a Phontypridd, 1979), 1-333.
20. Tom Richards, 'Griffith Ellis (1844-1913)', *Bywgraffiadur Cymreig hyd 1940*, 193-4.
21. Isaac Lloyd, 'John Owen Williams, 'Pedrog' (1853-1932)', *Bywgraffiadur Cymreig hyd 1940*, 993. Ef oedd golygydd *Y Dysgedydd*, cylchgrawn yr enwad, o 1922 hyd 1925. Ceir ei hanes yn ei hunangofiant, *Stori 'Mywyd* (Lerpwl, 1932).

22. Gomer M. Roberts, 'John Hughes (1850-1932)', *Bywgraffiadur Cymreig hyd 1940*, 362. Awdur toreithiog tra bu yn Lerpwl.
23. Yr oedd W. Wallis Lloyd yn un o lu o argraffwyr Cymraeg yn ninas Lerpwl yn y bedwaredd ganrif ar bymtheg. Cyfeiriwyd at rai eisoes, ond rhwng 1840 a 1880 ceid y rhain, Robert Lloyd Morris, Tithebarn Street, Ellis a Thomas, Jones, Lime Street (tua 1848), Hugh Jones, Pembroke Place (c.1849), Thomas Jones, 63 Ranelagh Street (tua 1854), D. Jones, 14 Castle Street (tua 1850), John Hughes, 53 Netherfield Road, St Domingo (tua 1864), Clement Evans, 40 Mill Street (tua 1864), P. Pearson, Lerpwl tua 1879 a Cwmni Cambrian, Lerpwl tua 1879.
24. William Williams, 'Isaac Foulkes (Llyfrbryf, 1836-1904)', *Bywgraffiadur Cymreig hyd 1940*, 251.
25. William Williams, 'Hugh Evans (1854-1934)', ibid., 223.
26. Gwilym Peredur Jones, 'John Herbert ('Je Aitsh'; 1860-1943)', *Y Bywgraffiadur Cymreig 1941-1950* (Llundain, 1970), 29-30. Lluniwyd yr ysgrif hon gan ei fab a ddaeth yn Athro Economeg ym Mhrifysgol Sheffield cyn ymddeol i Grange-over-Sands.
27. Ibid.
28. Cefais lawer o'r wybodaeth mewn sgyrsiau gyda Mr Alun H. Evans, Crosby, Lerpwl.
29. J. R. Roberts, 'Y Cenhadwr, 1922-1974', *Y Cenhadwr*, liii, 12 (Rhagfyr 1974), 181-2; W. D. Jones, 'Rhifyn ola'r Cenhadwr', *op. cit.*, 183-4; D. Ben Rees, 'Y Cenhadwr' yn *Llestri Gras a Gobaith: Cymry a'r Cenhadon yn India*, golygydd: D. Ben Rees (Lerpwl, 2001), 22.
30. D. Ben Rees, 'Y Parchedig R. J. Môn Hughes', *Yr Angor*, 28, 11, Ebrill 2007, 3. Mynnodd gadw'r *Gadwyn* yn fyw ar hyd y blynyddoedd; ef oedd Ysgrifennydd y cylchgrawn yn y pumdegau ac ar ôl cyfnod y Parch J. D. Williams-Richards cymerodd y gwaith o'i olygu.

LLYFRYDDIAETH

Di-enw, *It all began with Caxton: An exhibition of Printing on Merseyside Past and Present*, Neston (d.d.), 16tt.

Meirion Evans, *The Story of Hugh Evans and Sons Ltd, 1896-1948*, Liverpool, Hugh Evans & Sons Ltd (1949), 12tt.

Gwilym M. Jones, 'Newyddiaduriaeth Gymraeg y Glannau o 1944 i 1979', *Yr Angor*, 8.

Aled Gruffydd Jones, 'Politics and Prophecy in the Journalism of Gwilym Hiraethog', *Trafodion Anrhydeddus Gymdeithas y Cymmrodorion 2002*, 9, 2003, 106-121.

D. Ben Rees, 'William Rees (Gwilym Hiraethog)', *Y Casglwr* (1994- 95), 54-55.

D. Ben Rees, 'Trem ar y bedwaredd ganrif ar bymtheg', *Barn*, 250 (1983), 382-4; 251/252 (1983-84), 460-4.

E. G. Millward, 'Gwilym Hiraethog: Llenor y Trawsnewid', *Llên Cymru*, 15, 4, 1987-8, 320-333.

Frank Price Jones, 'Gwilym Hiraethog – tad y wasg Gymreig' (yn) *Radicaliaeth a'r werin Gymreig yn y bedwaredd ganrif ar bymtheg*, golygwyd gan Alun Llywelyn-Williams ac Elfed ap Nefydd Roberts (Caerdydd, 1977), 65-72.

D. Tecwyn Lloyd, 'Diwedd y bennod – a diwedd y llyfr: cyhoeddi yn Lerpwl', *Y Casglwr*, 2 (1977), 2.

7.

Argraffu a Chyhoeddi yng Nghymoedd Taf a Chynon: Brasolwg

Brynley F. Roberts

CREFFT GYMDEITHASOL YW ARGRAFFU. Gwir mai ar ei ben ei hun y bydd y cysodwr wrthi – â llaw neu ar beiriant – fel y bydd yr argraffydd yntau wrth wylio dros redeg esmwyth ei wasg, ond y mae argraffu a chyhoeddi yn arwyddion eglur o fywyd ac o fywiogrwydd diwylliannol cymuned. Yr oedd hyn yn arbennig o wir am gymunedau lleol yn y dyddiau cyn bod argraffu a rhwymo llyfrau wedi datblygu'n weithgarwch peirianyddol cyflym a phan oedd cyfleustra denu gwaith a moddion dosbarthu'r cynnyrch heb gyrraedd safon yr effeithlonrwydd marchnata a ddisgwylir heddiw. Yn y bedwaredd ganrif ar bymtheg a degawdau cyntaf yr ugeinfed ganrif yr un yn fynych fyddai'r cyhoeddwr a'r argraffydd (er mai cyffredin fyddai cytundeb iddo gyhoeddi 'tros yr awdur') ac awydd i roi llais i'w hargyhoeddiadau a'u barn, fel unigolion neu grwpiau, neu eu hymwneud ag agweddau ar y diwylliant lleol a arweiniodd lawer un i sefydlu swyddfa argraffu, dan oruchwyliaeth bersonol neu gan gyflogi argraffydd/argraffwyr wrth eu crefft i ymgymryd â'r gwaith ymarferol yn ôl yr angen.[1] Er y byddai'r gofynion masnachol yn hawlio fod rhaid denu gwaith allanol ac achlysurol (*jobbing*) i'r swyddfa er mwyn sicrhau digon o waith i'r dynion, byddai cryn ymuniaethu rhwng daliadau perchennog ac eiddo ei gwsmeriaid, yn eu diddordebau diwylliannol, cysylltiadau enwadol neu ymlyniad gwleidyddol. Adlewyrchu natur bywyd y gymuned fyddai priod nodwedd llawer o'r swyddfeydd argraffu a'u perchnogion.

Cymharol fychan fyddai'r swyddfeydd lleol hyn yn y blynyddoedd cynnar tra parhâi argraffu i fod yn grefft llaw i raddau helaeth. Newidiodd amgylchedd argraffu pan ddisodlwyd gweisg llaw gan y peiriannau argraffu a yrrid gan ager ac yna, yn gynnar yn yr ugeinfed ganrif, gan drydan, ac er na ddiflannodd crefft a chelfyddyd cysodi â llaw am gyfnod hir, erbyn diwedd y bedwaredd ganrif ar bymtheg daethai cysodi trwy gyfrwng peiriannau teip yn fwyfwy cyffredin hyd yn oed mewn swyddfeydd bychain, a chyflymodd y prosesau cynhyrchu gan gynyddu swm y cynnyrch.[2] Pan roddir at ei gilydd ffactorau megis maint llawer o'r swyddfeydd a'u dibyniaeth yn fynych ar unigolion, neu grwpiau'n rhannu diddordebau penodol, yn berchnogion, a hefyd mai anghenion lleol yn bennaf a fyddai'n ffon fara i'r gweisg, nid annisgwyl sylwi mai digon byrhoedlog oedd hanes perchnogaeth nifer ohonynt. Ond yr oedd ar gael, yn enwedig yn ardal cymoedd Morgannwg a Gwent, 'bwll' o argraffwyr a chysodwyr cyflog symudol fel na fyddai newid perchnogaeth swyddfa o angenrheidrwydd yn arwain at ei diflaniad a gallai barhau dan enw'r perchnogion newydd. Ond byddai'r elfen gymunedol leol yn dal yn allweddol yn ffyniant gweisg, oherwydd beth bynnag am ddelfrydau'r perchennog (neu'r perchnogion), a waeth ba mor fywiog bynnag fyddai'r bywyd diwylliannol, crefyddol neu wleidyddol, fel y soniwyd eisoes, rhaid fyddai wrth ffrwd gyson o waith i gadw swyddfa yn hyfyw; nid digon fyddai bywiogrwydd cymuned heb boblogaeth ddigonol i'w chynnal. Yr oedd llewyrch argraffu a chyhoeddi lleol yn ddrych o fywiogrwydd syniadol, ond dibynnai ar y bywyd cymdeithasol a masnachol i ddigolledu perchennog. Y canlyniad yw mai hanes diwydiant trefol yw hanes cyhoeddi ac argraffu.[3] Nodweddion fel y rhain – cynnydd yn y boblogaeth a bywiogrwydd cymdeithasol, bywyd syniadol blaengar, twf strwythurau dinesig, datblygiadau masnachol, cynnydd yn swyddogaeth dosbarth canol proffesiynol a'r cyfleon a ddeuai yn sgil hyn oll i wŷr busnes fentro ac i rai a chanddynt safbwynt neu egwyddor i'w chyhoeddi, a barodd i argraffu, a'r fasnach gysylltiol megis llyfrwerthwyr, llyfr-rwymwyr a masnachwyr papur a deunydd ysgrifennu, fwrw gwreiddiau ym Merthyr Tudful yn gynnar iawn yn y bedwaredd ganrif ar bymtheg. At hynny, yr oedd ei lleoliad daearyddol o'i phlaid. Nid yw pen uchaf cwm Taf yn gaeëdig fel y mae cymoedd Rhondda a Chynon. Yr oedd ffordd yn arwain dros ucheldir y Bannau i Aberhonddu ac oddi yno i Abertawe ac i ddyffrynnoedd bras Wysg a Henffordd ac i'r byd mawr – llwybr i ddylanwadau meddwl a masnach fynd ar hyd-ddo.

Yr oedd gweisg yn Llanymddyfri yn 1769, yn Aberhonddu yn 1772, yn Abertawe yn 1780 ac ym Merthyr Tudful yn 1801. Erbyn hynny yr oedd y pentref wedi dechrau profi grym diwydiant gyda dyfodiad yr ymerodraethau haearn a fyddai'n creu cymeriad ac yn llunio map trefol yr egin dref a oedd yn datblygu o'r pentref a'r aneddau gwasgarog wrth i glystyrau o strydoedd tai gweithwyr dyfu yng nghyffiniau'r gweithiau haearn. Yn 1801 tua 7,700 oedd y boblogaeth ond erbyn 1831 yr oedd wedi cynyddu i 22,000 a byddai'r ymchwydd yn parhau am ddegawdau gan gyrraedd 50,000 yn 1851. Fel y gwyddys yn dda, nid oedd y cynnydd hwn heb ei densiynau cymdeithasol ac economaidd, ond ochr arall y geiniog honno oedd twf masnachol ac ymwybyddiaeth gymunedol drefol newydd.[4] Brodor o Lywel, sir Frycheiniog, oedd William Williams. Prentisiwyd ef yn argraffydd yn Aberhonddu a bu'n gweithio gyda llyfrwerthwyr yn y dref honno ac yn Llundain cyn agor ei fusnes ei hun fel llyfrwerthwr ym Merthyr Tudful yn 1800 ac yntau tua'r 25 oed. Y flwyddyn wedyn sefydlodd wasg argraffu gyntaf y dref ym Market Place. Hyfforddodd nifer o gysodwyr, gan geisio cymhwyso llawer o rai di-Gymraeg i gysodi yn yr iaith, a chynhyrchodd nifer trawiadol o lyfrau digon graenus eu gwedd. Daliodd ati tan 1819 pan benderfynodd ymfudo i Efrog Newydd oherwydd, fe ddywedir, ei iechyd bregus. Ond cwta flwyddyn a dreuliodd yno a dychwelodd i Aberhonddu yn 1820 gan barhau i argraffu a chyhoeddi hyd ei farw yn 1844 yn 69 oed.[5]

Y mae bwrw golwg tros restr ei gyhoeddiadau a chynnyrch ei wasg ym Merthyr Tudful o 1801 hyd 1819 yn rhoi syniad o ddiddordebau'r gymuned leol lythrennog. Ychydig o deitlau Saesneg sy'n ymddangos, arwydd mai cymuned Gymraeg ei hiaith oedd hon, er bod rhaid cofio'n barhaus fod llyfrau Saesneg ar gael ac na wyddom beth oedd cylchrediad y rheini. Amrywiol ddigon yw teitlau Saesneg y wasg – *History of Wales* William Wynne (1812), *The Morning Star*, cyfieithiad gan William Evans o waith Rees Prichard (1815), a *Lectures on Political Principles . . . in Montesquieu's Spirit of Law by Rev. David Williams* (1817), y tri theitl hefyd ar werth yn Llundain gan 'Longman, Hurst, Rees Orme, and Brown'. Amlygrwydd y teitlau crefyddol yw prif nodwedd y rhestr Gymraeg, sy'n cynnwys cerddi coffa a marwnadau, emynau (yn eu plith rai o gasgliadau Thomas William Bethesda'r Fro), casgliadau o gerddi, rhai gan feirdd lleol, a llawer o draethodau diwinyddol, cyfieithiadau o'r Saesneg yn fynych, a deunydd ar gyfer yr ysgolion Sul. Mwy diddorol erbyn hyn yw *Hanes pleidiau y byd Crist'nogol* (1808) a gwaith uchelgeisiol John Jenkins, *Gweledigaeth y Palas Arian*, crynodeb o athrawiaethau Cristnogol, yn 1811, rhannau 1-5 wedi'u hargraffu gan Williams a rhannau 6-16 gan John Evans, Caerfyrddin. Cafwyd cyfieithiadau o ddau o weithiau Bunyan (*Taith y Pererin*, 1806, *Y Rhyfel ysbrydol*, 1813), argraffiad o Feibl Peter Williams yn 1807 a Thestament Newydd John Jenkins yn 1808. Nid oedd gwasg William Williams yn dwyn nodau ymlyniad enwadol. Yma y cyhoeddwyd *Salmau yr eglwys yn yr anialwch* Iolo Morganwg (1812), ac argraffodd Williams amryw o deitlau dros Gymdeithas Dwyfundodiaid Deheudir Cymru a chan Thomas Evans (Tomos Glyn Cothi), e.e. ei gyfieithiad o *Y ffordd at gyfoeth* (*The way to wealth*) Benjamin Franklin (1808) ac *An appeal to the serious and candid professors of Christianity* Joseph Priestley (1817), ond yn ogystal Llythyrau Cymanfa Annibynwyr Cymreig yn 1811 a 1814. A derbyn fod hyn oll yn arwydd o ddylanwad a grym ymneilltuaeth yn negawdau cyntaf y bedwaredd ganrif ar bymtheg hyd yn oed cyn i lifeiriant carfanau newydd o weithwyr dorri ar gymoedd Morgannwg, ni ellir osgoi canfod yma hefyd arwyddion y radicaliaeth honno a fuasai'n nodweddiadol o Ferthyr ers tro, er enghraifft yn yr hen gymdeithasau trafod athronyddol. Y mae William Cobbett yn y rhestr (*Annerchiad . . . i'w gydwladwyr . . .*, *To the journeymen and labourers of England, Wales, Scotland and Ireland on the cause of their misery*, 1818) fel y mae darlithiau David Williams ar egwyddorion gwleidyddol (a nodwyd eisoes) a chyfieithiad o anerchiad iarll Stanhope ar gyfyngu rhyddid crefyddol ymneilltuwyr (1811). Yr oedd hefyd gynulleidfa ar gael, yr un darllenwyr efallai, i ddiwylliant llenyddol bywiog y fro fel y tystia'r casgliadau o waith y beirdd diwydiannol newydd megis William Moses, ond ochr yn ochr â'r rhain ceid cyfrolau o farddoniaeth Efan Edwards (*Afalau'r awen*, 1816), Lewis Hopkin (*Y fêl gafod*, 1813) o'r genhedlaeth flaenorol, ac yr oedd marchnad ar gyfer casgliadau megis *Y cydymaith difyrgar*, 1812, 1815, a *Cân o hanes Myrddin a'r modd y daeth yn adnabyddus i'r Brenin Gwrtheyrn . . .* (1817). Fwy na hynny, cymdeithas oedd hon a oedd yn cadw ei gwreiddiau yn y diwylliant clasurol Cymraeg, fe ymddengys, wrth i adargraffiadau o *Drych y Prif Oesoedd* (1803), *Gweledigaethau y Bardd Cwsc* (1806, y cyntaf ar ôl 1774) a hyd yn oed *Llyfr y*

Tri Aderyn (1807, y cyntaf ar ôl 1778) ymddangos. Yn gymdeithasol dengys teitlau eraill bwyslais ar hunan-les – llyfrau hunan-feddyginiaeth, geiriaduron a gramadegau Cymraeg, a rheolau amryw gymdeithasau cyfeillgar. Cymdeithas a oedd yn bwrw golwg diwylliannol tuag yn ôl ydoedd ar y naill law ond yn arddangos hefyd rai o'r teithi a fyddai maes o law yn nodweddiadol o oes Victoria a'i balchder yn y diwydiannau cyffrous newydd, hyd yn oed yn eu mwg a'u trwst. Y mae cynnyrch gwasg William Williams yn enghrefftio i'r dim y modd y mae gwasg leol yn cynnal ac yn cael ei chynnal gan fywyd y gymuned yn ei holl amrywiaeth.

Parhawyd busnes Williams ar ôl ei ymadawiad am America yn 1819 gan un arall o'r entrepreneuriaid a oedd yn cael eu denu gan y cyfleoedd a gynigiai'r Merthyr Tudful newydd. Job James oedd hwn, un o dri brawd a ddaeth i Ferthyr o Gaerdydd a thyfu'n un o deuluoedd mwyaf dylanwadol y cylch yn y bedwaredd ganrif ar bymtheg. Gwŷr busnes oedd y ddau frawd arall ond swyddog iechyd cyhoeddus plwyfi Merthyr a'r Faenor oedd Job James, meddyg a llyfrbryf, ond ni fu fawr newid yn natur cynnyrch y wasg dan ei berchnogaeth ef hyd 1827 ond bod y pwyslais Undodaidd wedi cynyddu efallai – rheolau budd-gymdeithasau, deunydd i'r capeli a'r ysgolion Sul, *Hanes bywyd a marwolaeth triwyr o Sodom a'r Aifft* Pantycelyn (1821) ac ambell faled, ond hefyd gasgliad o emynau Undodaidd Tomos Glyn Cothi (1822) a'i *Fflangell i'r grwgnachwyr* (1824) ac ail argraffiad casgliad emynau Iolo Morganwg (1827; un o olynwyr James, H. W. White, a argraffodd yr ail gyfrol yn 1834). Gwaith olaf Job James, yn 1829, oedd *Cyfrinach Beirdd Ynys Prydain,* llyfr a gwblhawyd gan wasg J. A. Williams yn Abertawe. Nid oedd Job James mor ddiwyd â'i ragflaenydd nac mor anturus, fe ymddengys, ac yn 1827 cymerwyd at y wasg gan John Howells. Ymhlith ei lyfrau cyntaf ef oedd *Cardiff Castle* Taliesin ab Iolo (1827) ac *Yr Awen Resymol* Gwilym Harri (1828).

Dyma'r cyfnod pan oedd argraffu a chyhoeddi yng Nghymru yn tyfu'n gyflym a daeth amryw o argraffwyr gobeithiol newydd i ymuno â Williams ac â James ym Merthyr, yn arbennig o tua 1820 ymlaen. Yn eu plith yr oedd Thomas Price a sefydlodd swyddfa yn High Street yn 1822, busnes a fu gyda'r mwyaf hirhoedlog (a phwysicaf) o weisg y cyfnod dan ei enw ei hun a'i olynwyr. Yr oedd gwaith dros y cymdeithasau llenyddol a'r 'Rhyddymofynwyr', yn elfen bwysig ym mwriadau Price, gymaint felly nes iddo alw ei wasg yn 'Swyddfa'r Cymmrodorion' wrth argraffu *Dybebion a Rheolau'r* gymdeithas yn 1825. Yr un math o gynnyrch a oedd yn dal i gael ei ddarparu ganddo – casgliadau o gerddi gan feirdd lleol ac emynau a thraethodau crefyddol (Bunyan, Howel Harris a Phantycelyn yn eu plith) ynghyd â chlasuron poblogaidd megis Morgan Llwyd, Theophilus Evans, Twm o'r Nant a *Dewisol Ganiadau'r Oes Hon*, un o antholegau poblogaidd y ganrif o'r blaen, a llyfrau hunan-gymorth ymarferol cyfoes megis llaw-lyfrau rhifyddeg (*Arithmetic worked by steam*), meddygaeth a gramadeg a geiriadur Thomas Richards; ond efallai y byddai ei enw yn fwyaf cyfarwydd i amryw fel argraffydd a chyhoeddwr prysur baledi poblogaidd. Yr oedd mwy o arbenigrwydd yn perthyn i wasg arall a sefydlwyd tua'r adeg hon, sef menter y Parchedig John Jenkins a gododd wasg yn Mill Street. Ganwyd ef yn Llangynidr yn 1779 a daeth i Ferthyr yn 1797. Yn Fedyddiwr o argyhoeddiad sefydlodd eglwys Caersalem yn Nowlais yn 1806 ond aeth wedyn i Hengoed lle y bu'n weinidog eglwys y Bedyddwyr yno o 1809 hyd ei farw yn 1853. Y mae'n debyg mai ei awydd i lunio ac i gyhoeddi ei esboniad ar y Beibl cyfan oedd y symbyliad iddo fynd ati i godi ei wasg ei hun. Fel y gwelwyd eisoes, yr oedd William Williams wedi dechrau argraffu ei *Gweledigad y Palas Arian* yn 1811, ond ym mis Hydref 1818 aeth at John Evans, Caerfyrddin i gael cyngor ac addysg ynghylch sefydlu gwasg. Bu John Evans yn raslon a chynorthwygar (er bod ar Jenkins arian iddo) a phrynodd wasg a theip Zecharias Morris a oedd yn ymddeol. Y bwriad cyntaf oedd codi adeilad ar gyfer y wasg yn agos at ei dŷ ym Mhont Saeson rhwng Ystrad Mynach a Nelson ond i Ferthyr yr aeth â'i wasg yn Ebrill 1819 a bwrw iddi ar unwaith i ddechrau gweithio. Nid oedd y fenter mor anturus, neu ffôl, ag yr ymddangosai oherwydd yr oedd dau o'i feibion (Titus a Benjamin) eisoes yn gysodwyr a hyfforddwyd dau fab arall, John a Llywelyn, yn yr un grefft; ar y dechrau bu Zecharias Morris yn cyfarwyddo'r gwaith. Rhwng 1819 a 1827 pan symudwyd i Maesycwmwr (tŷ a gododd iddo'i hun, ac a roes ei enw yn ddiweddarach i bentref Maes-y-cymer) ac yna i Gaerdydd, argraffodd John Jenkins o leiaf 46 o deitlau (faint bynnag o waith *jobbing* arall). Ar y dechrau cafodd 'Gwilym Morganwg' (Thomas Williams), Pontypridd, yn bartner busnes, yntau'n awyddus i barhau'r gobaith o gyhoeddi *Y Parthsyllydd, neu Eirlyfr Daearyddol,* cywaith Jenkins ac ef a oedd wedi dechrau ymddangos yn 1815-16. Ciliodd Gwilym pan fethwyd mynd ymlaen â'r gwaith hwnnw ond ef yw'r Williams sy'n ymddangos ar y cyhoeddiadau cyntaf. Yn 1828 ailffurfiwyd y cwmni gyda Thomas Williams a hefyd, y tro hwn, gyda Richard Jones, argraffydd ym Mhont-y-pŵl, yn High Street (Jenkins a'i Gyfeillion) ond symudwyd ef i Gaerdydd yn 1830 dan reolaeth y ddau fab, John a Llywelyn Jenkins.[6]

Blynyddoedd pwysig John Jenkins fel argraffydd oedd blynyddodd Merthyr, o 1819 hyd 1827, ac fel yr awgrymwyd eisoes, diau mai ei brif gymhelliad oedd argraffu ei weithiau ei hun gan iddo gyhoeddi ail argraffiad o *Gweledigaeth y Palas Arian* yn 1820 a oedd wedi'i argraffu hyd dudalen 264 gan John Evans, Caerfyrddin (hyn efallai oedd y ddyled y soniodd amdani yn 1818). Ei brif waith oedd ei *Esponiad ar y Bibl Sanctaidd,* a hynny ar bob adnod. Deuai allan yn 88 o rannau, 1/- yr un, a chyhoeddwyd y gyfrol gyntaf yn 1819, yr ail yn 1828 a'r drydedd, a'r olaf, o Gaerdydd yn 1832, y tair am bedair gini arian parod. Er mor uchelgeisiol a llafurus i argraffydd fel i esboniwr oedd yr ymgymeriad hwn, nid oedd pall ar ddiwydrwydd John Jenkins. Ymddangosodd ei *Testament Newydd . . . Gyda Sylwadau ar odre'r dail* yn 1822. Yr oedd 'Siôn Sincyn' yn Fedyddiwr pybyr a gosodwyd cyweirnod y wasg yn gynnar gyda chyhoeddi adroddiadau swyddogol *Cymanfa De-Ddwyreiniol y Bedyddwyr Neullduol* yn 1819 a 1820, a nifer o gerddi coffa, holwyddoregau a llyfrau cyfarwyddyd i'r ysgolion Sul, pregethau, traethodau diwinyddol, dadleuon o blaid bedydd credinwyr ac yn gwrthwynebu taenellu babanod. Y mae cynnyrch ei wasg yn adlewyrchu rhai o ddadleuon y dydd ymhlith Bedyddwyr ac ymneilltuwyr eraill yn ogystal â darparu darllen diwinyddol buddiol i weinidogion a lleygwyr fel y gellir gweld yma egin y cysyniad o wasg enwadol – menter breifat yn cael ei defnyddio a'i chefnogi gan rai a rannai ymlyniad enwadol y perchennog. Ond y gwir yw fod diddordebau Siôn Sincyn yn ymestyn y tu hwnt i ffiniau enwadol a chrefydd a'i fod yn rhan o'r bwrlwm llenyddol ac eisteddfodol hefyd. Cefnogai waith y cymdeithasau llenyddol a rhoes yr enw Argraffdy'r Beirdd ar y swyddfa yn un o'i hysbysebion cyntaf yn 1819. Canodd Iolo Morganwg englyn iddi,

> Argraffdy'r Beirdd heirdd yw hwn, – nodedig
> A didwyll, ni brofwn;

Mae'n fael ei gael, os gwelwn,
Neu gêd i holl grêd yn grwn.

a dyna'r argraffnod sydd ar y casgliad pwysig *Awenyddion Morganwg* a olygwyd gan Taliesin ab Iolo yn 1826. O wasg Siôn Sincyn y daeth awdlau David Saunders (1820), y casgliad dadleuol *Pump o awdlau ar y Dydd Byrraf* (1822), a *Llais Awen Gwent*, Brychan (1824). Ochr yn ochr â'r rhain yr oedd cyfrolau poblogaidd oes a fu yn dal i ymddangos – *Gardd o Gerddi* Twm o'r Nant (1826, T. Price, *ar werth hefyd gan J. Jenkins*) a *Cydymaith Diddan* Dafydd Jones o Drefriw (1824).

Anghyflawn, wrth reswm, yw'r darlun a rydd cyhoeddiadau'r gweisg hyn o natur cymdeithas Merthyr Tudful dros 30 mlynedd cyntaf y bedwaredd ganrif ar bymtheg. Ni wyddom beth arall a oedd ar werth yma na pha deitlau eraill a oedd yn cael eu darllen, yn enwedig yn Saesneg, ond y mae rhannau o'r darlun yn ddigon eglur a barnu wrth y cyhoeddiadau yr oedd y gweisg yn eu gweld yn werth eu cynhyrchu. Cymdeithas Gymraeg ac ymneilltuol ydoedd, gyda thuedd gref tuag at Undodiaeth; nid oes yma fawr ddim yn Saesneg nac o Eglwys Loegr. Y maes mwyaf poblogaidd yw trafodaethau, neu efallai ddadleuon, crefyddol er bod tipyn o ymgais i gynnig addysg ddiwinyddol hefyd, a hynny gan amlaf mewn cyd-destun enwadol. Ond yr oedd y bywyd diwylliannol poblogaidd Cymraeg hefyd yn ffynnu, a'r gweinidogion, mynychwyr capeli, yr argraffwyr eu hunain, yn fyw i hanes a swyddogaeth cyfarfodydd ac eisteddfodau'r cymdeithasau llenyddol. Nid y cynnyrch 'diwydiannol' newydd oedd unig ddifyrrwch darllen y boblogaeth oherwydd un agwedd ar y bywyd Cymraeg bywiog hwn yw'r modd yr oedd rhai o glasuron y traddodiad llenyddol ac antholegau'r ddeunawfed ganrif yn dal mewn bri.

Wrth graffu ar gynnyrch y gweisg mae'n bwysig cofio nad oes gennym gyfrif o waith megis llyfrau cyfrifon a *ledgers* a'u tebyg a'r *jobbing* a darddai o ddatblygiad strwythurau'r gyfraith a llywodraeth leol yn y cylch, cynnyrch masnach ac ysgolion a chyfarfodydd amrywiol y bywyd cymdeithasol. Hynny yw, nid cywair llenyddol a chrefyddol oedd unig nodweddion bywyd cymdeithas ac yr oedd gweddau gwleidyddol a radical yn islais cyson yn y gweithgareddau eraill hyn. Yr oedd annifyrrwch diwydiannol yn codi o bryd i'w gilydd a bu terfysgoedd yn 1800 a 1816, a dyma'r cyfnod pan enillasai Undodiaeth gryn ddylanwad syniadol a gwleidyddol. Yr oedd amryw o'r dosbarth canol proffesiynol a oedd yn codi, yn weinidogion, masnachwyr, meddygon, rheolwyr yn y gweithfeydd, yn Undodiaid ac yn radicaliaid a hwy fyddai arweinyddion naturiol protest gymdeithasol, yn lladmeryddion dros ddiwygio'r senedd, y bleidlais, a dileu'r system *truck* yn y gweithfeydd. Yr oedd trafod syniadau radical a hawliau gwleidyddol yn hen draddodiad yn y cylch hwn cyn 1831 a diau fod ymneilltuaeth hithau wedi magu to o weithwyr a oedd wedi arfer dadlau eu hachos. Yn ystod y degawd 1831-1843 gwelid blodeuo sydyn yng ngwasg leol y cylch a saith o fusnesau newydd yn cael eu sefydlu i ymuno â dwy a oedd ym Merthyr eisoes. Y mae awgrym o'r rheswm am y blodeuo hwn yn y dyddiad. Y mae cymhelliad a natur terfysgoedd 1831 wedi eu trafod yn helaeth[7] ond un o ganlyniadau argyfwng gwleidyddol 1829-30 a diwygiadau'r blynyddoedd wedyn, ynghyd â'r trafod a'r trefnu a fu ar wleidyddiaeth ymarferol, oedd yr helaethu a ddigwyddodd yn y wasg ac yn nifer y newyddiaduron a ddechreuodd ymddangos.[8] Rhwng 1804, pan sefydlwyd y *Cambrian* yn Abertawe, a 1855 ymddangosodd tua 114 o newyddiaduron yng Nghymru, er mai blwyddyn neu ddwy oedd oes llawer ohonynt. Cymysg oedd cymhellion sefydlwyr newyddiaduron, rhai â'u bryd ar ddarparu newyddion lleol ynghyd â safbwynt gwleidyddol, eraill yn fwy amlwg yn hybu achos a barn arbennig, a dyma'r math mwyaf amlwg a gyhoeddid ym Merthyr Tudful gyntaf yn y 1830au. Ceidwadol oedd safbwynt y *Glamorgan, Monmouth and Brecon Gazette, and Merthyr Guardian* (y *Gazette and Guardian* fel yr adweinid ef yn gyffredin) a ymddangosodd 17 Tachwedd 1832, argraffwyd a chyhoeddwyd gan William Mallalieu, High Street. Yng Ngorffennaf 1841 yr oedd 'ar werth' gan Henry Webber ym Merthyr ond yna gan Henry Webber yng Nghaerdydd lle y bu, dan yr enw *Cardiff and Merthyr Guardian,* hyd 1874. Prin y gellid disgwyl i newyddiadur a grëwyd i fod yn lladmerydd tros Henry Austin Bruce a'r ceidwadwyr, i ymosod ar Josiah Guest ('the voice of dissent') a bod yn elyn anghymodlon siarteriaeth, gael derbyniad cynnes ym Merthyr ond mae'n werth nodi mai hwn oedd yr ymateb cyntaf i gynnwrf 1831.[9] Fel y disgwylid, cafwyd mwy nag un cynnig i gadarnhau profiadau'r blynyddoedd hynny a rhwng 1834 a 1840 ymddangosodd pump o newyddiaduron radical yn y dref. Un rhifyn yn unig a gafwyd (neu o leiaf sydd wedi goroesi) o *Y Gweithiwr: The Workman*,1 Mai 1834, John Thomas yn argraffydd, a'r golygydd, Morgan Williams, yn siartrwr blaenllaw. Dychwelodd hwnnw i'r maes gydag un arall o arweinwyr y siartrwyr, Dafydd John, a sefydlu dau newyddiadur i hybu achos siarteraeth, *Udgorn Cymru* (1840-42) ac yna *The Advocate and Merthyr Free Press* (1840-41). Mentrodd y gweinidog Annibynwyr radical profiadol a diatal, Josiah Thomas Jones, i grochan Merthyr o'i gynefin yng Nghaernarfon yn 1836 gan gyhoeddi ambell bregeth a cherdd, ond ymhen dwy flynedd yr oedd wedi'i erlid oddi yno gan y meistri haearn, meddai, ac ymadawodd am Gaerfyrddin. Yn y cyfnod byr hwnnw yr oedd wedi sefydlu gwasg lle'r argraffodd draethodau crefyddol a phregethau, ond yn bwysicach, lle y cyhoeddodd yn 1837 y *Merthyr and Cardiff Chronicle* (unwyd â'r *South Wales Reporter* yn ddiweddarach) a gefnogai Josiah Guest, er ar adegau'n fwy radical nag y gallai ef ei gymeradwyo, a hefyd *Y Gwron Cymreig*, 1838-39. Cadwodd Josiah Thomas Jones y teitl pan aeth i Gaerfyrddin ond yn Aberdâr, lle'r aeth yn 1854 gan sefydlu yn y dref honno wasg gyntaf cwm Cynon, y cafodd y cyfle i feithrin cyfryngau i ddatgan ei ddaliadau heriol ac i ddatblygu'n un o argraffwyr mwyaf cynhyrchiol a dylanwadol Cymru, fel y gwelir isod. Er mor fyrhoedlog oedd y newyddiaduron siarteraidd a radical hyn, y maent yn arwyddocaol gan eu bod yn dangos yr ysbryd mwy ymosodol a hyderus a nodweddai wleidyddiaeth y cylch a'i chyhoeddiadau ar ôl 1831. Gwir iddynt fethu yn fasnachol ac yn ariannol ond ni ddylid tybio nad oedd iddynt ddarllenyddiaeth barod ac iddynt ddylanwadu ar ymagweddau pobl.

Ni chafwyd ymgais i greu newyddiaduraeth yn y cylch ar ôl tawelu cyffro'r 1830au tan ddechrau'r 1850au. Newidiadau yn nhrethi newyddiaduron oedd yr achos economaidd uniongyrchol am y cynnydd yn nifer y teitlau – dileu'r dreth ar hysbysebion yn 1853, y dreth stamp yn 1855 a'r dreth bapur yn 1861 – ond y twf yn yr ymwybyddiaeth wleidyddol a dinesig a oedd yn ceisio mynegiant iddi'i hun a sicrhaodd fod yna gynnwys yn y newyddiaduron a oedd yn berthnasol i'r ddarllenyddiaeth. Ym Merthyr Tudful llifai i'w gilydd ffrydiau'r hen radicaliaeth gymdeithasol, ymneilltuaeth fywiog y capeli niferus (ac Undodiaeth yn arbennig), a'r diwylliant Cymraeg poblogaidd – ar lawer ystyr, olynwyr y cymdeithasau darllen athronyddol cynharach oedd y cymdeithasau llenyddol newydd, y Cymmrodorion,

Cymreigyddion a'r tebyg, gyda'u tafarnau cartref a'u heisteddfodau trwy'r 1840au a'r 1860au[10] – a chodi'n don o egni rhyfeddol o amlweddog yn y 1840au ac wedyn. Yr oedd hi bellach yn dref ddiwydiannol fawr a hunan-ymwybodol a chyda dyfodiad y rheilffyrdd a gwella'r ffyrdd yr oedd yn fwy hygyrch nag erioed o'r blaen. Gallai ymfalchïo'n hyderus ynddi ei hun gyda'i swyddfa bost a'i banciau, neuadd farchnad, llyfrgell, llysoedd a chwnstabliaid, ysgolion, ei budd-gymdeithasau megis yr Odyddion a'r Iforiaid, a chyda dosbarth canol, wedi hen wreiddio erbyn hyn, a oedd yn dal i goleddu ymdeimlad o gyfrifoldeb cymdeithasol. Rhai o'r gwŷr blaen-llaw hyn a aeth ati yn y 1850au i ddatblygu'r wasg newyddiadurol ym Merthyr gan sefydlu papurau newydd a oedd yn etifeddion yr hen radical-iaeth, ond yn llai gwresog na chyhoeddiadau'r 1830au a'r 1840au ac yn dilyn cywair rhyddfrydol. Yr oedd Peter Williams yn ŵr amlwg yn y bywyd cyhoeddus, yn un o sefydlwyr Cymdeithas Adeiladu Merthyr a Dowlais ac yn aelod blaenllaw o'r Bwrdd Gwarcheidwaid a'r Siambr Masnach. Buasai'n brentis gyda William Williams yn Aberhonddu ac yn 1853 prynodd un o swyddfeydd argraffu cynharaf Merthyr Tudful, sef hen swyddfa Thomas Price, bellach yn eiddo ei weddw, Mary, a'i hail ŵr, David Jones, a sefyd-lodd ef y *Merthyr Telegraph* yn newyddiadur rhyddfrydol egnïol a diwygiadol yn 1855 gan ei gyhoeddi hyd 1881 cyn rhoi'r gorau i'r wasg yn 1887. Yr oedd Peter Williams yn argraffydd blaengar. Ef oedd y cyntaf i ddod â pheiriannau argraffu ager i Ferthyr a thrwy hyn gynyddu cynnyrch ac felly gylchrediad ei newyddiadur i'r cymoedd cyfagos.[11] Parhaodd yr enw Tele-graph Printing Works ar y swyddfa dan berchnogion newydd hyd 1914. Gwnaeth y *Telegraph* enw iddo'i hun yn ei gefnogaeth i welliannau cym-deithasol er mai cymysg oedd y gefnogaeth yn wleidyddol. Ond yr oedd newid yn yr hinsawdd wleidyddol. Erbyn diwedd y ganrif yr oedd papurau Cymraeg a Saesneg ar gael a oedd wedi'u hanelu at y dosbarth gweithiol ymwybodol a llafur cyfundrefnol; yn nechrau'r ugeinfed ganrif byddent yn tyfu'n benodol sosialaidd. Papur mwy radical, eithafol meddid, na'r *Telegraph* oedd y *Morning Star* a argreffid ac a gyhoeddid ym Merthyr o 1859 hyd 1872. Y perchennog a'r cyhoeddwr oedd John Williams James, meddyg a mab i'r Job James hwnnw a oedd wedi prynu swyddfa William Williams yn 1819, fel y nodwyd uchod. Yr oedd, felly, yn aelod o deulu blaenllaw a thra dylanwadol, yn ŵr cyhoeddus ac yn adnabyddus yn y gymuned fel diwygiwr cymdeithasol. Hyn oedd prif gymhelliad sylfaenu'r papur y bu amryw o argraffwyr yn ei argraffu drosto (yr oedd wedi prynu offer a theip ar ei gyfer) ond nid oedd cysondeb yn y cyhoeddi (ei hobi personol ydoedd, fe ddywedid) a daeth i ben yn 1872. Ailgyfodwyd y busnes argraffu am gyfnod byr gan ei fab, Robert John James, yn 1895.[12]

Newyddiadur rhyddfrydol arall a ymddangosodd yn y 1860au oedd *Y Fellten*. Y perchennog a'r argraffydd oedd Rees Lewis (1804-86). Brodor o Ferthyr Tudful oedd ef, disgybl am flwyddyn yn ysgol Taliesin ab Iolo ac yna yn brentis llyfr-rwymwr gyda Thomas Price. Ymfwriodd i fywyd y cymdeithasau llenyddol, y Cymmrodorion yn arbennig, ac i fyd yr eisteddfodau; yr oedd yn ddirwestwr pybyr ac fel rhyddfrydwr amlwg yr oedd yn lladmerydd tra effeithiol tros ddiwygiadau cymdeithasol. Dechreuodd ei fusnes argraffu, llyfr-rwymo a gwerthu llyfrau yn 1842. Yr oedd cynnyrch ei wasg yn nodweddiadol – deunydd crefyddol yn draethodau, pregethau, diwinyddiaeth boblogaidd, casgliadau o emynau, hanes capeli, a hefyd waith y cymdeithasau llenyddol a'r eisteddfodau a llawlyfrau dysgu Cymraeg, ond ar wahân i reolau Cymdeithas yr Iforiaid, odid ddim o natur materion cymdeithasol. Er hynny, mentrodd i fyd newyddiaduraeth boblogaidd gyda'r *Fellten* yn 1868 (yr oedd Dewi Wyn o Essyllt a Dafydd Morganwg yn ei gynorthwyo), papur llai ymosodol na'r *Telegraph*. Rhoes y gorau iddo yn 1876 ond ni phallodd y busnes argraffu. Dilynwyd Rees Lewis gan ei fab John Price Lewis ('Melltenydd'),[13] ac yntau, wedi iddo ymddeol yn 1908, gan un a fuasai'n brentis iddo (a'i lys-fab-yng-nghyfraith), Llewelyn Davies, pennaeth cwmni llwyddiannus iawn a barhaodd ar ôl ei farw ef yn 1918 a'i wraig yn 1920, hyd y 1930au.

Yn gyfochrog â'r newyddiaduron ceid ffynhonnell newyddion o natur wahanol. Cyfrwng cynharaf newyddion pell ac agos llawer cylch oedd baledi.[14] Agwedd bwysig ar ddifyrrwch poblogaidd gwerin y cymoedd fel llawer ardal arall, a Merthyr ac Aberdâr yn nodedig felly, yn ail hanner y ganrif yn fwyaf arbennig, oedd canu, argraffu a phrynu baledi. Y mae amrywiaeth pynciau baledi'r cyfnod – caneuon serch, crefydd, gwleidyddol a chymdeithasol, ymfudo, ac adroddiadau am helyntion lleol a phellennig megis damweiniau a llofruddiadau, codi pontydd rheilffyrdd, canmol gweinidogion, cymwynaswyr a gwleidyddion lleol a Phrydeinig – a bod amryw ohonynt yn gerddi pop heb gyswllt lleol,[15] oll yn dystiolaeth i berthnasedd y cyfrwng i fywyd y gymdogaeth ym Merthyr ac Aberdâr. Yr oedd mwyafrif gweisg Merthyr yn cyhoeddi ac yn argraffu baledi trwy gydol y 1820au (Job James ymhlith y cynharaf) hyd ddiwedd y ganrif, ond neb yn fwy cyson na Thomas Howells a Thomas Price[16] a thebyg oedd y gweithgarwch yn Aberdâr fel y sylwir isod.[17] Dihoeni a wnaeth poblogrwydd baledi erbyn diwedd y ganrif, yn rhan o'r pylu mwy cyffredinol ar yr agwedd leol ar gynnyrch y gweisg a oedd yn digwydd fwyfwy yn negawdau olaf y ganrif a dechrau'r ganrif ddilynol. Erbyn y 1860au yr oedd safle cymdeithasol y Gymraeg yng nghymoedd Morgannwg wedi newid. Nid mater o fewnfudo cynyddol a lleihad yn nifer y siaradwyr yn unig oedd hyn, er bod hynny, wrth reswm, yn allweddol, ond agwedd bwysig ar y seisnigeiddio oedd bod y Gymraeg yn cael ei neilltuo fwyfwy i faes crefydd a diwylliant a cholli ei lle ym mhrif ffrwd materion a disgwrs bywyd y gymuned. Yr oedd newyddiaduron Saesneg eu hiaith wedi bod yn rhan o wasg newyddiadurol de Cymru ers y dechrau cyntaf, ond gwasg yn tarddu o'r gymdeithas leol ydoedd. Twf gwasg newyddiadurol Brydeinig Saesneg, gyda'i threfniadau dosbarthu effeithiol cyflym a'i grym hysbysebol, oedd y bygythiad yn awr. Yr oedd apêl y *Telegraph* yn edwino yn yr oes newydd a oedd ohoni a sefydlwyd cystadleuydd iddo yn 1864, sef y *Merthyr Express*, papur rhyddfrydol arall. Y bwriad cyntaf oedd sefydlu papur dwy geiniog, pris y papurau 'parchus', ond mentrwyd ar bapur ceiniog ond sylweddol gan grŵp o wŷr blaenllaw, yn feddygon, siopwyr ac eraill, gan gynnwys to newydd o deulu James, Charles Herbert James, Frank James, a Thomas Stephens a D. T. Williams ('Tydfilyn'), gyda William H. Harrison yn rheolwr ac yn olygydd, a ymffurfiodd yn gwmni cofrestredig, The Merthyr Newspaper Company Ltd.. Buan iawn y daeth diffyg profiad Harrison ym maes argraffu i'r golwg yn y peiriannau anaddas a bwrcasodd, a chafodd y Cyfarwyddwyr fraw wrth weld llwyddiant ymateb y *Telegraph* i'w her. Fis Mawrth 1865 trowyd at aelod ifanc o'r staff, H. W. Southey, 22 oed, a phenodwyd ef i holl swyddogaethau Harrison; yr oedd yn arwyddocaol ei fod wedi bod yn gweithio i'r *Telegraph* cyn ymuno â'r *Express* newydd. Bu'r blynyddoedd nesaf yn rhai anodd iawn. Prynwyd y cwmni gan David Morgan, un o'r cyfarwyddwyr, daeth Southey yn bartner yn 1869 ac yna yn 1874 yn berchennog, rheolwr a golygydd. Dan ei arweiniad craff a blaengar ef datblygodd y cwmni yn swyddfa argraffu brysur o leiaf o 1887 ymlaen[18] ac yn un o brif newyddiaduron dylanwadol de Cymru gyda chylchrediad helaeth yn y cymoedd cyfagos. Llwyddodd i wrthsefyll cystadleuaeth pob papur lleol arall, gan gynnwys rhai mwy sosialaidd eu safbwynt, megis y *Merthyr Times* (1871-73) a'r *Workman's Advocate:Amddiffynydd* y *Gweithiwr* (1873-75). Perchennog ac argraffydd y ddau hynny oedd J. T. Morgan ond er mai bwriad y cyhoeddi oedd hybu achos llafur a'r undebau (*The Official Organ of the Colliers, Miners, Ironworkers, Copper and Tin-plate Workers, Smiths, etc.*, fel yr hawliai'r pennawd), diau fod cystadleuaeth y wasg Brydeinig ganolog yn drech nag ymdrechion lleol, faint bynnag o gefnogaeth syniadol oedd iddynt. Tebyg oedd hanes *Merthyr Times* (gynt y *Dowlais Times*), 1891-99, dan olygyddiaeth J. O. Jones, 'Ap Ffarmwr', newyddiadurwr profiadol, gŵr blaenllaw yn y mudiad llafur ac un o gefnogwyr yr ILP.[19] Symudodd ef i'r *Nottingham Daily Express* yn 1897 a phan gymerwyd at y *Times* gan asiant y Ceidwadwyr, Edwin Davies, yr oedd newid cyfeiriad yn anorfod.

Dwy wasg grefyddol wahanol iawn eu cymeriad oedd rhai y Mormon John Davies a'r Eglwyswyr Farrant a Frost. Dechreuodd John Davies argraffu yn Georgetown tua 1849 wedi iddo fod wrthi am gyfnod yng Nghaerfyrddin.Y tebyg yw iddo symud i Ferthyr gyda'r Capt. Dan Jones, arweinydd y Mormoniaid Cymreig, a chyda'i gilydd sefydlasant *Prophwyd y Jubili*, yn ddiweddarach *Udgorn Seion*, y cyfnodolyn Mormonaidd a olygwyd, a gyhoeddwyd ac a argraffwyd gan John Davies o 1849 hyd 1853. Y mae ei wasg yn enghraifft drawiadol o swyddfa ac iddi un pwrpas yn unig oherwydd, hyd y gellir barnu, ni chyhoeddwyd ganddi ddim cynnyrch ond nifer sylweddol o bamffledi a llenyddiaeth y Mormoniaid, gan gynnwys casgliadau o emynau a Llyfr Mormon. Un o olynwyr swyddfa William Williams oedd H. W. White a'i deulu a ddilynwyd yn eu tro yn 1871 gan y ddau gefnder, Robert Farrant a Benjamin Frost. Cadwodd Farrant & Frost (ac yna Frost & Smith, a Frost yn unig) y busnes tan 1912. Bu ganddynt swyddfa a siop yn Aberdâr hefyd am gyfnod tua 1882-84. Lleol bron yn llwyr oedd gwaith y swyddfa – adroddiadau cymdeithasau a'r bwrdd iechyd yn arbennig – a fawr ddim yn Gymraeg. Maent yn werth eu crybwyll fel yr argraffwyr cyntaf ym Merthyr a Dowlais y gellir eu cysylltu'n ffurfiol ag Eglwys Loegr gan iddynt argraffu nifer o gylchgronau plwyfi a *Llusern y Llan* (1880-84).

PROPHWYD Y JUBILI,

NEU

SEREN Y SAINT;

YN CYNNWYS

EGWYDDORION "GORUCHWYLIAETH CYFLAWNDER YR AMSEROEDD,"

MEWN

TRAETHODAU, LLYTHYRON, HANESION, PRYDYDDIAETH, &c.

"YR ARGLWYDD IOR A LEFARODD, PWY NI PHROPHWYDA? CANYS NI WNA YR ARGLWYDD DDIM A'R NA DDANGOSO EI GYFRINACH I'W WEISION Y PROPHWYDI."

CYF. III.

MERTHYR-TYDFIL:

CYHOEDDWYD AC AR WERTH GAN D. JONES, AC AR WERTH HEFYD GAN Y SAINT YN GYFFREDINOL.

1848.

RHIF. 8.

"DEUWCH ALLAN O HONI HI, (SEF BABILON) FY MHOBL I."

UDGORN SEION,

NEU

Seren y Saint.

CYF. I.] AWST, 1849. [PRIS 2c.

CYNHWYSIAD.

MERTHYR-TYDFIL:

ARGRAFFWYD AC AR WERTH GAN J. DAVIS, GEORGETOWN;

AR WERTH HEFYD

Gan y Saint yn gyffredinol, a llawer o Lyfrwerthwyr, trwy y Deau a'r Gogledd.

1849.

RHIF 432. RHAGFYR, 1916. CYF. XXXVI.

CENNAD HEDD

DAN OLYGIAETH Y

Parch. JACOB JONES, Merthyr.

CYNHWYSIAD. TUDAL.

PRIS DWY GEINIOG.

JOSEPH WILLIAMS & SONS (MERTHYR), LTD., SWYDDFA'R "TYST."

AWENYDDION MORGANWG.

NEU

FARDDONIAETH CADAIR MERTHYR TUDFUL;

YM MRAINT

CADAIR A GORSEDD

PENDEFIGAETH MORGANWG, A GWENT.

AC

ERGING, AC EUAS, AC YSTRAD YW.

DUW A PHOB DAIONI.

Cael AWEN i'm llên a'm llais,—yn addysg
I' nyddiau, dymunais;
Am amgen, nid yw'm yngais,
Na honn i'm Can,—hynn yw'm cais.

Adeg werdd y Gerdd, ag irddysg—hafaidd;
Mehefin goleuddysg;
Hinon Hedd, yn darwedd dysg
I dramwy ffyrdd di drymysg.

IOLO MORGANWG.

MERTHYR TUDFUL:

ARGRAFFEDIG YN ARGRAFFDY'R BEIRDD, GAN J. JENKINS, DROS Y CYHOEDDWR, D. JONES.

Ond y brif enghraifft o gyswllt llywodraethol gwasg ag un enwad, heb amheuaeth, oedd swyddfa Joseph Williams a'i pherthynas ag Undeb yr Annibynwyr a thrwy hynny â'i weinidogion ac awduron. Gwelwyd ymlyniad enwadol yng ngwaith John Jenkins a Thomas Price ond dim mor drylwyr â'r datblygiadau hyn a oedd yn nesu at ffurfio gwasg enwadol. Sefydlwyd *Y Tyst Cymreig* yn newyddiadur yr Annibynwyr Cymraeg yn 1867, *Y Tyst a'r Dydd* yn 1870, a *Y Tyst* yn 1892. O Ddolgellau daeth i swyddfa Joseph Williams ym Merthyr yn 1872. Yr oedd ef wedi dod i Ferthyr o San Clêr yn 1842 at ei gefnder Rees Lewis yn brentis llyfrrwymwr, ond wedi cwblhau ei gyfnod symudodd i Langadog i gadw siop. Pan ddaeth swyddfa argraffu Thomas Howells ar werth yn 1864 dychwelodd i Ferthyr a thyfu'n un o brif ffigurau'r dref, yn Annibynnwr a rhyddfrydwr blaenllaw, yn ddirwestwr amlwg, ac yn gefnogydd eisteddfodau. Argraffodd a chyhoeddodd liaws o deitlau, lleol gan mwyaf, yn anerchiadau a phamffledi crefyddol eu natur, pregethau, cofiannau gweinidogion, cerddi unigol a chyfrolau beirdd (megis *Gweithiau Barddonol Telynog*), llyfrau emynau (gan gynnwys *Hen Emynau* J. Bowen Jones, 1877, a *Perlau Moliant* yr Undodiaid, 1886) – corff o gyhoeddiadau sy'n ddrych o fywyd crefyddol a diwylliannol capeli ymneilltuol Cymru yn niwedd y bedwaredd ganrif ar bymtheg a dechrau'r ugeinfed. Yr oedd hon yn swyddfa brysur cyn dyfodiad *Y Tyst* ond gyda dyfodiad hwnnw magodd swyddfa Joseph Williams safle o bwys fel argraffydd Undeb yr Annibynwyr, yn cynhyrchu adroddiadau swyddogol, cylchgronau (*Cennad Hedd*, 1881-1924), blwyddlyfrau, deunydd y capeli a'r ysgolion Sul, yn ogystal ag ugeiniau o lyfrau gan weinidogion ac aelodau eglwysi'r Annibynwyr (e.e. *Albwm Aberhonddu*, 1888, *Oriel Coleg Caerfyrddin*, 1910, *Cofiant D. Silyn Evans*, 1913) ac eraill o enwadau eraill. Yma yr argraffwyd ac y cyhoeddwyd ail argraffiad *History of Merthyr Tydfil* Charles Wilkins (1908) yn ogystal â'i lyfr safonol *History of the iron, steel, . . . trades of Wales* (1903).[20] Bu farw Joseph Williams yn 1903 ond parhawyd y busnes gan un o'i feibion, D(avid) D(aniel) Williams, er i'r *Tyst* symud i Aberystwyth yn 1950.

Y bedwaredd ganrif ar bymtheg oedd oes ffyniannus argraffu a chyhoeddi ym Merthyr Tudful, a rhwng pump ac wyth o swyddfeydd yn y dref mewn unrhyw un flwyddyn. Yr oedd y perchnogion cyntaf, yn hanner cyntaf y ganrif, yn aml yn wŷr o sylwedd ym mywyd y dref, yn arweinwyr yn y gymuned fel diwygwyr cymdeithasol a hyrwyddwyr datblygiadau yn y bywyd dinesig, yn flaenllaw yn y bywyd llenyddol a chrefyddol, ac yn awyddus i ymladd eu brwydrau yn eu newyddiaduron yn ogystal ag mewn Bwrdd neu bwyllgor a chyfarfod cyhoeddus. Dyma'r cyfnod pan adlewyrchai'r wasg natur bywyd a gobeithion y gymuned gliriaf, yn ei chyhoeddiadau ac yn arbennig yn ei newyddiaduron. Yr oedd ail hanner y ganrif ac wedyn yn wahanol. Gwir i ddau o newyddiaduron yr ILP ymddangos yn y ganrif newydd, sef *Merthyr Borough Labour Pioneer*, 1911-22 (yr oedd T. E. Nicholas yn olygydd y golofn farddol), a'r *South Wales Worker: Gwethiwr y De* (1913-14, gynt *Rhondda Socialist Newspaper*, Pontypridd 1911-13)[21] ond dihoeni yr oedd y wasg wleidyddol leol wrth i newyddiaduron a chyhoeddwyr Prydeinig mwy o faint gwrdd ag anghenion gwleidyddol a diwylliannol lletach y gymuned. Arwyddion o newid mwy sylfaenol yn y gymdeithas oedd y cilio hwn a bod papurau newydd yn tyfu'n gyfyngach eu gorwelion ac yn fwy lleol eu cywair. Wrth i'r gymdeithas newid yr oedd y gymuned ei hun yn cynhyrchu llai o ddeunydd i'w gyhoeddi tra oedd y seisnigeiddio cynyddol yn andwyo cyhoeddi yn Gymraeg. Dim ond yn ei chysylltiadau enwadol y byddai'r wasg Gymraeg yn lletach na'r lleol yn ei chynnyrch.[22] Erbyn y 1930au yr oedd tri chwmni mewn safleoedd llywodraethol ym Merthyr – Southey a'r *Merthyr Express*,[23] Llywelyn Davies, a Joseph Williams – a dim ond yr *Express* a barhaodd yn bapur newydd, ar wahân i ambell deitl diweddar fel y *Merthyr Herald & Post* (1947). Erbyn y 1940au peidiodd yr *Express* â bod yn bapur mewn perchnogaeth leol ond, megis y rhan fwyaf o newyddiaduron de Cymru, yn eiddo cwmni Thomson ac yn rhan o'r Celtic Press. Gwelir yr un crebachu yng nghynnyrch cyhoeddi'r gweisg yn yr ugeinfed ganrif a chysylltiadau enwadol sy'n gyfrifol fod Joseph Williams wedi cyhoeddi *Cadair Tregaron* (J. J. Williams) yn 1929, *O ben tir Llydaw* (Dyfnallt) yn 1934 ac *Y Machlud* (Geraint Dyfnallt Owen) yn 1936. Lleol, yn hanes lleol, adroddiadau cymdeithasau ac ymgyrchoedd lleol, dogfennau trafod llywodraeth leol, yw cynnyrch y gweisg niferus sydd yn dal yn y dref heb fod yr un wedi datblygu'n wasg letach ei sylfaen cwsmeriaid na'r cylch lleol, fe ymddengys.[24] Fel y gwelir, yr oedd cyhoeddi bellach yn bur wahanol i'r hyn ydoedd yn y bedwaredd ganrif ar bymtheg pan nad oedd rhwyg mor amlwg rhwng cyhoeddi ac argraffu. Tyst i hynny yw hanes cwmni cyhoeddi cynhyrchiol a weithredai o Ferthyr, ond nad oeddent yn argraffu, ym mlynyddoedd cyntaf yr ugeinfed ganrif, sef y Welsh Educational Publishing Company/ Cwmni Cyhoeddiadol Addysgol. Hwy a gyhoeddodd *Flamebearers of Welsh History* Owen Rhoscomyl yn 1905, D. Delta Evans, *The Ancient Bards of Britain* (1906), *Eminent Welshmen* T. R. Roberts (Asaph) (1908), llawer o ddeunydd ar gyfer ysgolion a hefyd rai o ganeuon Harry Evans. O tua 1910 ymlaen Caerdydd yw nod y cwmni.

Tebyg fu hynt argraffu a chyhoeddi yng nghwm Cynon erbyn tua chanol yr ugeinfed ganrif er gwaethaf ffyniant a dylanwad ei weisg cyn hynny.[25] Yr oedd datblygiad trefol y cwm yn ddiweddarach o dipyn na Merthyr Tudful. Er bod gweithfeydd haearn wedi'u sefydlu ym mhen uchaf cwm Cynon yn 1780 a thyfu'n gyson ar ôl hynny hyd 1827, lleol yn eu hanfod oedd y datblygiadau. Hyd yn oed yn 1841 6,741 oedd poblogaeth y plwyf, tra oedd Merthyr yn yr un cyfnod yn nesu at 30,000. Glo oedd sylfaen economaidd y cwm wedi suddo'r pwll cyntaf yn 1837; yr oedd y boblogaeth yn 1851 yn 14,998 a thyfodd yn gyson ar ôl hynny. Symudodd canolbwynt y bywyd cymunedol i lawr at yr hen bentref a ddaeth yn ganolfan y bywyd masnachol a dinesig newydd. Tyfodd pentrefi o gwmpas y pyllau yn yr hen randiroedd ond cyfeiriai pawb at yr ymsefydliad o gwmpas eglwys y plwyf lle y llifa afon Dâr i Gynon fel 'y pentra'. Yr oedd datblygiad pen isaf cwm Cynon yn debyg yn ei natur ond ei fod yn ddiweddarach eto.[26] Cyrhaeddodd camlas Morgannwg a gysylltai Gaerdydd a Merthyr y pentref a ddaeth yn Abercynon yn 1794 gan uno yn 1807 â chamlas Aberdâr a gyrhaeddodd Aberdâr yn 1812. Trigain o drigolion a oedd yn y pentref yn 1812 ond yn 1846 daeth yn gyffordd bwysig rheilffordd Taff Vale a chyda suddo'r pyllau glo cyntaf yn 1864 ac yn 1889 gwelwyd y pentref gwledig yn ymffurfio'n strydoedd a chapeli, siopau, ysgolion a neuaddau gweithwyr yn cael eu codi. Yn 1893 penderfynwyd ar enw swyddogol y dreflan, Abercynon, yn hytrach nag Ynys Feurig, The Basin, Navigation ac Aberdare Junction. Yr oedd y boblogaeth yn 5,921 yn 1901 a chyrhaeddodd ei huchafbwynt, 9,109, yn 1911. Yr un datblygiadau trafnidiaeth a masnach a'r un ddibyniaeth ar y pyllau glo (ar ôl 1850 a 1855) a droes Aberpennar yn dref ddiwydiannol a'i phoblogaeth yn cynyddu o tua 300 yn 1845 i 4,000 erbyn 1859 a 31,000 erbyn 1900.

Gwelai arweinwyr craffaf yr 1840au a'r 1850au beth a oedd ar fin digwydd yng nghwm Cynon:

> Yr oedd Aberdâr fel ardal yn myned i gynnyddu yn gyflym iawn – y trigolion yn amlhau – cymmydogaethau newyddion yn cyfodi – dyeithriaid lawer yn tyru i'r lle.[27]

Nid oedd Aberdâr wedi magu dros gyfnod hir ddosbarth canol proffesiynol i lywio'r farn gyhoeddus ac i greu sefydliadau dinesig, ond yr un fyddai natur cymuned gweithwyr cwm Cynon â rhai Merthyr yn ail hanner y bedwaredd ganrif ar bymtheg, yn radicalaidd a heriol, yn ceisio mynegiant i'w dyheadau a'u hawliau, yn ymneilltuwyr Cymraeg, yn gefnogwyr cymdeithasau llenyddol, eu heisteddfodau a'u beirdd. Yr oedd datblygiad gwasg i roi llais i hyn oll yn anorfod.

Y cyntaf i achub ar y cyfle, fel y gwelwyd, oedd Josiah Thomas Jones a oedd wedi symud o Ferthyr i'r Bont-faen ac i Gaerfyrddin. Yn Ebrill 1854 symudodd ei wasg i Aberdâr, tref boblog, ynghanol llif syniadau ei newyddiadur *Y Gwron.* Daliodd ati gydag *Y Gwron a'r Gweithiwr* (1854-60), cyn sefydlu'r *Aberdare Times* hirhoedlog a dylanwadol (1860-1902) a oedd lawn mor wleidyddol ei gymeriad a heb fod mor lleol ei naws ag a awgryma'r enw. Gwasg brysur oedd gwasg Josiah Jones, yn cyhoeddi gweithiau diwinyddol a hanes yr eglwys, casgliadau o gerddi, cofiannau, a'i *Geiriadur Bywgraffyddol o Enwogion Cymru* ef ei hun mewn dwy gyfrol drwchus (1867, 1870). Nodwedd arall ei wasg oedd y nifer enfawr o faledi a gyhoeddwyd ganddo ef a'i olynwyr o tua 1864 ymlaen. Yn hyn o beth nid oedd yn unigryw oherwydd yr oedd Aberdâr yn un o ganolfannau pwysicaf y diwydiant argraffu a chyhoeddi baledi yn y de yn y bedwaredd ganrif ar bymtheg a chryn gyrchu i'r dref i ymorol am gopïau o gerddi.[28] Mentrodd amryw weisg i'r dref ar ôl J. T. Jones – Walter Lloyd o Gaerfyrddin yn 1856 a William Morris, y postfeistr lleol, yn 1858. Ef a argraffai'r newyddiadur diweddaraf, *Y Gwladgarwr,* dros y perchennog, Abraham Mason, gŵr busnes a diwygiwr cymdeithasol rhyddfrydol, ym mis Mai 1858 ond ym mis Medi 1858 Walter Lloyd a argraffai'r papur ac enwir ef yn berchennog y flwyddyn ganlynol. Â'i enw a'i swyddfa ef y cysylltir *Y Gwladgarwr* a ddaeth yn un o bapurau mwyaf poblogaidd de Cymru. Bu'n gystadleuaeth ffyrnig rhyngddo a *Gwron* J. T. Jones ac nid hwyrach mai dyna a ddarbwyllodd Jones i roi'r gorau iddo a sefydlu'r *Aberdare Times.* Golygyddion cyntaf *Y Gwladgarwr* oedd Llew Llwyfo ac yna yn 1859 Ieuan

Gwyllt, gyda nifer o wŷr amlwg yn gyfrifol am agweddau arbennig, yn eu plith Alaw Goch a'r Parchedig David Saunders, gweinidog eglwys newydd (MC) Bethania lle'r oedd Walter Lloyd ac Abraham Mason yn aelodau. Rhyddfrydol oedd cywair y papur – 'dadleua dros hawliau pob dosbarth o ddynion, a dinoetha trais a gormes mewn byd ac eglwys', oedd addewid y llith olygyddol gyntaf – ond ni ddatblygodd yn offeryn gwleidyddol grymus ond yn hytrach yn bapur eang ei apêl ddiwylliannol i ddarllenwyr a oedd ag angen rhywbeth llai digymrodedd. Bu farw Walter Lloyd 31 Ionor 1883, ac am resymau anhysbys daeth y papur i ben yn fuan wedyn er bod y mab, Iago Llwyd, wedi parhau'r busnes.

Yn etholiad 1868 anfonodd Merthyr ac Aberdâr Henry Richard i'r senedd wrth i'r werin dyfu'n fwy gwleidyddol ymwybodol a heriol. Dyma'r cyfnod pan ddatblygodd mudiadau cydweithredol yn y cwm ac y lledodd undebau'r glowyr. Cyfnod o ymrafaelion ydoedd hwn ac o ferw gwleidyddol a arweiniodd at ymddiwyllio ac ymarfogi syniadol ar ran y glowyr. Mae'n debyg fod *Y Gwladgarwr* yn rhy ddof a cheidwadol i'r to newydd o weithwyr, oherwydd nid annog ac addysgu oedd yr angen yn awr yn gymaint ag amddiffyn a darparu deunydd dadleuon. Offeryn arweinwyr yr oes newydd oedd *Tarian y Gweithiwr* a sefydlwyd yn 1875 gan dri o weithwyr Walter Lloyd, gyda John Mills, yntau'n aelod yng nghapel Bethania, gŵr eang ei ddiwylliant a'i ddiddordebau, yn brif ysgogydd y newyddiadur a'r swyddfa argraffu. Bwriad y papur oedd rhoi modd i'r gweithwyr eu hamddiffyn eu hunain ac o'r dechrau pwysleisiwyd y wedd ymarferol hon ar y cynnwys. Ond y gwir yw fod apêl *Tarian y Gweithiwr* yn lletach na hyn ac ynghyd â hanes cyfrinfeydd, dadleuon ynghylch amodau gwaith a materion eraill y glowyr a thrafodaethau ar wleidyddiaeth ryngwladol a'r sefyllfa grefyddol, ceid yn gyson nofel gyfres, gwersi gramadeg, colofn farddol, ac adroddiadau am gapeli ac eisteddfodau a hanes lleol. Mae'n ddrych o'r hen ryddfrydiaeth wleidyddol a diwylliannol y byddai Mabon yn gynrychiolydd olaf ohoni. Erbyn diwedd y ganrif yr oedd y rhyddfrydiaeth hon yn ildio i'r sosialaeth newydd a'i newyddiaduron a'r mewnfudo Saesneg yn effeithio'n drymach drymach ar fywyd a gwerthoedd y gymuned. Collodd *Tarian y Gweithiwr* ei safle fel un o brif newyddiaduron y de gyda chylchrediad o 10,000-15,000 o gopïau. Yn 1911 ychwanegwyd *Llenyddol* at yr is-deitl *Cofnodydd Gwladol a Gweithfaol* ac yn 1914 newidiwyd yr enw i *Y*

Darian. Papur yr Aelwyd Gymreig a Tharian Iaith a Llên a Phurdeb a Moes ein Cenedl – ni ellid arwydd eglurach o'r newid ym mhau cymdeithasol y Gymraeg yn y cymoedd. Daliodd *Y Darian* ei thir dan olygyddiaeth heriol J. Tywi Jones o 1914 hyd 1933[29] ond erbyn hynny ni thyciai dim a daeth i ben yn 1934. Ond hwn oedd y papur pwysicaf a mwyaf ei ddylanwad a gyhoeddwyd yn y cymoedd. Hwn a fu byw hwyaf a drych yw ei hanes a'r cyfnewidiadau a fu ynddo o'r newid a ddigwyddodd yn yr ardaloedd hyn, yn wleidyddol, yn gymdeithasol ac yn ieithyddol. Ildiodd ei le i bapurau Saesneg yn y wasg wleidyddol a lleol (yr oedd Pugh a Rowlands, perchnogion yr *Aberdare Leader*, yn argraffwyr a bellach yn berchnogion *Y Darian*), ond pan geisiwyd sylfaen newydd yn y bywyd llenyddol cafwyd yn fuan nad oedd digon o nerth ynddo ym Morgannwg i gynnal newyddiadur Cymraeg, gwers yr oedd Rees Lewis a'i *Fellten* eisoes wedi'i dysgu ym Merthyr.[30]

Ond nid dyna ddiwedd ar wasg Gymraeg Aberdâr oherwydd yr oedd amryw o weisg yn argraffu ac yn cyhoeddi llyfrau o bob math, megis William Wilcox (1884-tua 1918) a argraffai lawlyfrau ysgolion Sul yr Annibynwyr, Jenkin Howell (1836-1902), y Bedyddiwr llengar a ddenodd i'w swyddfa lawer o waith llenyddol,[31] 'Ap Hefin' (Henry Lloyd, 1870-1946), bardd llys y Cymdeithasau Cymraeg lleol a gyhoeddai ei waith ei hun a llyfrau tebyg gan feirdd eraill, Stephens & George hwythau (1912-) yn cyhoeddi dramâu Cymraeg a Saesneg, a llawer o deitlau nad oeddynt yn lleol eu cysylltiadau (ac yn annisgwyl, gyfrolau Henry Lewis, *Llawlyfr Cernyweg Canol,* 1922, a *Llawlyfr Llydaweg Canol*, dros Hughes a'i Fab, 1923). Ddiwedd y bedwaredd ganrif ar bymtheg yr oedd argraffwyr yn ymddangos yn Abercynon (D. Edmunds oedd y cyntaf) ac yn Aberpennar (gwelir gwaith E. Jenkins, C. J. Grier, a Saunders yn negawdau cyntaf yr ugeinfed ganrif) ond *jobbing* lleol oedd eu cynnyrch gan mwyaf. Parhaodd argraffu Cymraeg yn hyfyw yn Aberdâr yn hwy o lawer nag ym Merthyr ac yr oedd gan rai o weisg hanner cyntaf yr ugeinfed ganrif gysylltiadau masnachol ehangach na chwm Cynon. Yn 1904 yr oedd o leiaf ddeg o weisg yn Aberdâr ac yn y 1940au tua phump. Ond nid oedd dilyniad i berchnogion megis Jenkin Howell ac Ap Hefin i adeiladu ar y sylfeini hyn a chreu gwasg Gymreig. Yr *Aberdare Leader* oedd prif ddiddordeb Pugh a Rowlands, ac er bod Stephens & George wedi aros yn yr un teulu ers ei sefydlu yn 1912, troesant eu golygon at ddod yn argraffwyr masnachol ar raddfa fawr heb odid ddim ymwneud â'r bywyd Cymraeg na Chymreig. Symudasant eu swyddfa i Barc Diwydiannol Dowlais yn 1969.[32] Deil y *Merthyr Express* yn swyddfa argraffu.

Y mae nifer o swyddfeydd argraffu o'r math cyfoes yn dal yng nghymoedd Taf a Chynon ond nid ydynt yn gyhoeddwyr; a lle y bo cyhoeddi yn y cymoedd hyn, lleol ac achlysurol yw'r gwaith. Yr oedd y Cwmni Cyhoeddiadol Addysgol yn eithriad yn nechrau'r ganrif ac eithriad cyfoes oedd Leaf Books, cwmni sy'n canolbwyntio ar gyhoeddi gwaith awduron newydd, yn gasgliadau niferus o storïau byrion, barddoniaeth a llên feicro, yn fynych yn gynnyrch cystadlaethau. Dechreuodd y cwmni ar ei waith tua 2005 a bellach mae wedi symud ei swyddfa i Gaerdydd. Sefydlwyd Cwmni Cyhoeddiadau Modern (nad ydynt yn argraffwyr ond sydd yn defnyddio amryw o swyddfeydd argraffu) yn 1963 gan D. Ben Rees yn Abercynon, lle'r oedd yn weinidog, yn gwmni cenedlaethol Cymreig ei rychwant. Rhwng 1963 a 1968, pan dderbyniodd Dr Rees alwad i eglwys yn Lerpwl, ymddangosodd 39 o deitlau o'r cwmni hwn, nifer rhyfeddol.[33] Y mae'n rhestr ddiddorol yn ei hamrywiaeth – llyfrau plant, nofelau (rhai mentrus yn eu plith), storïau byrion ac ysgrifau, cerddi, deunydd addysgol, diwinyddiaeth ac ati – gan amrywiaeth o awduron, llawer ohonynt yn awduron cenedlaethol ac adnabyddus. Nid cwmni cyhoeddi â phwyslais lleol mohono a dyma lwyddo o'r diwedd i sefydlu cwmni cyhoeddi cenedlaethol, dros dro, mae'n wir, mewn cwm a thraddodiad mor anrhydeddus ganddo yn hanes argraffu a chyhoeddi yng Nghymru.

NODIADAU

1. Erys yng Nghymru rai enghreifftiau nodedig o gyhoeddwyr sydd hefyd yn gwmnïau argraffu.
2. Cymharer y sylwadau hyn am ddau o argraffwyr cynnar Merthyr Tudful, 'Peter Williams has the credit of being the printer who introduced printing driven by steam power into Merthyr, . . . the power of production was multiplied six fold', yn 1855, *Merthyr Historian*, 16 (2003), t. 142, ac *art. cit.*, t. 146, 'The first thing Southey did was to introduce a machine for the job printing work in the place of the old hand presses', hyn yn 1869.
3. Trwy gydol yr ysgrif hon yr wyf wedi tynnu'n helaeth ar orchestwaith Ifano Jones, *A History of Printing and Printers in Wales to 1810 and . . . to 1923; and A History of Printing and Printers in Monmouthshire to 1923* (Cardiff, 1925), lle y ceir llawer o hanes dilyniad y cwmnïau argraffu a'u perchnogion. Rhag amlhau troednodiadau nid wyf wedi nodi'r cyfeiriadau bob tro. Gwerthfawr hefyd yw *Gwnewch Bopeth yn Gymraeg: yr iaith Gymraeg a'i pheuoedd 1801-1911*, gol. Geraint H. Jenkins, (Caerdydd, 1999), 'Argraffu a chyhoeddi yn yr iaith Gymraeg 1800-1914', pen. 11 (Philip Henry Jones), 297-326, 'Y Gymraeg a'r wasg gylchgronol', pen. 12 (Huw Walters), 327-52, 'Yr iaith Gymraeg a newyddiaduraeth', pen. 13 (Aled Jones), 353-74.
4. Y mae Merthyr Tudful wedi denu sylw nifer o haneswyr ers cyhoeddi William Edmunds, *Traethawd ar hanes plwyf Merthyr* (Aberdâr,1864). Cefais fudd o ddarllen, ymhlith defnyddiau eraill, Charles Wilkins, *The History of Merthyr Tydfil* (ail argraffiad, Merthyr Tydfil, 1908); Joseph Goss, *A Brief History of Merthyr Tydfil* (Risca, 1980); Raymond Grant, 'Merthyr Tydfil in the mid nineteenth century', *Cylchgrawn Hanes Cymru*, 14 (1989), 574-94; gweler nodyn 7 isod. Ceir dadansoddiad trylwyr o fywyd masnachol y dref gan Mary Owen, 'Dynamism, Diligence, Energy and Wealth; trade and commerce in Merthyr Tydfil, 1800-1914', *Merthyr Historian*, 25 (2013), 204-38.
5. Ifano Jones, 167-73. Gweler hefyd erthygl Glanmor Williams, 'Printers, Publishers and Book-lovers in Merthyr Tydfil', *Merthyr Historian*, 11 (2000), 1-11.
6. Ceir hanes manwl y wasg a'r teulu gan Ifano Jones, tt. 265-70, a gweler T. J. Hopkins, 'The Reverend John Jenkins (Shôn Shincyn) of Hengoed as a printer', *Gelligaer: the Journal of the Gelligaer Historical Society*, 7 (1970), 5-6.
7. Gweler y penodau yn Glanmor Williams (gol.), *Merthyr Politics; the making of a working-class tradition*, Cardiff, 1966, Gwyn A. Williams, 'The making of radical Merthyr', *Cylchgrawn Hanes Cymru*, 1 (1960-63), 161-92, idem, 'The insurrection at Merthyr Tydfil in 1831', *Trafodion Anrhydeddus Gymdeithas y Cymmodorion 1965*, rhan 2, (1965), 222-43, idem, *The Merthyr Rising*, Cardiff, 1988; Goss, op. cit. , tt. 49-56.
8. Gwyn A.Williams,'Insurrection', *Trafodion y Cymmrodorion*, 1965, t. 243. Ar hanes newyddiaduraeth Gymreig a swyddogaeth papurau newydd Merthyr Tudful yn benodol yn gyfryngau llywio barn gyhoeddus, gweler Aled Jones, *Press, Politics and Society: a History of Journalism in Wales*, Cardiff, 1993, idem, 'Y Wasg Gymreig yn y bedwaredd ganrif ar bymtheg', *Cof Cenedl*, 3 (1988), 89-116, Charles Wilkins, *History*, tt. 447-50, R. D. Rees, 'Glamorgan newpapers under the Stamp Acts', *Morgannwg*, 3 (1959), tt. 72-84, idem, 'Newspapers under the Stamp Acts', *Cylchgrawn Hanes Cymru*, 1 (1960),

312-16; Andy Croll, *Civilizing the Urban*, Cardiff, 2000, tt. 20-21, 42-44. Ceir rhestr ddefnyddiol o newyddiaduron Merthyr Tudful yn Beti Jones, *Newsplan Cymru*, Llundain/Aberystwyth, 1994, 246, ynghyd â manylion daliadau llyfrgelloedd *passim*.

9. Mae Gwyn A. Williams yn darlunio'n fyw iawn ran y *Telegraph* (isod) yn ymbleidio trefol Merthyr a'r ymgyrch ymgorffori dinesig yn y cyfnod hwn yn 'The making of radical Merthyr, 1800-1836', tt. 182-5.
10. Ar y cymdeithasau llenyddol gweler Edmunds, t. 79; Wilkins, *History*, pennod 29 (tt. 385-403), E. G. Millward, 'Merthyr Tudful: Tref y Brodyr Rhagorol', yn Hywel Teifi Edwards, gol., *Merthyr a Thaf* (Llandysul, 2001), 9-56, Brynley F. Roberts, 'Mab ei Dad, Taliesin ab Iolo Morganwg', ibid., 57-93, tt. 71-72.
11. Gweler *Merthyr Historian*, 16, t. 142, y dyfynnwyd darn ohono uchod, nodyn 2.
12. James a oedd yn gyfrifol am *The Cosmopolitan* a chyda'i offer ef yr argreffid *The Merthyr Echo*. Gweler Ifano Jones, t. 174.
13. Ar Rees Lewis gweler T. F. Holley, 'Rees Lewis, Merthyr Printer, 19.10.1804-22. 2.1886', *Merthyr Historian*, 14 (2002), 89-109, sy'n cynnwys rhai o deitlau gweisg Rees Lewis (e.e. *Llewelyn Parri neu y meddwyn diwygiedig*, Llew Llwyfo, 1854, *Hanes Dr Livingstone*, Thomas Levi, 1855, *Yr Anianydd Cristnogol*, 1860, *Telyn y plant*, misol, 1859-61), a'r mab, J. P. Lewis a argraffodd rai o lyfrynnau pwysig Charles Herbert James, A.S.
14. Gweler ymdriniaeth Tegwyn Jones, 'Welsh Ballads', pen. 20, tt. 245-52, yn Philip Henry Jones & Eiluned Rees (goln), *A Nation and its books, a history of the book in Wales*. Aberystwyth, 1998.
15. Y baledwr poblogaidd a chynhyrchiol Dic Dywyll (Richard Williams) oedd awdur llawer o'r rhain, yntau, efallai, yn byw ym Merthyr Tudful am gyfnod.
16. Ar faledi Merthyr gweler Hefin Jones, 'Rhestr o faledi Dic Dywyll yn cynnwys cyfeiriadau', *Llên Cymru*, 34 (2011), 127-201, E. Wyn James, 'Zulus and stone-breakers: a case study in Glamorgan ballad-sheet printing', yn Mary-Ann Costantine (gol.), *Ballads in Wales* (London, 1999), 41-48, ibid., '"Watching the white wheat" and "That hole below the nose": the English ballads of a late-nineteenth-century Welsh jobbing printer', yn Sigrid Rieuwerts & Helga Stein, *Bridging the cultural divide: our common ballad heritage*, Hildesheim, Zurich, New York, 2000, 178-94.
17. Gweler t. 135 isod.
18. Y mae rhestr teitlau swyddfa'r *Merthyr Express* yn gyfuniad diddorol o *jobbing* lleol ac o lyfrau a llyfrynnau ehangach eu hapêl. Yma hefyd yr argraffwyd y golygiad cyntaf o *History of Merthyr Tydfil* Charles Wilkins (1867) a'i *Wales Past and Present* (1870). Ceir hanes cynnar y wasg yn rhifyn jiwbili'r papur 7 Tachwedd 1911, adargraffwyd yn *Merthyr Historian*, 16 (2003), 141-50.
19. Arno gweler David Pretty, 'John Owen Jones, ("Ap Ffarmwr") and the labour movement in Merthyr Tydfil, 1894-6', *Morgannwg*, 38 (1994), 101-14, R. Maldwyn Thomas a Cyril Parry yn *Trafodion Cymdeithas Hynafiaethwyr . . . Môn*, (1967), 72-108, R. Maldwyn Thomas yn *Gwŷr Môn*, gol. Bedwyr Lewis Jones, 1979, tt. 127-30.
20. Gweler T. F. Holley, 'Joseph Williams, Printer "Tyst a'r Dydd"', *Merthyr Historian*, 17 (2004), 121-29. Cynnwys hefyd restr ddefnyddiol o gynnyrch y wasg (ond bod y teitlau wedi'u trosi i'r Saesneg!) hyd 1901.
21. Ar y rhain gweler Aled Jones, *Press, Politics and Society*, t. 138. Cyhoeddwyd rhai pamffledi gan y Labour Pioneer Press. Rhestrir y wasg yn y cyfeirlyfrau masnach hyd tua 1925.

22. Argraffai nifer o'r gweisg gylchgronau dros yr enwadau neu eu golygyddion. At ei gilydd cymharol fyr fyddai oes llawer o'r rhain neu symudent o'r dref gyda'r golygyddion. Ceir rhestri yn Huw Walters, *Llyfryddiaeth Cylchgronau Cymreig 1735-1850*, Aberystwyth, 1993, ac idem, *Llyfryddiaeth Cylchgronau Cymreig 1851-1900*, Aberystwyth, 2003.
23. Cyhoeddai amryw o'r newyddiaduron hyn, megis yr *Express*, golofn Gymraeg, neu farddol mewn gwirionedd.
24. Yn yr ysgrif hon yr wyf wedi cyfyngu fy sylw i weisg tref Merthyr ond mae'n bwysig cofio fod argraffu mewn cymunedau eraill yn y cylch megis Dowlais (yn arbennig) a Throed-y-rhiw o'r 1870au a'r 1880au ymlaen.
25. Ceisiais adrodd hanes argraffu a chyhoeddi yn Aberdâr yn 'Argraffu yn Aberdâr', *Cylchgrawn Cymdeithas Lyfryddol Cymru*, 11 (1973-74), 1-53 (sy'n cynnwys rhestri o gynnyrch y gweisg), ac yn 'Printing at Aberdare, 1854-1974', *The Library*, 55 (1978), 125-42. Ar hanes y cwm gweler R. Ivor Parry, 'Aberdare and the industrial revolution', *Glamorgan Historian*, 4 (1967), 194-204, R. T. Jenkins, 'Glyn Cynon', *Rhestr Testunau Eisteddfod Genedlaethol Cymru*, Aberpennar 1940, 9-16, disgrifiadau yn *Old Aberdare*, Aberdare, 1976, rhagair Ieuan Gwynedd Jones yn *Old Aberdare & Merthyr Tydfil in photographs*, goln R. Ivor Parry a Tom Whitney, Barry, 1976, penodau yn *Cwm Cynon*, Cyfres y Cymoedd, gol. Hywel Teifi Edwards, Llandysul, 1997.
26. Gweler William Bevan, *Hanes Mountain Ash*, Caernarvon, 1897, cyfieithiad Saesneg gydag ychwanegiadau gan Alan Vernon Jones, Aberdare, printed by D. J. Pryse & Son, Mountain Ash, 1990, Thomas Evans, *The Story of Abercynon*, Risca, 3ydd arg., 1976.
27. Dyfynnir yn Benjamin Evans, *Bywgraffiad y diweddar Barchedig T. Price, M.A., Ph.D.*, Aberdâr, 1891, t. 38.
28. Gweler y rhestr yn 'Argraffu yn Aberdâr', tt. 47-53, a chymharer nodyn 14 uchod.
29. Ar J. Tywi Jones gweler Noel Gibbard, *Tarian Tywi, Cofiant y Parch. J. Tywi Jones*, Caernarfon, 2011.
30. Ceir rhestr o newyddiaduron Aberdâr yn Beti Jones, *Newsplan*, t. 245. Dadansoddir ystadegau nifer y newyddiaduron Cymraeg a lansiwyd cyn ac ar ôl 1855 a'r prif ganolfannau cyhoeddi 1800-1899 gan Aled Jones yn *Gwnewch Bopeth yn Gymraeg*, tt. 356 a 357. Gwelir yno fel yr oedd safle Aberdâr wedi datblygu y tu hwnt i sefyllfa Merthyr fel aeth y ganrif yn ei blaen.
31. Parhawyd y wasg gan ei fab, yntau'n Jenkyn Howell, hyd 1926 ond heb yr un llewyrch Cymraeg cenedlaethol.
32. Ar hanes Grŵp Argraffu Stephens & George gweler *Celebrating 100 years in British printing*, eu llyfryn dathlu, 2012. Symudodd y Celtic Press i Barc Masnachu Merthyr yn 1972.
33. Y mae'r cwmni, wrth gwrs, yn dal i gyhoeddi. Hoffwn ddiolch i Menna Evans o'r Llyfrgell Genedlaethol am roi copi imi o'r llyfryddiaeth o Gyhoeddiadau Modern Cymreig a luniwyd ganddi; hefyd i Robert Lacey a Iona Bailey o'r Llyfrgell Genedlaethol am eu cymorth wrth chwilio am deitlau arbennig.

8.

'Llawn Llafur yw Llynlleifiad': Cyfrolau Pedr Fardd a'u Hargraffwyr[1]

E. Wyn James

MEWN YSGRIF YN *Y CASGLWR* yn 1984 fe hawliodd y cyfreithiwr llengar Emrys Jones, cadeirydd Pwyllgor Gwaith Eisteddfod Genedlaethol Bro Dwyfor 1975, mai Pedr Fardd yw 'un o'r mwyaf o Emynwyr y Diwygiad mawr'.[2] Yn ôl Syr Thomas Parry, ef yw 'gyda'r mwyaf cymeradwy o emynwyr Cymru';[3] i Gwilym R. Jones, ef yw'r 'mwya' crefftus, o bosibl, o'n holl emynwyr';[4] a chyfeiria'r Athro Bobi Jones ato fel 'y trydydd cawr ymhlith ein hemynwyr', ar ôl Williams Pantycelyn ac Ann Griffiths.[5] Byddai cefnder Syr Thomas, y bardd Rhamantaidd mawr Robert Williams Parry, yn arfer gosod Pedr Fardd yn y trydydd dosbarth fel emynydd – dau yn unig oedd yn y dosbarth cyntaf ganddo, sef Williams Pantycelyn ac Ann Griffiths; neb yn yr ail; Morgan Rhys, Pedr Fardd ac Ieuan Glan Geirionydd yn y trydydd, a phawb arall yn y pedwerydd dosbarth.[6] O gofio hyn oll, y mae'n rhyfedd ar un olwg na chyhoeddwyd cyfrol o emynau Pedr Fardd oddi ar iddo ef ei hun gyhoeddi casgliad eithaf cyflawn ohonynt yn y flwyddyn 1830 o dan y teitl *Crynoad o Hymnau* – cyfrol sy'n eithriadol brin erbyn heddiw.

Fel yr awgryma'r teitl, dwyn ynghyd emynau a oedd wedi ymddangos yma a thraw mewn cyhoeddiadau amrywiol oedd un o ddibenion cyhoeddi *Crynoad o Hymnau* yn 1830. Dechreuodd emynau Pedr Fardd ymddangos mewn print yn 1795 pan gyhoeddwyd ei emyn mawr, 'Daeth ffrydiau melys iawn yn llawn fel lli', yn *Grawn-syppiau Canaan* (emyn 195), casgliad emynau arloesol ei gyd-Fethodist o sir Gaernarfon, Robert Jones (1745-1829), Rhos-lan. Yr oedd Pedr Fardd yn ugain mlwydd oed adeg cyhoeddi'r gyfrol, ond fe ddywedir i'r emyn trawiadol hwnnw gael ei gyfansoddi 'pan nad oedd braidd bymtheg oed'.[7] Rhwng 1795 ac 1830 ymddangosodd ei emynau mewn cylchgronau megis *Goleuad Cymru*, mewn atodiadau i lyfrynnau megis ei *Crynodeb o Hanes Dechreuad a Chynnydd y Trefnyddion Calfinaidd Cymreig yn Llynlleifiad* (1826), ac mewn casgliadau emynau – rhai ohonynt yn gasgliadau 'cyffredinol' o emynau, megis yn achos ei emyn yn *Grawn-syppiau Canaan* (1795) a'r ddau emyn o'i eiddo a gynhwyswyd yn yr atodiad i gasgliad emynau Dafydd Jones, Treffynnon, *Hymnau, a amcanwyd i fod yn adgyflawniad i'r Casgliad o Bum Cant o Hymnau* (1814),[8] ond llawer ohonynt mewn casgliadau bychain o emynau a gyhoeddwyd ganddo ef ei hun o 1819 ymlaen yng nghyd-destun ei lafur addysgol ymhlith y Methodistiaid Calfinaidd Cymreig yn Lerpwl. Ceir rhai gwahaniaethau o ran geiriad, ac yn nifer a threfn y penillion, rhwng y fersiynau cynharach hynny a'r ffurf sydd ar yr emynau erbyn iddynt gyrraedd *Crynoad* 1830, ac felly y dull cywiraf o ddisgrifio testun y *Crynoad* fyddai dweud ei fod yn cynrychioli ffurf derfynol Pedr Fardd ar lawer o'i emynau – ar lawer ohonynt, oherwydd er bod y rhan fwyaf o'i gynnyrch emynyddol yn y *Crynoad*, rhaid cofio nad yw'n cynnwys holl emynau Pedr Fardd, gan iddo barhau i gyfansoddi emynau ar ôl cyhoeddi'r *Crynoad* yn 1830: dyna, er enghraifft, ei gyfieithiad o emyn cenhadol Reginald Heber, 'From Greenland's icy mountains', a gyhoeddwyd yn *Y Gwladgarwr* yn 1837; ei emyn adnabyddus, 'Dywedwyd ganwaith na chawn fyw', a ymddangosodd gyntaf yn *Yr Athraw* yn 1838; ei emynau dirwestol yn *Yr Athraw* yn 1839; a'r emyn a luniodd ar gyfer cyfarfod ymadawol Thomas Jones, y cenhadwr Cymreig cyntaf i Fryniau Khasia, yn 1840.[9] Diddorol hefyd yw gweld John Thickens yn awgrymu mai Pedr Fardd oedd y 'Peter' y cyhoeddwyd rhai emynau Saesneg o'i waith ar dudalennau'r *Evangelical Magazine*.[10]

Argraffwyd *Grawn-syppiau Canaan* (1795) yn Lerpwl 'gan J. Gore, dros Daniel Jones' (sef mab hynaf Robert Jones, Rhos-lan).[11] Yr oedd hynny yn rhagflas o bwysigrwydd Lerpwl yn hanes argraffu gwaith Pedr Fardd. Yno yr argraffwyd *Crynoad o Hymnau* (1830) a'r casgliadau bychain o'i emynau a ragflaenodd hwnnw, ac y mae'n adlewyrchu lle canolog Lerpwl ym mywyd a gwaith Pedr Fardd. Nid yn Lerpwl y ganed ef, ond ym mwthyn Tanyrogof, plwyf Garndolbenmaen, ar 17 Medi 1775. Teiliwr ac athro ysgol oedd ei dad, William Jesus. Yr oedd yn arweinydd ymhlith y Methodistiaid

Calfinaidd yn y cylch, ac yn arweinydd y gân yng nghynulleidfa'r Methodistiaid ym Mrynengan – a byddai Pedr Fardd ei hun yn arweinydd y gân am gyfnod yng nghapel Pall Mall, capel cyntaf y Methodistiaid Calfinaidd Cymreig yn Lerpwl, wedi marw'r hen arweinydd, William Evans, yn 1822.[12] Yr oedd William Jesus hefyd yn fardd gwlad a chanddo afael eithaf da ar y gynghanedd, ac ef oedd athro barddol ei fab.[13] Ond nid 'Jesus' a fabwysiadodd Pedr Fardd yn gyfenw, ond yn hytrach gyfenw ei daid, Jesus Jones, gan gael ei alw felly yn 'Peter Jones'.[14] Symudodd i Lerpwl tua 1797, ac yno y bu tan ei farw ar 26 Ionawr 1845, ac yntau bron yn 70 oed erbyn hynny; ac yno y'i claddwyd, ym mynwent eglwys Sant Paul, a ddaeth wedyn yn safle Stadiwm Lerpwl (y stadiwm paffio enwog a agorwyd yn 1932 ac a ddymchwelwyd yn 1987). 'Dewi o Ddyfed' (David James, 1803-71) – un o'r 'Hen Bersoniaid Llengar' a oedd yn offeiriad yn Kirkdale, Lerpwl, ar y pryd ac a fu'n weithgar ym mywyd diwylliannol Cymraeg Lerpwl – a wasanaethodd yn ei angladd. Felly, er mai 'daear Sais yn do oer sydd' uwch ei ben (chwedl Gwilym Hiraethog),[15] a bod neb yn sicr erbyn hyn o union fan ei fedd, fe gafodd angladd Gymraeg o leiaf![16]

Yn y blynyddoedd cynnar wedi iddo symud o Eifionydd i Lerpwl, dilyn ei grefft fel teiliwr a wnaeth Pedr Fardd. Dywedir iddo hefyd fod yn glerc mewn swyddfa yn y ddinas ac mai yno y meistrolodd Saesneg. Ond yn 1807, ar anogaeth Thomas Charles o'r Bala, sefydlwyd ysgolion dyddiol i blant y Cymry yn gysylltiedig â'r ddau gapel o eiddo'r Methodistiaid Calfinaidd Cymreig a oedd yn Lerpwl ar y pryd, sef Pall Mall[17] a Bedford Street,[18] a phenodwyd Pedr Fardd yn athro'r ysgol yn Pall Mall.[19] Ymddengys iddo barhau yn athro o 1807 hyd 1830, er nad oes sicrwydd iddo aros yn athro yn Pall Mall am yr holl amser hwnnw.[20] Bu 1830 yn gryn drobwynt yn hanes Pedr Fardd. Dyna flwyddyn newid ei yrfa o fod yn athro i fod yn siopwr, blwyddyn claddu ei wraig a blwyddyn cyhoeddi ei *Crynoad o Hymnau*, casgliad sydd yn goron – ac yn ddiweddglo mewn rhai ffyrdd – ar gyfnod hynod gynhyrchiol iddo fel emynydd. Yn ogystal â bod yn weithgar yn yr ysgol ddyddiol, bu Pedr Fardd yn amlwg gyda gwaith yr ysgol Sul ymhlith Methodistiaid Cymreig Lerpwl. Yr oedd i hynny bwysigrwydd mawr yng nghyd-destun ei weithgarwch fel emynydd oherwydd, fel y crybwyllwyd eisoes, rhwng 1819 ac ymddangosiad *Crynoad o Hymnau* yn 1830, cyhoeddodd Pedr Fardd nifer o gasgliadau bychain o emynau o'i waith ef ei hun (yn bennaf) ar gyfer ysgolion Sul Methodistiaid Cymreig Lerpwl. Cynrychioli penllanw deng mlynedd o gyfansoddi diwyd ar gyfer yr ysgolion Sul hynny a wna *Crynoad* 1830, felly.

* * *

CASGLIADAU EMYNAU PEDR FARDD

Yr ysgogiad penodol ar gyfer llunio a chyhoeddi ei gasgliadau bychain o emynau oedd y cymanfaoedd ar gyfer yr ysgolion Sul a oedd mewn cymaint bri yn Lerpwl yn y cyfnod hwnnw. Mewn cofiant i'r Parch. Thomas Hughes (1758-1828), brodor o'r Bala a fu'n bregethwr gyda'r Methodistiaid Cymreig yn Lerpwl o 1789 hyd ei farw, adroddir fel a ganlyn am y gwaith gyda'r ieuenctid yn y cyfnod dan sylw:

> Yn y flwyddyn 1817, dechreuwyd cynal cyfarfod gydâ y plant a'r ieuenctyd, ar ol darfod yr oedfa nos Sabboth, yn yr ysgoldŷ o dan gapel Pall Mall; a gwnaed yr un modd, yn fuan wedi hyny, yn nghapel Bedford-street. Ni chafwyd nemawr o gysur o fod gydâ hwynt, hyd yn agos i ddiwedd y flwyddyn 1819, pryd y disgynodd dylanwadau grymus ac effeithiol yr Ysbryd Glân, ar lawer o honynt; – yn yr ysgoldŷ a enwyd yn gyntaf, a gwedi hyny yn y pen arall i'r dref; – ac fe chwanegwyd nifer mawr o honynt at yr eglwys mewn canlyniad i'r ymweliad hwn. Ac nid ar yr ieuenctyd yn unig yr oedd y gweithrediadau grasol hyny, ond hefyd ar henaint a chanol-oed: ïe, bu yn adfywiad cyffredinol i'r eglwys.[21]

Dywedir i'r adfywiad hwn ddechrau wrth i un o henuriaid yr eglwys, William Evans, weddïo am dywalltiad yr Ysbryd Glân ar ddiwedd y cyfarfod un nos Sul.[22] Dyna, felly, gyd-destun dechreuadau'r gyfres o gymanfaoedd blynyddol ar gyfer ysgolion Sul capeli'r Methodistiaid Calfinaidd Cymreig yn Lerpwl. Mewn traethawd pwysig ar Bedr Fardd a'i weithiau, dywed R. W. Roberts ('Arfonog') mai 'Pedr Fardd oedd cychwynydd y Gymdeithasfa Ysgolion [yn 1819], a bu yn un o'i phrif golofnau hyd ddiwedd ei oes. Y Gymdeithasfa hon yw mam Y Gymanfa [Ganu] bresennol sydd mor lewyrchus gyda phob enwad trwy Gymru';[23] ac mewn erthygl yn *Y Tyst*

Cymreig yn 1870 ceir y disgrifiad a ganlyn gan R. H. Williams ('Corfanydd') o'r 'cymdeithasfaoedd' hynny:

> SASSIWN Y PLANT. – Gwyl flynyddol oedd hon a gedwid ar Sabboth y Pasg, pryd yr ymgynullai plant ysgol Pall Mall a Bedford i gael ei [*sic*] holwyddori ar ryw bwnc, naill ai o'r Beibl neu o Hyfforddwr Mr Charles o'r Bala. Gwyl ardderchog fyddai hon yn ngolwg deiliaid yr Ysgol Sabbothol, a llawer o ymbarotoi fyddai ar ei chyfer am fisoedd yn flaenorol er ei chael yn berffaith lwyddianus, ac ni fyddent byth yn ol yn hyny. Ymbarotoent gyda'r canu. Pedr Fardd hefyd fyddai yn cyfansoddi emynau newydd a phriodol ar y pynciau, a hyny yn flynyddol, nes erbyn y flwyddyn 1830, cafwyd digonedd i argraphu cyfrol o emynau i'r Ysgol Sabbothol.[24]

Ni wn faint o gopïau o'r casgliadau blynyddol hyn a argraffwyd. Yr oedd gwaith yr ysgol Sul yn bur lewyrchus ymhlith Methodistiaid Cymreig Lerpwl erbyn 1819. Yn y flwyddyn honno, er enghraifft, yr oedd gan Ysgol Sul Pall Mall 238 o blant a 150 o oedolion ar y llyfrau, o dan 44 o athrawon. Erbyn mis Medi 1820 yr oedd tua 600 yn Ysgol Sul Pall Mall,[25] a'r cynnydd i'w briodoli'n ddiau i'r adfywiad ysbrydol a grybwyllwyd uchod. Ond pa nifer bynnag o bob detholiad emynau a argraffwyd, erbyn hyn maent yn brin eithriadol. Ni wn ychwaith sawl casgliad a gyhoeddwyd dros y blynyddoedd rhwng 1819 ac 1830. Os oeddynt yn gyhoeddiadau blynyddol, fel yr awgryma Corfanydd, yna dylai fod un ar ddeg ohonynt i gyd. Llwyddais i ddod o hyd i saith, sef y rhai am 1819, 1820, 1822, 1823, 1825 (dau gasgliad: un yn benodol ar gyfer y cyfarfodydd ar 10 Ebrill 1825 ac un 'cyffredinol' yn dwyn y teitl *Hymnau Newyddion*) ac 1828.[26] Maent oll tua 5½ x 3½ modfedd o ran maint. Ymddengys fod mwy na'r saith casgliad hyn wedi gweld golau dydd oherwydd yn *Hanes Methodistiaeth Liverpool* (cyf. 1, t. 122) rhestra J. H. Morris saith o emynau fel enghreifftiau o'r rhai a geid mewn llyfrynnau rhwng 1819 ac 1830, a dim ond dau o'r saith (sef 'Daeth ffrydiau melys iawn' a 'Boed clod i'n Prynwr rhad') a welir yn y saith casgliad y deuthum ar eu traws; ond ni lwyddais i ddod o hyd i gasgliadau ar gyfer 1821, 1824, 1826, 1827 na 1829, na gweld unrhyw gyfeiriadau atynt mewn rhestrau llyfryddol nac mewn ymdriniaethau ar Bedr Fardd a'i waith. Dyma'r manylion am y casgliadau bychain y llwyddais i'w gweld, ynghyd â manylion cyhoeddi llawn *Crynoad* 1830:

Hymnau i'w canu yn y Gymdeithasfa, a gynnelir Tachwedd 7, 1819, gan Ysgolion Sabbothol y Methodistiaid Calfinaidd, yn Pall Mall a Bedford Street, Liverpool. A gyfansoddwyd gan P. Jones. Argraffedig gan Nevetts, Liverpool.

8 tudalen; 8 emyn ac un anthem. Yr oedd y pedwar emyn cyntaf i'w canu yn Pall Mall, a'r emynau eraill a'r anthem i'w canu yn Bedford Street. Cynhwyswyd yr holl emynau yn *Crynoad* 1830.

Hymnau i'w canu yn y Gymdeithasfa, a gynnelir ar Sul y Pasg, Ebrill 2, 1820, gan Ysgolion Sabbothol y Trefnyddion Calfinaidd, yn Lerpwl. A gyfansoddwyd gan P. Jones. Argraffedig gan J. Nevett & Co. Heol y Castell.

8 tudalen; 5 emyn ac un anthem. Cynhwyswyd yr holl emynau yn *Crynoad* 1830.

Ysgolion Sabbothol y Trefnyddion Calfinaidd. Hymnau ac Anthemau i'w canu yn y Gymdeithasfa a gynnelir Sul y Pasg, Ebrill 7, 1822. Llynlleifiad: Argraffedig gan T. Thomas, 119, Tithebarn-street.[27]

8 tudalen; 8 emyn a dwy anthem. Yr oedd y pedwar emyn cyntaf ac un o'r anthemau i'w canu yn Bedford Street, a'r emynau eraill a'r ail anthem i'w canu yn Pall Mall. Nid yw enw Pedr Fardd wrth y llyfryn hwn. Dim ond dau o'r wyth emyn yn y pamffledyn hwn a gynhwyswyd yn *Crynoad* 1830, sef y cyntaf ('Cysegrwn flaenffrwyth dyddiau'n hoes') a'r olaf ('Er bod mewn cyflwr is / Na phendefigion byd'). Dichon felly nad Pedr Fardd yw awdur y chwe emyn arall (eiddo Thomas Jones, Dinbych, yw emyn 4: 'Ni atolygwn, dyro lwydd, / O Arglwydd y cynhaeaf').

Ysgolion Sabbothol y Trefnyddion Calfinaidd. Hymnau i'w canu yn y Cyfarfod Blynyddol a gynnelir Sul y Pasg, Mawrth 30, 1823.

4 tudalen; 8 emyn. Yr oedd y pedwar emyn cyntaf i'w canu yn Pall Mall, a'r lleill i'w canu yn Bedford Street. Ceir coloffon ar ddiwedd y casgliad sy'n nodi 'Argraffedig gan Nevetts.' Fel casgliad 1822, mae hwn hefyd yn ddienw. Pedr Fardd yw awdur emynau 1-7. Fe'u cynhwyswyd cyn hynny yng nghasgliadau 1819 a/neu 1820, ac eto yn *Crynoad* 1830. Ymddangosodd yr wythfed emyn ('Beth yw trysorau penna'r byd') yng nghasgliad 1822 hefyd, ond nis cynhwyswyd yn *Crynoad* 1830, a dichon felly nad Pedr Fardd yw ei awdur.

Hymnau i'w canu yn y Gymdeithasfa, a gynnelir Ebrill 10, 1825, gan Ysgolion Sabbathol y Methodistiaid Calfinaidd, yn Pall-Mall a Bedford-Street,

Llynlleifiad. A gyfansoddwyd gan P. Jones. Llynlleifiad: Argraffedig gan D. Marples, 69, Heol y Circus. 1825.

8 tudalen; 6 emyn. Cynhwyswyd yr holl emynau yn *Crynoad* 1830.

Hymnau Newyddion; a gyfansoddwyd gan Peter Jones, Llynlleifiad. Argraff-edig gan D. Marples, Heol y Circus. 1825.

12 tudalen; 9 emyn. Mae hwn ychydig yn fwy sylweddol na'r casgliadau eraill ac ni nodir cysylltiad penodol â chyfarfodydd yr ysgolion Sul ar ei wynebddalen fel ag a wneir yn achos y lleill. Cynhwyswyd yr holl emynau yn *Crynoad* 1830.

Emynau, i'w canu yn nghyfarfodydd yr ieuenctid, yn Nghappelau, Bedford-Street, a Pall Mall, ar Ddydd Gwener y Croglith, Ebrill 4ydd, 1828. By Peter Jones. Llynlleifiad: Argraffedig gan D. Marples, Heol Paradise. 1828.

8 tudalen; 5 emyn. Cynhwyswyd yr holl emynau yn *Crynoad* 1830.

Crynoad o Hymnau: sef, Cydymmaith i'r Ysgol Sabbothol; yn dair rhan. I. Hymnau ar amrywiol destunau. II. Hymnau ar bennodau yr Hyfforddwr, sef catecism y Parch. T. Charles. III. Hymnau cenadol. Gan Peter Jones, Liverpool [...] Liverpool: Argraffedig gan J. Nevett & Co. 1830.

84 tudalen; ceir 28 emyn (gan gynnwys un Saesneg, sef mydryddiad o Salm 23) ac un anthem yn rhan I, 26 emyn yn rhan II, a 18 yn rhan III, sef cyfanswm o 72 emyn.[28]

Ceir rhagymadrodd yn y *Crynoad* gan Bedr Fardd ynghyd â chyflwyn-iadau cymeradwyol gan y pregethwyr Methodist grymus, John Elias a John Jones, Tal-y-sarn, a'r tri wedi eu dyddio 16 Chwefror 1830. Yr oedd y ddau bregethwr yn Lerpwl ar y dyddiad hwnnw. Bu John Jones yn pregethu yn Pall Mall nos Fawrth, 16 Chwefror, cyn ymadael i dreulio gweddill mis Chwefror yn Runcorn, Manceinion a Chaer.[29] Yn *Y Drysorfa* am fis Gorffennaf 1832 rhoddir manylion am 'drefn sefydledig y Pregethwŷr yn eu hymweliad â Threfydd Lloegr, sef Liverpool, Manchester, a Chaerlleon, fel y cytunwyd mewn Cymdeithasfa Chwarterol' (t. 220). Hanfod y drefn oedd fod dau bregethwr o bob sir yn y Gogledd i aros yn y trefi hyn am fis ddwywaith y flwyddyn, gydag un o'r ddau yn aros yn Lerpwl am ddau Sul cyn mynd ymlaen i Fanceinion a Chaer am weddill y mis, a'r pregethwr arall yn symud i'r gwrthwyneb. Ni ddywedir yn *Y Drysorfa* pa bryd y dechreuodd y drefn hon, ond gan mai dyna union symudiadau John Jones, Tal-y-sarn, yn ystod Chwefror 1830 ac mai pregethwyr o sir Gaernarfon oedd i gael eu hanfon i'r trefydd hyn ym misoedd Chwefror yn ôl y drefn, ymddengys iddi fod mewn grym am o leiaf ddwy flynedd cyn y cyhoeddiad yn *Y Drysorfa*. Y mae presenoldeb John Elias yn Lerpwl yr un adeg fel petai'n cadarnhau hynny, oherwydd yn ôl y drefn sefydledig, 'Anfonir un Gweinidog cynorthwyol yn ychwaneg i Liverpool, oherwydd fod yno dri Chapel i bregethu ynddynt', a thro sir Fôn oedd hi i anfon y gweinidog ychwanegol yn ystod mis Chwefror. Ond yr oedd gan John Elias reswm pellach – rheswm cyfrinachol – dros fod yn Lerpwl yn Chwefror 1830. Yn ei hunangofiant ceir y cyfeiriad cynnil hwn gan John Elias at ei ail briodas: 'Chwefror 10, 1830, priodais Lady Bulkeley, gweddw'r diweddar Syr John Bulkeley, Presaddfed.'[30] Yr oedd Lady Bulkeley wedi ymaelodi â'r achos Methodistaidd yn Bedford Street, Lerpwl, yn 1828, ac yn eglwys Dewi Sant, Lerpwl, y priodwyd y ddau.[31]

Fel yr awgrymwyd yn gynharach, crynhoi ynghyd emynau a gyhoeddwyd eisoes mewn cylchgronau a llyfrynnau a chasgliadau emynau oedd rhan o waith Pedr Fardd wrth baratoi *Crynoad* 1830, ac yn unol â'r disgwyl ceir yn y *Crynoad* holl emynau'r casgliadau a nodir uchod (ac eithrio chwech o wyth emyn casgliad 1822 ac un o emynau casgliad 1823, sef y ddau gasgliad nad yw enw Pedr Fardd ar yr wynebddalen), ond nid ydynt bob amser yn y ffurf ar eiriau na'r drefn penillion a welir erbyn 1830. Ar ben hynny, hepgorir rhai penillion yn gyfan gwbl erbyn 1830 ac ychwanegu rhai newydd. Gan fod y casgliadau bychain hyn yn cynnwys rhai emynau a gyhoeddwyd ynghynt mewn cylchgronau ac mewn mannau eraill, a bod rhai o'r emynau yn digwydd mewn mwy nag un o'r casgliadau hyn (e.e., mae 'Cysegrwn flaenffrwyth dyddiau'n hoes' yng nghasgliadau 1819, 1822, 1823 a chasgliad Ebrill 1825, ac mae 'Er bod mewn cyflwr is / Na phendefigion byd' yng nghasgliadau 1820, 1822 ac 1823), y canlyniad yn achos rhai o emynau Pedr Fardd yw bod tri neu bedwar fersiwn cyhoeddedig ohonynt ar gael gan Bedr Fardd ei hun, i gyd â gwahaniaethau, mân neu fawr, rhyngddynt. Yn ei ragymadrodd i *Crynoad* 1830, dywed Pedr Fardd yn bendant iawn mai ef biau pob pennill yn y casgliad ('Ni welir lloffion o faes neb arall yn y llyfryn hwn'). Ond dylid nodi, er gwaethaf honiad eu hwynebddalennau, nad yw hynny'n wir am bob pennill yn y casgliadau llai, cynharach – er enghraifft, cyfieithiad gan Dafydd Jones o Gaeo o bennill gan Isaac Watts yw pennill cyntaf yr ail emyn yng nghasgliad 1828, 'Gwaith hyfryd iawn a melys yw' (fe hepgorir y pennill erbyn *Crynoad* 1830). Ceir hefyd adleisiau o emynwyr eraill yng ngwaith Pedr Fardd o bryd i'w gilydd – er enghraifft, mae'r pennill 'Os gofyn deddf berffeithrwydd im' yng nghasgliad Ebrill 1825 (ac a gynhwyswyd wedyn yn *Crynoad* 1830) yn bur debyg i'r pennill, 'Os daw y gyfraith yn ei grym / A gofyn am berffeithrwydd im', gan Williams Pantycelyn yn ei emyn, 'Mae'r graig mae f'enaid arni'n byw'. Dylid nodi hefyd y ceir sawl cyfieithiad yn y casgliadau bychain hyn, er na chydnabyddir hynny bob amser. Cyfieithiad o emyn Isaac Watts, 'Come, let us join our cheerful songs', er enghraifft, yw emyn agoriadol casgliad 1819, 'Cyd ganwn âg angelion glân'.

Cyhoeddwyd adroddiad am y gymdeithasfa ysgol Sul gyntaf y soniwyd amdani uchod, sef yr un a gynhaliwyd ym mis Tachwedd 1819. Er mwyn cael blas ar y math o sefyllfa y cyfansoddwyd cyfran dda o emynau Pedr Fardd ar ei chyfer ac y'u canwyd gyntaf ynddi, mae'n werth dyfynnu'n lled helaeth o'r adroddiad hwnnw:

> Cynnaliwyd y Gymdeithasfa hon ar ddydd Sabboth y Seithfed o Tachwedd diweddaf. Daeth Ysgol Ebenezer [Bedford Street] i Gapel Pall Mall erbyn 10 o'r gloch. Gosodwyd holl blant y ddwy Ysgol yn rhesau i eistedd yn llofft-rodfa'r Capel. Adroddodd Athrawon Ysgol Pall Mall y Ved. ben. o Rhuf. âg un llais. Yna holwyd Plant yr Ysgol hono yn y Ved. ben. o'r Egwyddorion [Hyfforddwr Charles]; ac Ysgol Ebenezer yn y VIIfed. bennod. Yn gyffelyb daeth Ysgol Pall Mall i Gapel Ebenezer am 2 o'r gloch [...] Yr oedd P. Iones wedi cyfansoddi Hymnau i'r perwyl, a'u hargraffu hwynt, y rhai a ganwyd oll yn y ddau Gyfarfod. Diwrnod gogoneddus oedd hwn, ac y mae yn anhawdd iawn anghofio y sobrwydd, y gweddeidddra, a'r hawddgarwch oedd yn ymddangos yn yr ieuengctyd yn y Cyfarfod hwn. Yr oedd arwyddion tra boddhaol o foddlonrwydd Duw ar y gwaith ar hyd y dydd. Yr oedd yno amryw ugeiniau o ieuengctyd yn wylo wrth gael eu holi gyda manylrwydd yn mhethau mawrion yr Efengyl, ac wrth wasgu crefydd brofiadol ac ymarferol at eu meddyliau. Mae effeithiau daionus a gobeithiol yn dilyn llafur y dydd hwn. Dydd y bydd melus gofio am dano ydoedd. Gwnaed Casgliad helaeth yn y ddau Gapel, tu ag at gael llyfrau i blant tlodion.[32]

* * *

LLYFRAU A LLYFRYNNAU ERAILL PEDR FARDD

Yn ychwanegol at ei gasgliadau emynau, cyhoeddodd Pedr Fardd nifer o gyfrolau eraill, yn farddoniaeth ac yn rhyddiaith. Ymddengys iddo ddechrau cyhoeddi ei waith o ddifrif tua'r flwyddyn 1815. Ei faes cyntaf oedd y cyfnodolion, a bu'n cyfrannu'n gyson iddynt dros y blynyddoedd,[33] ond yn fuan trodd at gyhoeddi llyfrau a phamffledi yn ogystal, ac yn ychwanegol at y casgliadau emynau a restrwyd uchod, cyhoeddwyd tuag ugain o lyfrau a llyfrynnau ganddo (o gynnwys cyfieithiadau ac adargraffiadau).

Cyfrolau Barddoniaeth Pedr Fardd

A barnu oddi wrth ddaliadau'r llyfrgelloedd y bûm yn ymgynghori â'u catalogau, y mae llyfrau Pedr Fardd oll yn rhai digon prin ac eithrio ei gasgliad o farddoniaeth gaeth, *Mêl Awen* ('Llynlleifiad: Argraffwyd dros yr Awdwr, gan T. Thomas, Tithebarn-Street', 1823), sy'n gyfrol sylweddol o 196 o dudalennau. Fel yn achos ei *Crynoad o Hymnau* (1830), crynhoi yw un o nodweddion y gyfrol hon hefyd, gan i'r rhan fwyaf o'r cynnwys ymddangos o'r blaen ar wasgar mewn cyfnodolion. Fel emynydd y mae Pedr Fardd yn adnabyddus erbyn heddiw, ac nid ystyrir ef bellach yn fardd mawr, ond yn ei ddydd yr oedd yn fardd cynganeddol o bwys. Dywed Caledfryn amdano, er enghraifft, mewn ysgrif yn *Y Traethodydd* yn 1854: 'Safai yn uchel fel Cymreigydd a bardd yn ei oes [...] Yr oedd ei iaith ef yn dda, ei gynghanedd yn goeth, a'i chwaeth yn uwch na llawer o'i gyfoedion [...] Gwnaeth bethau cywreiniach yn y gynghanedd na neb yn ei oes'; ond gallai Caledfryn hefyd ddweud: 'Ni restrid ef yn uchel o ran ei feddyliau gwreiddiol; [...] gyda'r iaith a'r gynghanedd yr oedd efe yn cymmeryd y drafferth fwyaf. Y wisg, ac nid y peth a wisgid, oedd yn cael y mwyaf o'i sylw.'[34] Yr oedd Pedr Fardd yn bur amlwg yn eisteddfodau'r cyfnod ac yn aelod blaenllaw o Gymreigyddion Lerpwl.[35] Ceir adroddiad amdano'n codi mewn cyfarfod o 'Gymreigyddion Lle'rpwll' ar 6 Ionawr 1823 a, thrwy gyfrwng englynion, yn annog ei gyd-aelodau i danysgrifio i *Mêl Awen*, 'yr hwn a amcana ei argraffu yn y Gwanwyn nesaf, (pris 2s. 6ch.); a chafodd gefnogiad gwresog gan bawb'.[36]

Ceir wynebddarlun ar ddechrau *Mêl Awen*, sef llun o 'Peter Jones, Bard, *Llynlleifiad*' wedi ei dynnu ar goed gan William Daniels (1813-80), brodor o Lerpwl a oedd ar y pryd yn brentis heb gyrraedd 'fawr dros 16 oed' i'r arlunydd, Alexander Mosses (1793-1837).[37] Yn ôl Corfanydd, Mosses a dynnodd y llun ('darlun cywir a chelfydd', meddai), ond 'ymddiriedwyd y gwaith o gerfio y darlun ar goed i'w argraphu i Wil Daniels', ac oherwydd gallu Daniels (meddai Corfanydd), y mae'r wynebddarlun yn rhoi inni lun byw o Bedr Fardd 'cystal a'r photograph perffeithiaf'.[38] Maes o law daeth William Daniels yn arlunydd o ddigon o fri i ennill y llysenw 'the Rembrandt of Liverpool'. '[He] might have risen to eminence in his art but for his fondness for drink and for jovial company' yw dyfarniad *Bryan's Dictionary of Painters and Engravers*.[39]

Gwelais bum cyfrol arall o farddoniaeth gan Bedr Fardd, pedair Cymraeg ac un Saesneg. Dyma restr ohonynt:

> *Awdl ar roddiad y Ddeddf ar Fynydd Sinai* ('Llynlleifiad: Argraffwyd gan D. Marples', 1826), 36 tudalen. Dyma awdl fuddugol Eisteddfod Aberhonddu, Medi 1826. Mae'r gyfrol hefyd yn cynnwys englyn i'r haul gan Eunice Jones, merch Pedr Fardd, ynghyd â beddargraff gan Bedr Fardd i Joseph Harris ('Gomer'; 1773-1825), sylfaenydd a golygydd *Seren Gomer.*
>
> *Awdl ar gystuddiau, amynedd, ac adferiad Iob*, ail argraffiad 'yn nghyd a llaweroedd o chwanegiadau' ('Caerlleon: Argraffwyd gan J. a J. Parry', 1841), 48 tudalen. Awdl ailorau Eisteddfod Gadeiriol y Gordofigion yn Lerpwl ym mis Mehefin 1840 oedd hon.[40] Bardd arall o Eifionydd, Eben Fardd, oedd awdur yr awdl fuddugol. Methais ddod o hyd i argraffiad cynharach o awdl Pedr Fardd mewn llyfryn ar ei phen ei hun, ond fe'i cyhoeddwyd yn 1840 neu 1841 ynghyd ag awdl fuddugol Eben Fardd, mewn cyfrol 48-tudalen yn dwyn y teitl *Y Gordofigion*, a'r tebyg yw mai dyna'r 'argraffiad cyntaf' o awdl Pedr Fardd y cyfeirir ato ar wynebddalen 'ail argraffiad' J. a J. Parry. Nid oes enw argraffydd wrth gyfrol *Y Gordofigion*, ond gellir casglu mai cynnyrch argraffty Robert Lloyd Morris, Dale Street, Lerpwl, ydoedd.[41]
>
> *Crynodeb o hanes y Gymdeithasfa a gynnaliwyd yn y Bala, y 13 a'r 14 o fis Mehefin, yn y flwyddyn 1820* ('Liverpool: Argraffedig gan J. Jones, yn Swyddfa Nevetts', [1820?]), 8 tudalen. Sylw Bob Owen, Croesor, amdano yn ei draethawd ar Bedr Fardd sydd yn y Llyfrgell Genedlaethol yw, 'Ar gân y mae'r Hanes uchod. O dim swyn sydd ynddo, ni fuasai waeth iddo fod mewn rhyddiaith noeth. Derllyn, ran hynny fel rhyddiaith serch ei fod ar ffurf pennillion' (t. 99).[42]

Duw yn amddiffynfa i'w bobl: can newydd ar hen fesur ([Liverpool]: 'Argraffedig gan J. Jones, 9, Castle Street', 1833). Deuddeg tudalen yw hyd y pamffledyn hwn, a hefyd yr ail argraffiad a ddaeth o'r un wasg yn yr un flwyddyn; ond cafwyd hefyd 'Ail Argraffiad, gyda Chwanegiad' o'r un argraffty yn yr un flwyddyn, a hwnnw'n 16 tudalen o ran hyd ac yn cynnwys cerdd ychwanegol, 'Cwymp Babilon', ar dudalen 16. Cafwyd dau drydydd argraffiad o'r gân hon, a'r rheini yn yr un flwyddyn, sef 1861, y naill gan P. M. Evans, Treffynnon, a'r llall gan R. Jones, Bethesda, y naill yn 16 tudalen o ran hyd a'r llall yn 12 tudalen. Cynhwyswyd y gân hefyd ym mlodeugerdd Thomas Hughes ('Glan Pherath'; 1803-98), *Y Garnedd Arian* (Llanidloes: Owen Mills, [1857]), 10-19. Ceir 38 pennill yn yr argraffiad cyntaf ac yn yr ail argraffiad,[43] ond 52 yn yr 'Ail Argraffiad, gyda Chwanegiad'. Cerdd ar fesur 'Ar hyd y nos' ydyw, ac yn ôl ei nai, 'Nicander' (Morris Williams, 1809-74), barn Pedr Fardd oedd mai'r gerdd hon oedd 'ei orchestwaith barddonol'.[44] Yn ôl Corfanydd, 'Daeth y gan hon yn boblogaidd iawn fel can deuluol'; a dywed J. H. Morris, 'Daeth y gân yn boblogaidd iawn, a chenid hi ar lawer o aelwydydd Cymru a Liverpool.'[45]

God the defence of his people. A new song to an old tune ('Liverpool: Printed by J. Jones, 9, Castle Street', 1833), 16 tudalen. Cyfieithiad Saesneg o *Duw yn amddiffynfa i'w bobl* yw hon. Nodir mewn rhagair ynddo fod yr argraffiad Cymraeg cyntaf wedi ei werthu i gyd mewn ychydig wythnosau a bod Pedr Fardd wedi cyhoeddi'r fersiwn Saesneg hwn 'with considerable additions' ar gais nifer o gyfeillion. Ceir 52 pennill yn y gerdd Saesneg, sef yr un nifer ag sydd yn yr 'Ail Argraffiad, gyda Chwanegiad' o'r gerdd Gymraeg.

Cyfrolau Rhyddiaith Pedr Fardd

Cyhoeddodd Pedr Fardd sawl llyfr rhyddiaith yn ogystal (er bod cerddi ganddo yn nifer o'r rheini hefyd). Ei waith rhyddiaith pwysicaf, mae'n debyg, yw ei holwyddoreg gynhwysfawr, *Catecism Ysgrythyrol, ar ddull Corph o Dduwinyddiaeth* ('Caerlleon: Argraffwyd gan M. Monk', heb ddyddiad), 98 tudalen. Nodir hefyd ar yr wynebddalen: 'Ar werth gan I. Parry', sef y gweinidog a'r llyfrwerthwr, John Parry, Caer. Mae hwn yn waith pur gelfydd am fod y cwestiynau a'r atebion wedi eu llunio bron yn gyfan gwbl o union eiriau'r Beibl ei hun. Mewn erthygl goffa i Bedr Fardd yn 1845 cyfeirir at y gyfrol hon fel 'y dernyn cywreiniaf yn yr iaith gymraeg [*sic*]'.[46] Yn ôl Isaac Foulkes yn *Geirlyfr Bywgraffiadol o Enwogion Cymru* (1870), fe'i cyfansoddwyd 'at wasanaeth yr Ysgol Sabbothol' a bu 'mewn cryn fri am lawer o amser'. Ni nodir dyddiad cyhoeddi yn y gyfrol. Rhaid ei bod wedi ymddangos rywbryd o ail hanner 1817 ymlaen, oherwydd ni ddechreuwyd defnyddio'r enw 'M. Monk' ar lyfrau'r wasg tan fis Awst 1817.[47] Y dyddiad a awgrymir yn *Libri Walliae* yw 'c.1820?'[48] Yn ôl Myrddin Fardd, fe'i cyhoeddwyd yn 1822; a byddai dyddiad o'r fath yn sicr yn cyd-fynd â dyddiadau Margaret Monk ac ag arddull argraffu'r llyfr.

Cafwyd cyfieithiad Saesneg o'r gyfrol hon, *A Scripture Catechism; forming a Compendium of Divinity*, ail argraffiad ('Liverpool: Printed by D. Marples, and Sold by him, and by the Author, 25, Edmund-street', 1825), 130 tudalen. Methais daro ar yr argraffiad cyntaf o'r cyfieithiad Saesneg. Ceir y dyddiad 30 Awst 1825 wrth y rhagair yn yr ail argraffiad. Yna, o dan y rhagair, ceir nodyn cymeradwyol gan ddau o weinidogion Ymneilltuol amlycaf Lerpwl, sef Dr Thomas Raffles a Dr John Stewart, wedi ei ddyddio 'Liverpool, August 27th, 1825'. Mae'n ddigon posibl, felly (yn enwedig o gofio bod y rhagair wedi ei ddyddio dri diwrnod yn ddiweddarach na'r nodyn cymeradwyol), mai nodi adeg yr argraffiad cyntaf, ac nid yr ail argraffiad, y mae'r dyddiadau hynny. Os felly, golyga fod argraffiad cyntaf y *Scripture Catechism* wedi ymddangos rywbryd o ddiwedd mis Awst 1825 ymlaen, gyda'r ail argraffiad yn dilyn cyn diwedd y flwyddyn.[49] Mae dau adolygiad mewn cylchgronau Saesneg fel petaent yn cadarnhau hynny. Cynhwysir nodyn am y *Scripture Catechism* mewn adran ar gyhoeddiadau newydd yn rhifyn Tachwedd 1825 o'r *Congregational Magazine* (t. 603), ond heb nodi ei fod yn 'ail argraffiad'. Yna, yn y *Supplement to the Evangelical Magazine for the Year 1825*, a ymddangosodd ar ddiwedd y flwyddyn, ceir adolygiad o'r ail argraffiad (tt. 554-5). Yn yr adolygiad hwnnw, dywedir: 'The author of this little volume is a plain man, of good sense and great industry [...] It was first published, many years ago, in the Welsh language,[50] and is now rendered in English, much enlarged.'[51]

Gwelais ddau gyfieithiad gan Bedr Fardd o weithiau gan awduron eraill, y naill i'r Saesneg a'r llall i'r Gymraeg. Y naill yw *The Advantage of the Yoke to Young People* ('Liverpool: Printed by Nevetts, Castle Street', heb ddyddiad),[52] 24 tudalen, sef cyfieithiad o *Buddioldeb yr Iau i Bobl Ieuaingc* (Trefriw: J. Jones, 1818).[53] Pregeth yw hon gan John Elias ar Galarnad 3:27, a draddodwyd ganddo yn wreiddiol yn 1812. Y llall yw *Manteision ac Anfanteision Ystad Priodas* ('Liverpool: Argraffedig yn argraffdy Nevetts, gan John Jones', 1819), 40 tudalen. Cyfieithiad yw hwn o waith gweinidog Bedyddiedig o Lerpwl, John Johnson (1706-91), *The Advantages and Disadvantages of the Marriage-State*, cyfrol a adargraffwyd droeon yn y Saesneg gwreiddiol ym Mhrydain ac yn America yn ail hanner y ddeunawfed ganrif a hanner cyntaf y bedwaredd ganrif ar bymtheg, gan gynnwys un argraffiad o wasg John Ross yng Nghaerfyrddin yn 1771.[54] Cynhwysodd Pedr Fardd ei gywydd, 'Am Ddyn yn ei Gyflwr o Ddiniweidrwydd', ar ddiwedd y gyfrol Gymraeg, ynghyd â cherdd arall, 'Na Ieuer Chwi yn Anghymarus'.

Cyhoeddwyd llyfryn 16-tudalen yn 1826 yn dwyn y teitl, *Crynodeb o Hanes Dechreuad a Chynnydd y Trefnyddion Calfinaidd Cymreig yn Llynlleifiad* ('Llynlleifiad: Argraphedig gan D. Marples', 1826). Ar dudalen olaf y copïau o'r *Crynodeb* a welais i, ceir emyn gan Bedr Fardd, sef 'Angau ac eiriolaeth Crist yw 'ngorfoledd', ond yn ei draethawd ar fywyd a gweithiau Pedr Fardd (t. 99), dywed Arfonog fod yr argraffiad o'r *Crynodeb* a welodd ef, a hwnnw hefyd wedi ei ddyddio'n 1826, yn cynnwys emyn gwahanol o eiddo Pedr Fardd ar y tudalen olaf, sef 'Daeth ffrydiau melys iawn'. Ar ben hynny, dywed Corfanydd mai yn 1824 y cyhoeddwyd y *Crynodeb*.[55] Felly mae'n bosibl bod o leiaf dri argraffiad o'r llyfryn, un yn 1824 a dau yn 1826. Nid oes enw awdur wrth y llyfryn, ond yn *Enwogion Cymru* (1870) dywed Isaac Foulkes fel a ganlyn yn ei gofnod ar Bedr Fardd: 'Ar gais Dr. Raffles, ysgrifenodd hanes byr o'r Trefnyddion Calfinaidd, yr hwn a argraffwyd, ac a fawr ganmolid oblegid ei arddull Seisnig bur a chyfoethog.' Gweinidog Cynulleidfaol dylanwadol iawn oedd Dr Thomas Raffles (1788-1863), a fu'n gweinidogaethu yn Lerpwl o 1812 hyd 1862. Fel y nodwyd uchod, lluniodd Thomas Raffles nodyn cymeradwyol i *Scripture Catechism* Pedr Fardd ym mis Awst 1825, y flwyddyn cyn cyhoeddi'r *Crynodeb*.[56] Methais ddod o hyd i gopi o'r argraffiad Saesneg o'r *Crynodeb*. Cafodd Arfonog fenthyg copïau o'r argraffiadau Cymraeg a Saesneg gan yr efengylydd tanllyd, John Evans, a oedd yn flaenor amlwg gyda'r Methodistiaid Cymreig yn Crosshall Street, Lerpwl,[57] a'r rheini wedi eu cydrwymo; ac awgrym Arfonog yn ei draethawd (t. 55) yw i'r fersiwn Cymraeg ymddangos cyn y cyfieithiad Saesneg, ac i Bedr Fardd baratoi argraffiad Saesneg o'r hanes ar gais Dr Raffles a'i gyhoeddi yn yr un flwyddyn â'r fersiwn Cymraeg.

Yn ei draethawd ar Bedr Fardd, priodola Arfonog ddau lyfryn dienw arall iddo ar awdurdod ymchwil y Parch. O. J. Owen (1851-1925), Rock Ferry, Penbedw, sef pamffledyn ar weinyddiad yr ordinhadau Methodistaidd a argraffwyd gan D. Marples yn 1826 a llyfryn dirwestol a argraffwyd gan John Jones, Castle Street, yn 1836. Ni lwyddais i ddod o hyd i'r naill na'r llall ohonynt. John Jones, Castle Street, oedd golygydd a chyhoeddwr cylchgrawn misol yn dwyn y teitl *Y Dirwestydd* a ymddangosodd rhwng Awst 1836 ac Awst 1839,[58] a thybed ai rhifyn o'r cylchgrawn hwnnw oedd y 'llyfryn dirwestol' y cyfeiria Arfonog ato?

Cylchgrawn arall y bu John Jones, Castle Street, yn ei olygu oedd *Y Cymro*, a gyhoeddwyd yn Lerpwl yn 1822. Yn ôl traethawd Arfonog (t. 56), ymddangosodd tri rhifyn, ond dim ond y rhifyn cyntaf sydd wedi goroesi hyd y gwelaf. Rhifyn o 16 tudalen ydyw o ran hyd, wedi ei ddyddio Mehefin 1822. Nid oes argraffnod ar y cylchgrawn ei hun, ond mae'r cloriau papur wedi goroesi ar y copi sydd yn Llyfrgell Prifysgol Bangor, ac yn ogystal â theitl y cylchgrawn, y pennill 'Eu Ner a folant . . .', rhif y rhifyn, y dyddiad, y pris (pedair ceiniog), rhestr o'r cynnwys, a rhai sylwadau 'At Ein Gohebwyr, &c.', fe geir ar y clawr blaen yr argraffnod a ganlyn: 'Llynlleifiad: Argraffedig ac ar werth gan T. Thomas, 119, Tithebarn Street, *dros y cyhoeddwyr*.' Yna, ar y clawr cefn ceir hysbyseb ar gyfer gwasg Thomas Thomas a rhestr o rai o'r llyfrau a oedd ar werth ganddo. Ymhlith y sylwadau 'At Ein Gohebwyr', nodir 'bod rhifedi go lïosog eisoes gwedi tanysgrifio' at y cylchgrawn, o ystyried 'nad ymofynwyd am nemawr allan o'r dref hon [Lerpwl]', ond fe rybuddir na fydd modd mynd ymlaen i gyhoeddi'r cylchgrawn oni fydd nifer y tanysgrifwyr yn 'amlâu cryn lawer'; ac ychwanegir hyn:

> Onid oes ymhlith y pump neu ddeg ar hugain o filoedd o Gymry, (fel y bernir,) a gyfanneddant yn Llynlleifiad, gymmaint o eiddigedd dros y Frythoneg ag a gynnaliai un cyhoeddiad Cymrëig yn ei mysg? Pa le y mae yr eiddigedd clodadwy a ddangosent ein cyndadau dewrwychion dros eu hiaith a'u cenedl? A gladdwyd ef gydâ hwynt?

Nid oes enw golygydd yn y cylchgrawn ei hun nac ar y cloriau papur, ond fe ddywedir mai'r ddau olygydd oedd John Jones, Castle Street, a Phedr

Fardd, a chadarnheir y dybiaeth honno gan y cyntaf mewn cyfres o englynion yn annerch y cylchgrawn newydd gan ryw 'C.' o Lynlleifiad:

> Cymro glwys â'r camau glan,—aur wisgiad
> O'r wasg a ddaeth allan;
> O Pedr e gair cywair cân
> Unodd, ieuodd â Ioan.

A dysgwn oddi wrth englyn olaf y gyfres mai yn fisol y bwriedid ei gyhoeddi, a phris pob rhifyn yn 'bedair ceiniogan'. Fel y nodwyd eisoes, defnyddiai Pedr Fardd y ffugenw 'Cephas' ar adegau,[59] ac fe'n temtir i awgrymu mai Pedr Fardd ei hun oedd yr 'C.' a luniodd y gyfres hon o englynion. Mewn 'Anerchiad' ar ddechrau'r rhifyn cyntaf hwn, noda'r golygyddion mai'r bwriad oedd i'r cylchgrawn fod 'yn gyhoeddiad anmhleidiawl, ac yn gyfrwng cyffredinawl o wybodaeth fuddiawl'. Maent hefyd yn egluro bod cyhoeddi *Y Cymro* yn rhan o'r ymdrech gan lawer 'yn y dyddiau hyn tuagat [*sic*] goleddu eu mamiaith ardderchawg, ei phuro oddi wrth sothach a llwgr estronawl, ac ei hadferu idd ei bri ac ei phurdeb cyntefig'; hynny yw, maent yn gosod eu cylchgrawn yn gadarn yng nghyd-destun y symudiad gwladgarol grymus a oedd ar droed ymhlith y Cymry ar y pryd, ac a welodd ffurfio cymdeithasau Cymreigyddol mewn llawer man a sefydlu cylchgronau megis *Seren Gomer*, *Goleuad Cymru* a'r *Gwyliedydd.*

* * *

ARGRAFFWYR CYFROLAU PEDR FARDD

Uchod rhestrir y cyfan o lyfrau a llyfrynnau Pedr Fardd y llwyddais i'w gweld neu y sylwais ar gyfeiriadau atynt – bron 30 i gyd, o gynnwys adargraffiadau a chyfieithiadau. Fel y gwelir, rhwng y cwbl defnyddiodd Pedr Fardd hanner dwsin o argraffwyr i gynhyrchu'r llyfrau hynny, y rhan fwyaf ohonynt yn hanu o Gymru. Yn Lerpwl yr argraffwyd bron y cwbl o'r cyhoeddiadau hyn, ac eithrio dau neu dri a argraffwyd yng Nghaer, ac o edrych yn fanylach, fe welir bod patrwm eithaf pendant i ddefnydd Pedr Fardd o argraffwyr.

Os iawn y dyfalu uchod, yng Nghaer yr argraffwyd cyfrol gyntaf Pedr Fardd, sef argraffiad cyntaf ei *Catecism Ysgrythyrol* rywbryd tua 1810, ac fe ddaeth argraffiad newydd ohono o wasg teulu Monk yng Nghaer tua 1822. Cysylltiad John Parry â'r gyfrol, yn ddiau, a barodd iddi gael ei hargraffu yng Nghaer. Ond pan ddechreuodd Pedr Fardd gyhoeddi llyfrau o ddifrif yn 1818, troi at argraffydd lleol yn Lerpwl a wnaeth. Rhwng 1818 ac 1820 cyhoeddwyd pum eitem ganddo, y cyfan wedi ei argraffu gan J. Nevett & Co., Castle Street, a dau ohonynt yn nodi'n benodol iddynt gael eu hargraffu yn swyddfa Nevett gan John Jones, a oedd yn gyd-aelod â Phedr Fardd yng nghapel Pall Mall. Yn y coloffon ar ddiwedd ei gasgliad, *Hymnau i'w canu yn y Cyfarfod Blynyddol a gynnelir Sul y Pasg, Mawrth 30, 1823*, ceir 'Argraffedig gan Nevetts.' Ond eithriad yw hynny, oherwydd yn ogystal â mynd i Gaer i argraffu ei *Catecism Ysgrythyrol* tua 1822, fe welir Pedr Fardd hefyd yn 1822 ac yn 1823 yn defnyddio swyddfa argraffu Methodist arall, Thomas Thomas yn Tithebarn Street, Lerpwl, yn hytrach na swyddfa Nevett, oherwydd defnyddiodd wasg Thomas Thomas ar gyfer argraffu ei gasgliad bychan o emynau yn 1822, ynghyd â'i gylchgrawn ef (a John Jones, Castle Street), *Y Cymro*, yn yr un flwyddyn, ac unwaith eto yn 1823 ar gyfer ei gyfrol sylweddol o farddoniaeth, *Mêl Awen*. Y wasg a ddefnyddiodd Pedr Fardd ar gyfer argraffu ei holl lyfrau yn y cyfnod rhwng 1825 ac 1828 oedd un David Marples yn 'Heol y Circus', Lerpwl (ond yn 'Heol Paradise' erbyn 1828). Dychwelodd i swyddfa Nevett i argraffu ei *Crynoad o Hymnau* yn 1830, a'r swyddfa honno hefyd a argraffodd y gwahanol argraffiadau o'i gân, *Duw yn Amddiffynfa i'w Bobl*, a'r cyfieithiad Saesneg ohoni yn 1833 a'i lyfryn dirwestol yn 1836. Ond Robert Lloyd Morris, Dale Street, Lerpwl, a argraffodd y gyfrol sy'n cynnwys ei awdlau ef ac Eben Fardd ar Job yn 1840/41, ac at Gaer a John Parry y dychwelodd ar gyfer ei gyfrol olaf un, sef yr ail argraffiad o'i awdl ar Job a ddaeth o swyddfa J. a J. Parry yn 1841.

Mae'r strydoedd lle yr oedd swyddfeydd yr argraffwyr yn Lerpwl a ddefnyddiodd Pedr Fardd, oll yn yr ardal i'r dwyrain o Neuadd y Dref yng nghanol Lerpwl ac yn lled agos i gapel Pall Mall ac i'r mannau lle trigai Pedr Fardd yn ystod ei breswyliad yn Lerpwl.[60] Ond nid rhesymau daearyddol oedd yr unig nac yn wir y prif ystyriaethau yn newis Pedr Fardd o argraffwyr; yn hytrach, o edrych ar yr argraffwyr hynny yn fanylach, fe welir eu bod yn adlewyrchu'r rhwydweithiau crefyddol a diwylliannol y symudai Pedr Fardd ynddynt.[61]

David Marples

O droi at yr argraffwyr fesul un, dechreuwn gyda DAVID MARPLES (1796-1881). Brodor o Baslow ger Chatsworth yn swydd Derby ydoedd. Bu'n brentis am gyfnod i berchennog y *Sheffield Mercury*, ond erbyn 1822 yr oedd yn Lerpwl a chanddo ei swyddfa argraffu ei hun yn Circus Street. Yr oedd yn Paradise Street erbyn 1826, gan symud oddi yno i Lord Street yn ystod 1828. Daeth yn argraffydd a llyfrwerthwr adnabyddus iawn yn Lerpwl.[62] Ei grefydd, yn ddiau, a'i dug i gysylltiad â Phedr Fardd. Yr oedd yn asiant, er enghraifft, i'r 'Liverpool Religious Tract Society', i'r 'Sunday School Union' ac i'r 'Dissenters and General Fire and Life Assurance Company'. Pwysicach yn y cyd-destun presennol yw ei fod yn aelod amlwg yn yr eglwys Gynulleidfaol Saesneg yn Great George Street lle yr oedd Dr Thomas Raffles yn weinidog. A phrin ei bod yn gyd-ddigwyddiad mai'r eitemau cyntaf o waith Pedr Fardd y gwyddys i Marples eu hargraffu yw'r cyfieithiad Saesneg o'i *Catecism Ysgrythyrol* a'i lyfrynnau Cymraeg a Saesneg ar hanes y Methodistiaid Calfinaidd Cymreig yn Lerpwl, gweithiau y bu gan Thomas Raffles gysylltiad â hwy. Priododd David Marples Gymraes, sef Ann Morris o Riwabon, ym mis Medi 1826, a dichon i hynny hefyd hyrwyddo'r ymwneud rhyngddo a Phedr Fardd.

Rhufoniawc

Nid un rhwydd cael gafael ar ei hanes mo ROBERT LLOYD/LLWYD MORRIS ('RHUFONIAWC'; 1808-65), ond o loffa yma a thraw y mae modd dod o hyd i dipyn o wybodaeth amdano, ac o wneud hynny daw yn amlwg iddo fod yn gymeriad eithaf dylanwadol yn ei ddydd mewn cylchoedd diwylliannol Cymraeg, ond iddo fynd yn angof braidd, heb dderbyn y sylw y mae'n ei haeddu. Fel yr awgryma ei ffugenw, 'Rhufoniawc', gŵr o sir Ddinbych ydoedd.[63] Fe'i ganed ar 14 Awst 1808. Saer maen o'r enw John Morris, a fu farw 20 Ebrill 1857, oedd ei dad. Brodor o Ddinbych oedd John Morris, yn ôl pob tebyg, ond symudodd i'r Rhyl, lle y bu ef a'i fab, William, yn adeiladwyr. Ymhlith pethau eraill, bu'r ddau yn gyfrifol am adeiladu nifer o gapeli yn Nyffryn Clwyd, a dywedir mai William Morris 'a gododd furiau Coleg y Bala'.[64] Er y bu gan Rufoniawc gysylltiadau agos â'r Rhyl ar hyd ei fywyd – bu'n byw yno ar adegau, byddai'n ymweld â'r dref yn bur aml,[65] ac yno y bu farw yn 1865[66] – fe grwydrodd gryn dipyn hefyd dros y blynyddoedd. Yn 1827 fe'i cawn yn gweithio fel argraffydd yn Ninbych, oherwydd rhestrir 'Mr. Robert Lloyd Morris, printer, *Denbigh*' ymhlith y tanysgrifwyr i gyfrol Bardd Nantglyn, *Diliau Barddas*, a ymddangosodd y flwyddyn honno o wasg Thomas Gee yn Ninbych. Erbyn 1830 yr oedd yn Nhreffynnon. Gwyddom hynny oddi wrth lythyr a anfonwyd ato gan ei gyfaill, y bardd 'Gwenffrwd' (Thomas Lloyd Jones; 1810-34). Un o Dreffynnon oedd Gwenffrwd, ond symudodd i Ddinbych yn 1830, ac yn Rhagfyr y flwyddyn honno anfonodd lythyr o Ddinbych i Dreffynnon at Robert Llwyd Morris.[67] Yn y llythyr hwnnw, sy'n diweddu'n wladgarol iawn â'r frawddeg, 'Nid yw ein hiaith yn farw etto', cyfeiria Gwenfrwd at yr argraffydd o Ddinbych, Thomas Gee, fel hen feistr R. Ll. Morris. Yr oedd Gwenffrwd wedi hysbysu Thomas Gee ei fod am roi ei flodeugerdd, *Ceinion Awen y Cymmry*, 'yn y Wasg wyliau Nadolig'. Yr oedd yn adeg bur argyfyngus ar Thomas Gee ar y pryd oherwydd ymadawiad cysodydd o'r enw Robert Jones am yr Wyddgrug. Bu Gwenffrwd yn canu clodydd Robert Llwyd Morris fel cysodydd wrth Thomas Gee, a dywed yn ei lythyr at R. Ll. Morris, 'yr wyv yn lled hyderus y bydd eich dwylaw yn brysur iawn gyda Chymraeg diledryw yn y Clwydwasg [sef gwasg Thomas Gee]; ac y ceif y "Ceinion" y fraint o'ch bysedd'. Ac felly y bu, mae'n debyg, canys pan ymddangosodd *Ceinion Awen y Cymmry* o wasg Thomas Gee yn 1831, yr oedd enw 'Mr. Robert Lloyd Morris, *Denbigh*' ymhlith y tanysgrifwyr, ynghyd ag aelodau eraill o'i deulu. Ond erbyn 1832 yr oedd yn argraffu yng Nghaernarfon, ac yn y flwyddyn ddilynol symudodd i Lerpwl, lle y bu ganddo swyddfa argraffu yn Mason Place, Villars Street, cyn symud i Tithebarn Street erbyn 1836, ac i Dale Street erbyn mis Mai 1840.[68] Yn y flwyddyn honno, 1840, yr argraffodd ef 'dros yr enwad' gasgliad emynau sylweddol Richard Williams a Joseph Williams, *Hymnau a Salmau [...] Wedi eu casglu ar ddymuniad ac at wasanaeth y Methodistiaid Calfinaidd yn Liverpool*, casgliad y dywedir iddo gael ei 'gymeradwyo' gan Bedr Fardd.[69]

Dechreuwyd cyhoeddi'r cylchgrawn, *Y Gwladgarwr*, yng Nghaer dan olygyddiaeth Ieuan Glan Geirionydd yn 1833. Fe'i prynwyd yn 1836 gan gyhoeddwr a llyfrwerthwr Cymreig yng Nghaer, Edward Parry (1798-

1854), a'i olygu gan Hugh Jones ('Erfyl'; 1789-1858) o hynny hyd 1840. Yn niwedd y flwyddyn honno, trosglwyddwyd y cylchgrawn o Gaer i Lerpwl, pan ddaeth Robert Lloyd Morris yn berchennog ac yn olygydd arno. Dywed taflen rydd y tu mewn i rifyn Rhagfyr 1840 o'r cylchgrawn y bydd i'r *Gwladgarwr* 'o hyny rhagllaw, gael ei ddwyn ymlaen ar draul a than gyfarwyddyd Mr. ROBERT LLWYD MORRIS, Printiwr a Llyfrwerthydd Cymreig, *Dale-street, Liverpool.* Y mae dyhewyd a brwdfrydedd Mr. Morris dros ei wlad a'i genedl yn dra hysbys i'r rhan fwyaf o'n Llëenyddion Cymreig.' Mynd ar i lawr yr oedd *Y Gwladgarwr* pan brynwyd ef gan R. Ll. Morris. Gwnaeth ymdrech i roi bywyd newydd ynddo. Y tu mewn i glawr blaen rhifyn Ionawr 1841, er enghraifft, rhestrir nifer o welliannau yr oedd wedi eu gwneud i ddiwyg y papur. Yr oedd y papur o ansawdd gwell, 'y tudalenau yn ddestlusach, a'r print yn llawer amgenach', a dywedir bod y newidiadau yn y teip ac yn lled y golofn yn golygu bod y darllenwyr yn cael 15,104 o lythrennau yn fwy ymhob rhifyn, a oedd yn gyfystyr â chael yn agos at bedwar tudalen ychwanegol. Ond er pob ymdrech, dod i ben a wnaeth *Y Gwladgarwr* gyda rhifyn Mehefin 1841, a hynny'n ddirybudd.

Ychydig cyn iddo fynd yn olygydd *Y Gwladgarwr*, bu Robert Lloyd Morris yn brysur iawn gyda menter ddiwylliannol uchelgeisiol arall. Ym mis Gorffennaf 1839, fe'i cawn yn anfon llythyr i Goleg Crist, Rhydychen, at y clerigwr llengar, John Jones ('Tegid'; 1792-1852).[70] Yr oedd Tegid yn un o 'aelodau gohebol' Cymreigyddion Lerpwl, a phwrpas llythyr R. Ll. Morris oedd anfon ato broflen o gyhoeddiad swyddogol a rhestr testunau eisteddfod y bwriadai Cymreigyddion Lerpwl ei chynnal ym mis Mehefin 1840, sef y 'Liverpool Grand Gordovigion Eisteddfod'. Mae'n amlwg o'r broflen mai Robert Lloyd Morris oedd ysgrifennydd Cymreigyddion Lerpwl ar y pryd, ac ato ef ('R. Lloyd Morris, Printer and Stationer, Liverpool') yr oedd yn rhaid anfon yr holl gyfansoddiadau ar gyfer yr eisteddfod, a hynny erbyn 1 Mai 1840. Dyma, wrth gwrs, yr eisteddfod y daeth Pedr Fardd yn ail ynddi i Eben Fardd am awdl 'ar gystuddiau, amynedd, ac adferiad Job', ac fel y nodwyd uchod, argraffwyd y ddwy awdl gyda'i gilydd mewn cyfrol a ddaeth o wasg R. Ll. Morris erbyn gwanwyn 1841.

Bu Robert Lloyd Morris yn Llundain am gyfnod yn yr 1840au,[71] ond erbyn 1847 yr oedd yn ôl yn y Rhyl, yn athro yn ysgol yr Eglwys yno ac yn gweithredu fel clerc y plwyf.[72] Ni bu yno'n hir, gan iddo symud i'r Wyddgrug erbyn 1848, lle y bu'n argraffu tan 1852 o leiaf.[73] Erbyn haf 1855 yr oedd yn Everton, Lerpwl, ond ni bu yno'n hir iawn ychwaith, oherwydd dywed fel a ganlyn mewn llythyr at Jane Davies, merch Gwallter Mechain, o Dremadog, dyddiedig 23 Medi 1857:

> I have been in this town since St Patrick's day of 1856, – conducting the Printing Establishment of Mr. R. I. Jones, Madoc Office. We have it in contemplation to commence a Weekly Welsh Newspaper at Xmas. Its name is not finally settled, – but a *Conservative* paper. Some will have it called *Cloch Eryri*; others *Gwladwr*; and some *Teithiwr*. The first named is my favorite.[74]

Swyddfa Robert Isaac Jones ('Alltud Eifion'; 1815-1905) oedd hon, a'r *Brython*, a ymddangosodd gyntaf ym mis Mehefin 1858, oedd y papur newydd arfaethedig.[75] Yn 1858, tra oedd yn Nhremadog, penodwyd Rhufoniawc yn ysgrifennydd yr ymgyrch i godi cofgolofn ar fedd Dic Aberdaron.[76] Symudodd yn ôl i'r Rhyl a sefydlu swyddfa argraffu yno, ac fe'i dilynwyd yn y swyddfa honno gan ei fab, John Morris ('Ap Rhufoniawc').[77]

Cymeriad bywiog, ffraeth oedd Rhufoniawc: 'hen fraddug diddan' yw un disgrifiad ohono.[78] Ar ôl sôn bod Robert Lloyd Morris yn cael ei adnabod 'fel gohebydd i'r cylchgronau', dywedodd un awdur wrth fynd heibio: 'Y mae y rhan fwyaf o argraffwyr Cymreig yn llenorion';[79] a gwir hynny. Bu Rhufoniawc yn barddoni rhywfaint – gwelais gyfeiriadau at gerddi o'i eiddo yn *Y Gwladgarwr* ac yn *Goleuad Cymru*, er enghraifft, ac fe'i hurddwyd yn 'awenydd neu ddyscybl bardd' mewn Gorsedd yn Lerpwl adeg Eisteddfod y Gordofigion yn 1840[80] – ond ei brif gyfraniad, bid siŵr, oedd ei waith yn hyrwyddo'r mudiadau eisteddfodol a Chymreigyddol ym mhob man y bu'n preswylio. Bu'n flaenllaw mewn cymdeithasau Cymreigyddol yn Ninbych, yr Wyddgrug, Llundain a Lerpwl, er enghraifft; rhoddodd ei araith yn un o eisteddfodau Cymreigyddion y Fenni 'lawenydd i bawb';[81] a bu'n ysgrifennydd Eisteddfod y Gordofigion yn Lerpwl yn 1840, yn isysgrifennydd Eisteddfod Rhuddlan yn 1850 ac yn aelod o bwyllgor Eisteddfod Gadeiriol y Rhyl yn 1863 – gŵyl y cynhaliwyd ynddi gystadleuaeth nofio am y tro cyntaf yn hanes yr Eisteddfod![82] Er mwyn tanlinellu pwysigrwydd ei gyfraniad yn ei ddydd tuag at warchod a hyrwyddo'r diwylliant Cymraeg, y mae'n werth dyfynnu o lwncdestun a gynigiwyd iddo am ei waith fel Ysgrifennydd Cymreigyddion Lerpwl adeg cylchwyl y gymdeithas honno ym mis Tachwedd 1840:

> Efe yw'r gwr yr hwn y mae y Cymry yn rhwymedig iddo am ei lafur diludded ymhlaid ei wlad, ei hachos, a'i hiaith; y mae efe wedi bod yn Paul ac yn Apollos i iaith ei wlad; y mae efe wedi goddef pwys a gwres y dydd, yn ei phlanu ac yn ei dwfrhau. Pan oedd pwys ein gelynion ac oerfelgarwch ein cydwladwyr ymron a'n llethu i'r llawr, yr oedd ef yn darian iddi, ac yn ein calonogi gan floeddio 'Oes y byd i'r iaith Gymraeg,' yr hyn yn wir oedd yn ein gwroli ni yn y frwydr, fel y Scotiaid ymaes [*sic*] Waterloo, pan oedd tân eu gelynion boethaf bloeddiasant '*Scotland for ever!*'[83]

Wrth gofnodi ei farwolaeth yn 1865, nododd *Seren Cymru* fod 'yr ymadawedig yn adnabyddus fel cefnogwr gwresog i bob peth Cymreig', ac fel arian byw o ddyn a gyfrannodd yn sylweddol at gynnal Cymreictod yng nghanol y bedwaredd ganrif ar bymtheg, y mae Rhufoniawc yn haeddu cael amgenach sylw nag a gafodd hyd yma.

Symudodd THOMAS THOMAS (1799-1887) o Lerpwl i Gaer yn 1826, ac felly fe ddychwelwn ato yn nes ymlaen wrth drafod argraffwyr Caer. Mae hynny'n gadael un argraffydd o Lerpwl ar ôl, sef JOHN JONES (1790-1855), CASTLE STREET, un y tâl yn sicr inni oedi gydag ef yng nghyd-destun bywyd a gwaith Pedr Fardd.

John Jones, Castle Street

Fe aned John Jones ar 29 Medi 1790. Brodor o Lansanffraid Glan Conwy ydoedd, ond pan oedd tua deuddeng mlwydd oed aeth i Lerpwl, lle y'i prentisiwyd am saith mlynedd yn argraffty'r Mri Joseph Nevett & Co., 'Booksellers, printers and stationers, 9, Castle St.' Wedi gorffen ei brentisiaeth, a dod trwy hynny yn un o ryddfreinwyr y fwrdeistref, parhaodd i weithio yn swyddfa Nevett gan fynd yn oruchwyliwr yno, ac efallai'n bartner yn y cwmni, o 1812 ymlaen. Mae'r dyfyniad hwn o hysbyseb yn y *Liverpool Mercury*, 10 Awst 1832, yn taro peth goleuni ar yrfa John Jones yn ystod y blynyddoedd nesaf: 'J. Jones (successor to Joseph Nevett & Co.) printer and stationer, 9 Castle Street, informs friends [...] that having had the superintendence of the late J. Nevett & Co's printing office for the last 20 years, he has now undertaken the above business on his own account.'[84] Yr achos am y newid, mae'n debyg, oedd marwolaeth Joseph Nevett ym mis Mai 1832, a dyna egluro hefyd paham nad oes cyfeiriad at Nevett (cyfenw sy'n tarddu o'r enw Cymraeg 'Ednyfed', mae'n debyg)[85] ar yr eitemau a argraffodd John Jones dros Bedr Fardd yn 1833.

Bu John Jones yn aelod amlwg gyda'r Methodistiaid Calfinaidd yn Pall Mall. Yr oedd yn gyfaill agos i nifer o arweinwyr yr enwad. Ef, er enghraifft, oedd gwas priodas John Elias adeg ei briodas â Lady Bulkeley yn Lerpwl yn 1830, ac ef yw'r John Jones a ysgrifennodd gofiant i John Elias ar y cyd â John Roberts ('Minimus', 1808-80) yn 1850. Ef hefyd oedd un o'r rhai a arwyddodd Weithred Gyfansoddiadol enwad y Methodistiaid Calfinaidd yn 1826. Daeth yn arweinydd ymhlith Methodistiaid Lerpwl pan oedd yn eithaf ifanc. Fe'i codwyd yn bregethwr yn 1821,[86] yn ychwanegol at y ddau bregethwr a oedd eisoes gan y Methodistiaid Cymreig yn Lerpwl, sef Thomas Edwards a Thomas Hughes (dau y cyhoeddodd John Jones gofiant iddynt yn 1829). Yna, pan ddechreuwyd cynnal Cyfarfod Misol ar gyfer arweinwyr yr achos Methodistaidd yn Lerpwl yn 1822, John Jones a ddewiswyd yn ysgrifennydd cyntaf iddo. Yr oedd Pedr Fardd hefyd yn aelod o'r Cwrdd Misol hwnnw, gan ei fod yntau yn flaenor yn Pall Mall er 1799.[87]

Yr oedd disgyblaeth gadarn yn nodwedd amlwg ar achos y Methodistiaid yn Lerpwl. Er nad oes sicrwydd o'r union ddyddiad a chamwedd, fe ddaeth Pedr Fardd o dan ddisgyblaeth eglwysig, a'i symud o'i swydd fel blaenor – er mae'n amlwg bod teimlad eithaf cryf ymhlith yr aelodau i'r ddisgyblaeth ar Bedr Fardd fod yn rhy lem. Rhaid bod y disgyblu wedi digwydd rywbryd ar ôl mis Rhagfyr 1823, gan fod ei enw yn digwydd ymhlith y blaenoriaid mewn cofnodion yr adeg honno, ac y mae'n bosibl na chafodd ei symud o'i swydd fel blaenor tan rywbryd ar ôl mis Hydref 1833, er bod cofnodion y blaenoriaid yn dangos bod rhyw anghydfod wedi codi yn achos Pedr Fardd tua diwedd 1823.[88] Fe'i hadferwyd i'r sêt fawr ym mis Mawrth 1838, ond chwe blynedd yn ddiweddarach, ym mis Mawrth 1844, fe'i diswyddwyd unwaith yn rhagor o fod yn flaenor. 'Yr un pechod ydoedd ag o'r blaen,' meddai un cofnod am y digwyddiad; 'rhodio yn rhy agos i dir y cnawd; . . . cellwair gyda merched', er i'r archddisgyblwr ymhlith Methodistiaid Lerpwl, Samuel Jones (1789-1875) – un arall o feibion Robert Jones, Rhos-lan – bwysleisio 'nad yw yn ymddangos iddo fod yn euog o ddim pellach na chellwair a'r chwant'.[89] Yn nhraethawd Arfonog ar Bedr Fardd, awgrymir mai'r drosedd y tro cyntaf oedd '*cyffwrdd ei wefus ar rudd rhyw wraig* oedd yn aelod o'i ddosbarth yn yr Ysgol Sul' (t. 38) ac mai'r un yr eildro oedd '*siarad yn anfoesgar* wrth yr eneth oedd yn ei gynorthwyo yn ei siop' (t. 39). Ond beth bynnag oedd yr union droseddau, yr awgrym clir yr eildro, fel y tro cyntaf, yw i lawer yn y gynulleidfa deimlo bod y ddisgyblaeth yn rhy lem. Ac er i'r ferch a ddygodd y cyhuddiad yn ei erbyn, gydnabod ymhen blynyddoedd iddi bardduo ei gymeriad o ddrwgfalais, dan gwmwl braidd y bu farw Pedr Fardd yng nghartref un o'i ferched, yn Windsor Street, Lerpwl, ar 26 Ionawr 1845.[90]

Er ei fod yn aelod mor amlwg ymhlith Methodistiaid Cymreig Lerpwl, bu John Jones, Castle Street, yntau o dan ddisgyblaeth eglwysig, a hynny yn 1830. Cynhaliwyd is-etholiad seneddol yn Lerpwl ym mis Tachwedd 1830. Hynodid yr etholiad, meddir, gan faint y llwgrwobrwyo a fu ynglŷn ag ef, a phrynwyd pleidleisiau'r etholwyr yn gwbl ddigywilydd. Un o'r rhai a werthodd ei bleidlais – am £30 – oedd John Jones. Fe'i disgyblwyd am wneud hynny trwy ei atal rhag pregethu a'i atal hefyd o'r Cymundeb. Gan iddo gwympo ar ei fai a dychwelyd yr arian, fe dybid yn gyffredin y byddai'n cael ei adfer i'w swydd fel pregethwr ymhen amser; ond er cael ei adfer yn lled fuan i'r Cymundeb, daeth yn amlwg nad oedd y swyddogion am roi iddo ei le yn ôl fel pregethwr. Ond – fel yn achos Pedr Fardd – yr oedd cryn deimlad o'i blaid ymhlith yr aelodau, a pharodd y mater lawer o chwerwder a diflastod.[91] Dywedir bod un neu ddau o'r swyddogion yn gwbl amharod i roi unrhyw ran i John Jones mwyach yng ngwaith yr eglwys. Dichon mai un rheswm am hynny oedd bod John Jones 'yn siaradwr rhwydd ac effeithiol, ac ar brydiau yn gallu defnyddio gwawdiaith ddeifiol',[92] a dichon hefyd fod ei dueddiadau radicalaidd yn hybu'r tyndra rhyngddo a rhai o'i gyd-flaenoriaid mwy ceidwadol.[93] Yn 1832 etholwyd Samuel Jones (mab Robert Jones, Rhos-lan) yn un o'r blaenoriaid. Gŵr cyfoed, bron, â John Jones ydoedd, ac wedi bod yn Lerpwl er pan oedd yn bymtheng mlwydd oed. Yr oedd yn ddisgyblwr llym ac yn bur geidwadol ei osgo, a cheir yr argraff nad oedd yn cyd-dynnu'n dda o gwbl â John Jones. Ef a gadwodd gofnodion cyfarfod a fu'n trafod achos John Jones ym mis Mai 1833, a gwelir yn y frawddeg hon un rheswm dros amharodrwydd y swyddogion i'w adfer i'w swydd: 'Dywedwyd fod ymddygiad annoeth y brawd J. Jones pan yn ei swydd wedi brifo blaenoriaid yr eglwys, fel mai peth mawr iawn fyddai cael gwellhau yr esgyrn a friwiwyd.'[94] Ond yr oedd pethau i fynd yn waeth eto. Erbyn mis Medi 1836 yr oedd nifer y blaenoriaid wedi lleihau yn sylweddol, a bu'n rhaid cynnal etholiad. Oherwydd y tyndra a fodolai o hyd yn y sefyllfa, bu'r etholiad hwn yn fater o gryn bryder i'r eglwys ac i arweinwyr yr enwad. Ym marn y gweinidogion hynny y gofynnwyd iddynt gyfrif y pleidleisiau (sef John Hughes, Pontrobert a Henry Rees), nid oedd neb o gapel Pall Mall 'wedi cael ei alw yn deilwng' yn yr etholiad. Ond yn fuan aeth y si ar led fod John Jones a Phedr Fardd wedi cael nifer dda o bleidleisiau ac mai'r rheswm dros eu gwrthod oedd bod y ddau flaenor yn Pall Mall, Samuel Jones a David Williams, wedi dweud yn bendant wrth y gweinidogion 'na chydweithredent byth a John Jones, Castle Street'. Yr oedd y cwrdd eglwys a ddilynodd yr etholiad yn un eithaf stormus, gyda chefnogwyr y ddau yn creu tipyn o stŵr – ond y cwbl yn ofer. Ysywaeth, nid dyna ddiwedd yr helyntion trist. Ychydig yn nes ymlaen cododd anghydfod arall rhwng John Jones a'r blaenor David Williams. Cytunodd mwyafrif yr eglwys fod John Jones ar fai, ac fe'i diarddelwyd fel aelod mewn cyfarfod yn Ionawr 1838. Aeth John Jones o'r cyfarfod hwnnw gan ddatgan ei fod yn ffarwelio â chorff y Methodistiaid Calfinaidd am byth. Ymunodd ag eglwys yr Annibynwyr yn y Tabernacl, Great Crosshall Street, lle yr oedd Williams o'r Wern yn weinidog ar y pryd, ac fe'i dilynwyd yno cyn hir gan ei wraig a'i ferch. Ymhen deufis wedi diarddel John Jones, galwyd ar Fethodistiaid Lerpwl i ddewis blaenoriaid eto, a'r tro hwn etholwyd tri yn Pall Mall, a Phedr Fardd yn un ohonynt – arwydd, mae'n siŵr, mai John Jones oedd y gwir broblem adeg yr etholiad ar gyfer blaenoriaid yn 1836.[95]

Arhosodd John Jones am rai blynyddoedd gyda'r Annibynwyr, yn uchel ei barch yn eu plith. Defnyddiwyd ef yn helaeth ganddynt, a bu'n un o'r rhai a sefydlodd eglwys newydd Salem, Brownlow Hill (Grove Street wedi hynny) yn 1841. Ond fel y dywed y deyrnged iddo yn *Y Drysorfa* adeg ei farw yn 1855, ' "ni chafodd orffwysdra i wadn ei droed" nes dychwelyd yn ol'.[96] Ailymunodd â'r achos yn Pall Mall (yn nechrau gaeaf 1848, yn ôl pob tebyg),[97] ac yn ôl y deyrnged honno yn *Y Drysorfa* yn 1855, yr oedd 'er ys rhai blynyddoedd bellach wedi llithro yn esmwyth a naturiol i'w hen sefyllfa yn ein plith'. Er nad ymddangosodd ei enw yn rhestr y pregethwyr yn *Y Dyddiadur Methodistaidd* hyd y flwyddyn 1854, pregethai'n gyson gyda'r enwad,[98] ac ar daith bregethu y bu farw yn Ionawr 1855, yn sydyn, o wendid calon. Yr oedd yn pregethu yn Wrecsam ddydd Sul, 7 Ionawr. Fore Llun galwodd gyda Charles Hughes (o gwmni cyhoeddi Hughes a'i Fab) am lyfrau, ac yng ngeiriau D. E. Jenkins: 'Aeth yr ymgom yn hwy na'r bwriad, a bu raid i John Jones frysio i ddal y tren. Wedi ysgwyd llaw â chyfaill neu ddau, eisteddodd i lawr, a phlygodd ei ben. Erbyn i feddyg gael ei alw at y gerbydres yn Gresford, cafwyd ei fod wedi marw. Claddwyd ef yn y Necropolis, Low-hill, Lerpwl, y dydd Llun canlynol.'[99] Arwydd o'r parch tuag ato yw'r ffaith bod bron 700 yn ei angladd.

Er i'r ddau gydolygu'r cylchgrawn *Y Cymro* yn 1822, tybed a yw'n iawn gweld arwydd o ryw oeri yn y berthynas rhwng Pedr Fardd a John Jones yn y ffaith bod Pedr yn defnyddio argraffwyr eraill yn hytrach na John Jones, Castle Street, o 1823 ymlaen, sef o'r adeg y cafodd Pedr Fardd ei ddisgyblu yn Pall Mall?[100] Ond erbyn dechrau'r 1830au, gwelir Pedr yn troi yn ôl at John Jones fel argraffydd – arwydd efallai i'r ddau ohonynt glosio yng nghanol yr holl helyntion yn Pall Mall yn y cyfnod hwnnw. Un peth arall a dynnai John Jones a Phedr Fardd at ei gilydd yn ystod yr 1830au oedd eu diddordeb ill dau yn achos dirwest. Dyma'r adeg yr ysgubodd y Diwygiad Dirwest trwy Gymru. Fel yn achos y mudiad i sefydlu cymdeithasau Cymreigyddol cyn hynny a'r ymgyrch i sefydlu Cenhadaeth Dramor y Methodistiaid Calfinaidd a gododd ychydig yn nes ymlaen, yr oedd Cymry Lerpwl ar y blaen yn y symudiad dirwestol hwn, ac yno ym mis Mawrth 1835 y sefydlwyd y Gymdeithas Ddirwestol Gymreig gyntaf. Daeth John Jones a Phedr Fardd yn aelodau ohoni yn 1836, y naill yn y mis Mehefin a'r llall yn y mis Hydref.[101] Fel y nodwyd eisoes, ymddengys i John Jones, Castle Street, argraffu llyfryn dirwestol o waith Pedr Fardd yn 1836, ac ym mis Awst y flwyddyn honno cychwynnodd John Jones gylchgrawn newydd, *Y Dirwestydd*, cylchgrawn y cyfrannodd Pedr Fardd yntau iddo.[102] Ond dichon ei bod yn arwyddocaol nad ymddangosodd unrhyw lyfr o waith Pedr Fardd o wasg John Jones, Castle Street, ar ôl i John Jones ymadael â Phall Mall am yr Annibynwyr yn Ionawr 1838.

Yn yr 1840au, bu gan John Jones ran bwysig yn hanes dau gyhoeddiad dylanwadol iawn. Ym mis Mai 1843 daeth 'Gwilym Hiraethog' (William

Rees, 1802-83) i Lerpwl, yn weinidog eglwys yr Annibynwyr Cymreig yn Great Crosshall Street, a thyfodd cyfeillgarwch agos rhyngddo ef a John Jones, Castle Street yn sgil hynny. 'Gwr parchus iawn gan ei gydgenedl yn y dref, a chan y Saeson yr un modd, yn Gymro gwladgarol, ac yn Gymreigydd gwych' yw disgrifiad Hiraethog ohono.[103] Wedi hir drafod, penderfynasant fentro ar gyhoeddi papur newydd Cymraeg, gyda John Jones yn gyhoeddwr ac argraffydd, a Gwilym Hiraethog yn olygydd (ond gyda John Jones yn gwneud cryn dipyn o'r gwaith gweinyddu ac is-olygu). Daeth y rhifyn cyntaf o'r *Amserau* o'r wasg yn Awst 1843. Ni fu'r ymateb o du prynwyr yn wych ar y dechrau, a bu bron i John Jones roi'r gorau i'w gyhoeddi ymhen chwe mis, yn ôl Gwilym Hiraethog. Ond taer erfyniodd Hiraethog arno i barhau am ychydig eto, gan fod ganddo, meddai, 'rywbeth mewn golwg a allai, hwyrach, dynu sylw ac enill derbynwyr newyddion'. Y 'rhywbeth' hwnnw oedd ei gyfres nodedig o lythyrau dan y ffugenw ''Rhen Ffarmwr', llythyrau a wnâi sylwadau difyr a deifiol ar faterion y dydd ym mhersona hen wladwr diaddysg o gyffiniau Mynydd Hiraethog a ysgrifennai yn iaith lafar yr ardal honno. Gweddnewidiodd hynny'r sefyllfa, meddai Gwilym Hiraethog, gyda'r cylchrediad yn cynyddu wrth y degau bob rhifyn.[104] Dyma'r newyddiadur Cymraeg cyntaf i lwyddo, ac fe'i hunwyd yn 1859 â *Baner Cymru* Thomas Gee i ffurfio'r papur radicalaidd enwog hwnnw, *Baner ac Amserau Cymru*.

Flwyddyn ar ôl sefydlu'r *Amserau* bu farw'r esboniwr James Hughes ('Iago Trichrug'), ym mis Tachwedd 1844.[105] Dechreuwyd cyhoeddi ei esboniad dylanwadol ar y Beibl yn rhannau o 1829 ymlaen o wasg Evan a John Lloyd yn yr Wyddgrug a chwblhawyd yr esboniad ar y Testament Newydd erbyn 1835. Gwerthwyd wyth mil o'r argraffiad cyntaf o'r esboniad hwnnw, ac nid yw'n syndod felly i'r cyhoeddwyr ofyn i Iago Trichrug fynd rhagddo gyda'r Hen Destament. Symudodd Evan Lloyd i Lundain yn 1838 ac agorodd John Lloyd swyddfa argraffu yn Nhreffynnon mewn partneriaeth â Peter Maelor Evans, a'r swyddfa honno yn Nhreffynnon a barhaodd â'r gwaith o argraffu esboniad James Hughes.[106] Cyhoeddwyd pedair cyfrol o'i esboniad ar yr Hen Destament, ond bu farw Iago Trichrug cyn gorffen y gyfrol olaf. Yr oedd John Jones, Castle Street, ac Iago Trichrug yn adnabod ei gilydd yn dda, ac at John Jones y trodd y cyhoeddwr, P. M. Evans, â'r cais i orffen yr esboniad. Cytunodd, ac yn 1845 (nid tua 1850, fel y dywed y *Bywgraffiadur*) rhoddodd y gorau i'w waith argraffu yn Castle Street a chilio o Lerpwl i'r Brwcws, Dinbych, am gyfnod i weithio ar yr esboniad. Cwblhawyd y gwaith – sef y rhan fwyaf o'r bumed gyfrol o'r esboniad ar yr Hen Destament (o Jeremeia 35:7 ymlaen) – erbyn dechrau 1848, ac ymddangosodd cyfrol olaf yr esboniad o'r wasg erbyn mis Medi'r flwyddyn honno.[107]

Ymddengys mai tua diwedd mis Mehefin 1845 y rhoddodd John Jones y gorau i'w swyddfa argraffu yn Lerpwl. O leiaf, yn rhifynnau mis Gorffennaf o'r *Amserau*, ceir hysbyseb ganddo yn diolch am gefnogaeth ei gwsmeriaid dros y blynyddoedd, ac yn dweud ei fod wedi trosglwyddo ei fasnach fel argraffydd a llyfrwerthwr i William Ellis a Michael James Whitty (sylfaenydd y *Liverpool Daily Post* yn 1855), gan ychwanegu y byddai'r 'un fantais i argraffu Cymraeg yn y swyddfa ag o'r blaen, gan fod ei feibion yn aros yno'. Yn y flwyddyn flaenorol yr oedd ei ferch, Mary Ann Jones, wedi agor busnes fel argraffydd a llyfrwerthwr, yn Copperas Hill a School Lane i ddechrau, ac yna yn 18 Tithebarn Street erbyn 1847. Ei hargraffnod hi sydd ar gofiant ei thad i John Elias yn 1850.[108] Am *Yr Amserau*, pwysleisir yn yr hysbyseb yn rhifynnau mis Gorffennaf 1845, y cyfeiriwyd ati uchod, fod y papur yn aros o dan yr un olygyddiaeth er y newid ym mherchenogaeth y busnes. Newidiwyd enw'r cyhoeddwr o John Jones i Whitty ac Ellis gyda rhifyn 28 Awst 1845, ac yn yr un rhifyn ceir nodyn yn dweud, gan fod y cyn-gyhoeddwr wedi ymadael â Lerpwl, y dylid anfon unrhyw ohebiaeth bersonol ato i 'Brook Cottage, near Denbigh'. Parhaodd Whitty ac Ellis i argraffu a chyhoeddi'r *Amserau* o'r swyddfa yn Castle Street hyd rifyn 29 Mehefin 1848. Ond nid hwy oedd perchenogion y papur yn y cyfnod hwn. Yn ôl Gwilym Hiraethog, pan ddychwelodd John Jones i Gymru yn 1845, 'cymerodd nifer o wladgarwyr twymngalon yn y dref hon achos yr *Amserau* at eu hystyriaeth [...] Traddododd Mr. Jones y fraint-ysgrif o hono yn rhâd ac am ddim i'w dwylaw.'[109] Bu peth ad-drefnu ar y cwmni a berchenogai'r papur yn nechrau 1848, yn y gobaith o'i newid yn wythnosolyn, ond ym mis Mehefin 1848 aeth *Yr Amserau* i feddiant John Lloyd, yr argraffydd o'r Wyddgrug a Threffynnon gynt, a fuasai er mis Rhagfyr 1846 yn gyfrifol am gyfrifon y papur. Ni olygai hyn oll i John Jones golli ei gysylltiad â'r *Amserau* yn llwyr. Dywed Hiraethog iddo ymryddhau o'i waith golygyddol dros y flwyddyn y bu'n byw yn Ninbych, ond iddo ailgydio yn y gwaith wedi iddo ddychwelyd, ac ymddengys iddo barhau i wneud rhywfaint o waith golygyddol ar y papur am flynyddoedd wedyn. Mae'n amlwg hefyd fod ganddo ryw gysylltiad â'r cwmni a berchenogai'r cyhoeddiad, oherwydd pan ddaeth y cwmni i ben yn 1848, rhoddwyd cyfarwyddyd yn y papur i anfon unrhyw ôl-ddyledion i'r cwmni at John Jones i 18 Tithebarn Street (sef cyfeiriad swyddfa argraffu ei ferch). Ymddengys hefyd ei fod yn cyd-dynnu'n dda â'r perchennog newydd, John Lloyd; o leiaf, pan symudodd Lloyd *Yr Amserau* i'w gyhoeddi ar Ynys Manaw am gyfnod byr yn 1848, er mwyn ceisio osgoi'r dreth ar bapurau newydd, penodwyd John Jones 'yn oruchwyliwr cyffredinol iddo dros Gymru a Lloegr'.

Dyna, felly, fraslun o hanes (digon helbulus ar brydiau) a chyfraniad sylweddol yr argraffydd pwysig a dylanwadol hwn, ac un y bu ganddo le canolog ym mywyd a helyntion Pedr Fardd yntau.[110]

Argraffwyr Caer

Fel y nodwyd yn gynharach, argraffwyd llyfrau cyntaf ac olaf Pedr Fardd yng Nghaer. Y cysylltiad allweddol yn y cyd-destun hwn oedd y gweinidog dylanwadol gyda'r Methodistiaid Calfinaidd, John Parry (1775-1846). Rhoddwyd peth sylw uchod i Margaret Monk a'i hargraffiad o *Catecism Ysgrythyrol* Pedr Fardd tua 1822, gan nodi'r posibilrwydd y gall mai ail argraffiad oedd y gyfrol honno, ac i argraffiad cynharach ymddangos o bosibl tua 1810. Yn ôl Corfanydd yn *Y Tyst Cymreig*, 21 Hydref 1870, 'Mr Parry, Caer' a argraffodd *Catecism Ysgrythyrol* Pedr Fardd. Ond rhaid cywiro'r gosodiad hwnnw. Ymsefydlodd John Parry yng Nghaer yn 1806. Wedi cadw siop ddillad yno am ryw bedair blynedd, rhoddodd y gorau i hynny a chanolbwyntio ar werthu llyfrau. Yr oedd John Parry, felly, wedi dechrau ymroi i'r fasnach lyfrau yn yr union gyfnod y gellir casglu i argraffiad Cymraeg cyntaf holwyddoreg Pedr Fardd ymddangos o'r wasg; ac o gofio brwdfrydedd John Parry dros waith yr ysgol Sul (heb sôn am ei gysylltiadau enwadol â Phedr Fardd), ni fyddai'n anodd credu y byddai ganddo ddiddordeb mewn holwyddoreg o'r fath – cyhoeddwyd ei *Rhodd Mam* enwog ef ei hun, er enghraifft, yn 1811. Ond nid fel argraffydd y byddai ei gysylltiad â chyhoeddiad a ymddangosasai rywbryd tua 1810, ond fel cyhoeddwr neu ddosbarthwr. Ni ddechreuodd argraffu ei hun hyd

1826 (nid yn 1818 fel y dywed y *Bywgraffiadur*). Cyn hynny byddai'n defnyddio argraffwyr eraill ar gyfer ei waith, megis Margaret Monk a John Fletcher (1756-1835), argraffydd arall yng Nghaer a pherchennog y *Chester Chronicle*. Ac yn sicr bu gan John Parry gysylltiad â'r argraffiad o holwyddoreg Pedr Fardd a ymddangosodd o wasg Margaret Monk tua 1822, oherwydd fel y nodwyd eisoes, ceir y geiriau 'Ar werth gan I. Parry' mewn print bras ar wynebddalen y gyfrol honno.

Yr oedd nifer o gysylltiadau enwadol rhwng John Parry a Phedr Fardd. Ymwelai John Parry ar dro â Lerpwl i bregethu, ac am flynyddoedd bu Lerpwl a Chaer ar yr un gylchdaith bregethu. Yr oedd gan y ddau hefyd ddiddordeb mawr mewn meysydd cyffelyb, megis gwaith yr ysgol Sul a'r genhadaeth dramor. Yn 1818 dechreuodd John Parry gyhoeddi cylchgrawn o'r enw *Goleuad Gwynedd*. Newidiwyd ei enw i *Goleuad Cymru* yn 1820 a pharhawyd i'w gyhoeddi am ddeng mlynedd arall, nes ei ddisodli gan *Y Drysorfa* yn 1831, cylchgrawn y bu John Parry yn ei olygu hyd ei farw yn 1846. Cyhoeddodd Pedr Fardd nifer o eitemau ar dudalennau *Goleuad* John Parry ac yna yn *Y Drysorfa* yn ystod yr 1820au a'r 1830au, ac felly, er nad argraffwyd llyfr arall gan Bedr Fardd yng Nghaer am tua ugain mlynedd ar ôl y *Catecism Ysgrythyrol*, fe fu rhyw gymaint o gysylltiadau cyhoeddi rhyngddo a'r dref honno yn ystod y cyfnod hwnnw.

Mae'n bosibl mai diddordebau cenhadol y ddau – ynghyd ag ymadawiad John Jones, Castle Street, â'r Methodistiaid yn 1838, efallai – a barodd mai swyddfa J. a J. Parry yng Nghaer a argraffodd awdl Pedr Fardd ar Job yn llyfryn yn 1841. Er enghraifft, chwaraeodd John Parry ran amlwg yn y cyfarfod yn Lerpwl ym mis Tachwedd 1840 pan ffarweliwyd â Thomas Jones, cenhadwr cyntaf Cymdeithas Genhadol Dramor y Methodistiaid Calfinaidd. Roedd Pedr Fardd yntau'n bresennol yn y cyfarfod hwnnw, ac wedi cyfansoddi emyn yn arbennig ar gyfer yr achlysur. Tybed ai'r adeg honno y bu John Parry a Phedr Fardd yn trafod argraffu awdl Pedr ar Job?[111]

Fel y nodwyd o'r blaen, cyhoeddwr a llyfrwerthwr oedd John Parry hyd 1826, ond yn y flwyddyn honno fe drodd yn argraffydd hefyd. Cymerodd ystafell yn Eastgate Street Row ar 1 Hydref 1825 i weithredu fel swyddfa argraffu, a phrynodd yr offer argraffu angenrheidiol ar gyfer y swyddfa yn Ionawr 1826. Ceir yr wybodaeth hon yn llyfr cyfrifon John Parry am

1826-36, a ddiogelir bellach yn Llyfrgell Prifysgol Keele.[112] Yn y llyfr cyfrifon hwnnw hefyd gwelir y frawddeg hon: 'Mr. T. Thomas of Liverpool entered upon my service as a Printer on Monday Feb. 13. 1826.' THOMAS THOMAS (1799-1887), argraffydd cyfrol Pedr Fardd, *Mêl Awen*, yn Lerpwl yn 1823 a'r cylchgrawn *Y Cymro* yn 1822, oedd y Thomas Thomas hwn. Ni lwyddais i olrhain dim o'i hanes cyn cyrraedd Caer, ac eithrio'r ffaith iddo gael ei eni ym Mangor ar 5 Mai 1799 a symud i Lerpwl erbyn 1822. Ar ôl iddo weithio i John Parry yng Nghaer am ddeng mlynedd, gwerthwyd y busnes a'r stoc i Thomas Thomas ar 3 Tachwedd 1836 am £166. Ni olygai hyn fod John Parry wedi rhoi'r gorau iddi fel argraffydd yr adeg honno, oherwydd parhaodd i argraffu gyda'i fab, John, a dyna sy'n esbonio'r argraffnod 'J. a J. Parry' ar lyfryn Pedr Fardd yn 1841. Bu John Parry yn olygydd ac yn argraffydd *Y Drysorfa* hyd ei farw ym mis Ebrill 1846. Parhawyd i argraffu'r *Drysorfa* yn swyddfa John Parry (gyda John Roberts, 'Minimus', yn olygydd arno) hyd ddiwedd 1846, pryd y daeth Roger Edwards yn gyd-olygydd â Minimus ac y trosglwyddwyd yr argraffu i swyddfa Thomas Thomas, a oedd yntau'n aelod amlwg gyda'r Methodistiaid yng Nghaer. (Gellir tybio mai ei gysylltiadau Methodistaidd sy'n esbonio paham y cafodd waith argraffu gan Bedr Fardd yn Lerpwl yn 1822 ac 1823.) Er i Thomas Thomas fyw hyd 1887, o tua 1848 ymlaen bu'n rhaid i'w fab, Edward, redeg y swyddfa argraffu oherwydd dallineb cynyddol Thomas, ac fe gynhwyswyd y meibion yn swyddogol yn y busnes yn niwedd 1851. Yna, yn Ionawr 1852, symudwyd *Y Drysorfa* o swyddfa Thomas Thomas a'i feibion yng Nghaer i swyddfa P. M. Evans, Treffynnon, lle yr arhosodd hyd fis Rhagfyr 1898. Bu Thomas Thomas yn bur flaengar fel argraffydd – ef, er enghraifft, oedd y cyntaf i ddefnyddio peiriant argraffu ager yng Nghaer – a bu'n weithgar iawn hefyd yn grefyddol, gan sefydlu nifer o ysgolion Sul 'cenhadol' yn yr ardal o gwmpas Caer. Bu farw yng Nghaer ar 16 Ionawr 1887.[113]

Dyna olwg felly ar argraffwyr Pedr Fardd; a dywedwyd digon, mae'n siŵr, i ddangos mai adlewyrchu hanes a rhwydweithiau cymdeithasol Pedr Fardd ei hun – fel sy'n wir yn achos pawb, wrth gwrs – a wna ei ddewis o argraffwyr.

NODIADAU

1. Fersiwn wedi ei ddiwygio a'i ddiweddaru'n drylwyr yw hwn ar gyfres o ysgrifau a ymddangosodd yn *Y Casglwr* rhwng Awst 1985 a Nadolig 1986. Carwn ddiolch i Olygydd *Y Casglwr* ar y pryd, y diweddar John Roberts Williams, am roi croeso i'r ysgrifau gwreiddiol ar dudalennau'r cylchgrawn hwnnw. Hoffwn hefyd gofnodi fy niolch i Eiluned Rees a Huw Walters (y ddau ar y pryd ar staff Llyfrgell Genedlaethol Cymru), Philip Henry Jones (ar y pryd o Goleg Llyfrgellwyr Cymru), M. R. Perkin o Gymdeithas Lyfryddol Lerpwl (cymdeithas a ddaeth i ben, ysywaeth, yn 1995) a staff Archifdy Lerpwl, am eu cymorth parod wrth imi baratoi'r ysgrifau hynny, ac i Dawi Griffiths (o Ganolfan Bedwyr, Prifysgol Bangor), Rheon Prichard (gynt o Lyfrgell Prifysgol Bangor), Shan Robinson (o Lyfrgell Prifysgol Bangor), Huw Powell-Davies (gweinidog Bethesda, Yr Wyddgrug) a staff Casgliadau Arbennig ac Archifau, Llyfrgell Prifysgol Caerdydd, am gymwynasau diweddarach. Daw'r dyfyniad sydd yn y teitl o gywydd Pedr Fardd, 'Anerchiad i Dewi Wyn a Robert ab Gwilym Ddu'.
2. 'Pedr Fardd 1775-1845', *Y Casglwr*, 23 (Awst 1984), 13. Ceir coffâd i Emrys Jones gan W. R. P. George mewn cyflwyniad ar ddechrau'r gyfrol, *Odlau Moliant: Carolau a Cherddi Sion Ebrill o Ardudwy 1745-1836*, a olygwyd gan Emrys Jones ac a gyhoeddwyd gan ei weddw yn 1987. Emrys Jones hefyd oedd awdur *Dagrau Gwerin* (1982), sef ei gasgliad o arysgrifau ac englynion beddau mynwentydd Eifionydd.
3. 'Emynwyr Eifionydd', *Bwletin Cymdeithas Emynau Cymru*, 1:9 (Gorffennaf 1976), 251.
4. 'Pedr Fardd', *Baner ac Amserau Cymru*, 6 Mehefin 1975, 5.
5. 'Y Dreftadaeth Deg: Pedr Fardd', *Y Cylchgrawn Efengylaidd*, 40:3 (Tymor yr Hydref, 2003), 20.
6. Charles Jones, 'Dosbarthiadau Nos Williams Parry', *Barddas*, 20 (Mehefin 1978), 5; ond mewn ysgrif ar Geiriog cyfeiria Robert Williams Parry at Bedr Fardd fel trydydd emynydd Cymru; Bedwyr Lewis Jones (gol.), *Rhyddiaith R. Williams Parry* (Dinbych: Gwasg Gee, 1974), 116. Yn ôl Bobi Jones yn ei ysgrif ar Bedr Fardd yn *Y Cylchgrawn Efengylaidd* yn 2003, 'Mae yna ryw uniongyrchedd syml a ffres o fawrhydig yng ngwaith Morgan Rhys. Ond y mae geiriau Pedr Fardd yn seinio yn y glust yn hwy. Mae ei apêl at y synnwyr yn ddyfnach.'
7. Corfanydd (sef Robert Herbert Williams, 1805-76), 'Adgofion am Gymry Liverpool', *Y Tyst Cymreig*, 21 Hydref 1870, 3. Dywedir yno i Bedr Fardd lunio'r emyn, 'Trwy Grist a'i werthfawr waed / Y daeth maddeuant rhad' (*Grawn-syppiau Canaan*, emyn 224), tua'r un adeg, ond eiddo'r Methodist o Lŷn, Siarl Marc (1720-95), yw'r emyn hwnnw. Yn ôl Caledfryn yn ei ysgrif, 'Athrylith a Gweithiau Pedr Fardd', *Y Traethodydd*, Gorffennaf 1854, 260: 'Derbyniwyd [Pedr Fardd] yn aelod eglwysig yn mysg y Methodistiaid Calfinaidd, yn Mryn Engan, pan oedd yn ddeg oed. Yr oedd ynddo chwaeth at farddoniaeth er pan oedd yn blentyn bychan.'
8. 'Fy enaid oll, bendithia'r Arglwydd nef', yn seiliedig ar Salm 103, a fersiwn cynnar o'i emyn adnabyddus, 'Cyn llunio'r byd, cyn lledu'r nefoedd wen'.
9. John Roberts ('Minimus'), 'Y Gymdeithas Genadol Gymreig', *Y Drysorfa*, Atodiad, 15 Rhagfyr 1840, 390; John Hughes Morris, *Hanes Cenhadaeth Dramor y Methodistiaid Calfinaidd Cymreig* (Caernarfon: Llyfrfa y Cyfundeb, 1907), 68; D. Ben Rees (gol.),

Llestri Gras a Gobaith: Cymry a'r Cenhadon yn India (Lerpwl: Cyhoeddiadau Modern Cymreig, 2001), 6, 89. Yn *Y Gwladgarwr*, Ionawr 1841, 24, priodolir yr emyn hwn i John Roberts ('Minimus') ac nid i Bedr Fardd.

10. John Thickens, *Emynau a'u Hawduriaid*, argraffiad newydd, gol. Gomer M. Roberts (Caernarfon: Llyfrfa'r Methodistiaid Calfinaidd, 1961), 144. Sylwais ar dri emyn gan 'Peter' yn yr *Evangelical Magazine*, yn rhifynnau Ionawr 1821, Gorffennaf 1821 a Chwefror 1822.
11. Yr oedd Daniel Jones (1774-1840) yn byw yn Lerpwl ar y pryd. Ef oedd un o arweinwyr amlycaf y Methodistiaid Calfinaidd Cymreig yn y dref honno ar ddiwedd y ddeunawfed ganrif a dechrau'r bedwaredd ganrif ar bymtheg. Cadwai siop ddillad, ond drysodd yn ei amgylchiadau masnachol a gadawodd Lerpwl am gyffiniau Dinbych tua diwedd 1821. Arno, gw. John Hughes Morris, *Hanes Methodistiaeth Liverpool*, cyf. 1 (Liverpool: Hugh Evans a'i Feibion, 1929), 47-52, 62-5, 69-70, 94-100 (a gw. yn arbennig y sylwadau ar argraffiad cyntaf *Grawn-syppiau Canaan* ar dud. 51). Yn y Bala yn 1805/6 ac yn Wrecsam yn 1811 yr argraffwyd ail a thrydydd argraffiad *Grawn-syppiau Canaan*, ond fel yn achos yr argraffiad cyntaf, argraffwyd y pedwerydd argraffiad (er ei alw ar yr wynebddalen 'y trydydd argraffiad, gyda chwanegiad') yn Lerpwl yn 1816, a hynny 'gan John Jones, yn argraffdy Nevetts, dros Daniel Jones'. Gellir gweld llun o Daniel Jones gan Hugh Hughes 'yr Artist' yng nghyfrol Peter Lord, *Hugh Hughes Arlunydd Gwlad 1790-1863* (Llandysul: Gwasg Gomer, 1995), 15.
12. Corfanydd, 'Adgofion am Gymry Liverpool', *Y Tyst Cymreig*, 9 Rhagfyr 1870, 10; Morris, *Hanes Methodistiaeth Liverpool*, cyf. 1, tt. 123, 86-9 (a gw. isod n. 22).
13. Ar William Jesus (1745-1816) a'r achos ym Mrynengan, gw. Henry Hughes (Bryncir), 'Beirdd Anadnabyddus Cymru: 1. William Jesus, Brynengan', *Cymru*, 1 (1891), 23-6, ac idem, *Robert Dafydd Brynengan: Ei Hanes, a'i Hynodion* (Caernarfon: Swyddfa'r Wasg Genedlaethol Gymreig, 1895), ynghyd â phennod gyntaf traethawd MA David Carey Griffiths, 'Bywyd a Gwaith Pedr Fardd' (Prifysgol Cymru [Bangor], 1985).
14. Delyth G. Morgans, *Cydymaith Caneuon Ffydd*, argraffiad newydd (Pwyllgor y Llyfr Emynau Cydenwadol, 2008), 644. Dyma enghraifft, mae'n debyg, o'r broses o sefydlogi cyfenwau, yn lle cymryd enw'r tad yn gyfenw, a oedd ar waith o ddifrif yn sir Gaernarfon erbyn diwedd y ddeunawfed ganrif. Am enghraifft arall, sef teulu'r pregethwyr Methodist grymus, Robert Roberts, Clynnog, a John Roberts, Llangwm, gw. E. Wyn James, '"Er Dod o Hyd i Mara . . .": Hanes Cyfansoddi Dau Emyn [gan Eryron Gwyllt Walia]', *Y Cylchgrawn Efengylaidd*, 23:1 (Ionawr/Chwefror, 1986), 16.
15. 'Cywydd i Anerch Eifion ar Achlysur Marwolaeth y Tri Bardd Godidog, Dewi Wyn, Pedr Fardd, ac R. ab Gwilym Ddu', *Caniadau Hiraethog* (Dinbych: Thomas Gee, 1855), 180.
16. O. E. Roberts, 'Pedr Fardd yn Lerpwl', *Cylchgrawn Cymdeithas Hanes Eglwys Methodistiaid Calfinaidd Cymru*, 59:3 (Hydref 1974), 52. Ceir disgrifiad eithaf manwl o fan ei fedd cyn chwalu'r fynwent gan Gorfanydd yn *Y Tyst Cymreig*, 9 Rhagfyr 1870, 10.
17. Dyma gapel cyntaf y Methodistiaid Calfinaidd Cymreig yn Lerpwl. Meddai J. H. Morris yn *Hanes Methodistiaeth Liverpool*, cyf. 1, tt. 41-2: 'Trigai y rhan fwyaf o'r Cymry yn y blynyddoedd hynny [sef adeg agor y capel yn 1787] yng nghymdogaeth Old Hall Street a Tithebarn Street, a phenderfynwyd codi'r capel yn yr un gymdogaeth. Prynwyd

darn o dir yn yr heol a elwid, ac a elwir eto, Pall Mall. [...] Yr adeg honno nid oedd ond un ochr i heol Pall Mall â thai wedi eu codi arni. Ar yr ochr ddwyreiniol ceid meysydd agored; yno yr oedd y lle mwyaf poblogaidd i chwarae campau; ac oddiwrth y fwyaf poblogaidd o'r campau y cafodd yr heol ei henw: *palla*, pêl; *malla* (*mallet*), morthwyl; curo pêl drwy fodrwyau â morthwyl pren.' Cafodd capel Pall Mall ei helaethu yn 1799 a'i ailadeiladu yn 1816. Symudodd yr achos oddi yno i Crosshall Street yn 1881.

18. Erbyn diwedd y ddeunawfed ganrif, dechreuodd tref Lerpwl ledu'n arwyddocaol tua'r de. Dechreuodd y Methodistiaid Calfinaidd Cymreig gynnal oedfaon yn y pen deheuol hwnnw, ac yn 1806 agorwyd ail gapel ganddynt yn Bedford Street. (Newidiwyd enw'r stryd i 'Beaufort Street' yn nes ymlaen.) Symudodd yr achos i Princes Road yn 1868.
19. John Roberts ('Minimus') a John Jones (Castle Street), *Cofiant y Parchedig John Elias* (Liverpool: M. A. Jones, 1850), 76.
20. Roberts, 'Pedr Fardd yn Lerpwl', 43-6.
21. John Jones (Castle Street), *Cofiant am Fywyd a Marwolaeth y Parch. Thomas Hughes, o Liverpool* (Liverpool: Nevetts, 1829), 21.
22. William Evans (m. 1822) a ragflaenodd Pedr Fardd yn arweinydd y gân yng nghapel Pall Mall (gw. n. 12 uchod). Ceir disgrifiad o William Evans fel codwr canu mewn erthygl gan Gorfanydd yn *Y Tyst Cymreig*, 11 Mehefin 1869, un o'r erthyglau yn ei gyfres hir o atgofion am Gymry Lerpwl yn y papur hwnnw. Cododd J. H. Morris y disgrifiad i'w *Hanes Methodistiaeth Liverpool*, cyf. 1, tt. 87-8. Er mai diwygiad ysbrydol 'lleol' yn Lerpwl oedd hwn ar un wedd, y mae'n bwysig ei osod ar gefnlen yr adfywiad crefyddol a diwylliannol a brofwyd yn eang ymhlith y Cymry yn y cyfnod a ddilynodd ddiwedd y Rhyfeloedd Napoleonaidd, oherwydd yr oedd yn cyd-daro â'r diwygiad ysbrydol grymus a adweinir fel 'Diwygiad Beddgelert' (1817-22), a oedd yn ei dro yn cydredeg â'r adfywiad diwylliannol gwladgarol a gysylltwn â dechreuadau'r cylchgrawn *Seren Gomer* ac â'r mudiad i sefydlu cymdeithasau Cymreigyddol. Diddorol yw nodi mai'r gyntaf o'r cymdeithasau Cymreigyddol a gododd fel madarch ar hyd a lled y wlad yn ystod yr 1820au oedd un Lerpwl, a sefydlwyd yn 1819, yr un flwyddyn â'r diwygiad ysbrydol yng nghapeli'r Methodistiaid yn Lerpwl. Ar y materion hyn, gw. E. Wyn James, 'Ieuan Gryg: Cymro, Cyfieithydd a Chyn-Fedyddiwr', *Trafodion Cymdeithas Hanes Bedyddwyr Cymru*, 1987, 13-14; idem, 'Thomas Burgess a Charnhuanawc', *Barn*, 366/7 (Gorffennaf/Awst 1993), 36-7; Eryl Davies, *The Beddgelert Revival* (Bridgend: Bryntirion Press, 2004). Yr oedd Pedr Fardd yn gysylltiedig â'r ddau symudiad, yr un ysbrydol a'r un diwylliannol (gw. n. 35 isod).
23. Llyfrgell Genedlaethol Cymru [= LlGC], Archifau'r Methodistiaid Calfinaidd, 8699, t. 91, a cf. t. 97. Brodor o Garndolbenmaen a blaenor yn eglwys y Methodistiaid Calfinaidd yn Douglas Road, Lerpwl, oedd Arfonog. Bu farw ym mis Mawrth 1924 yn fuan wedi iddo orffen ei draethawd ar Bedr Fardd; gw. Morris, *Hanes Methodistiaeth Liverpool*, cyf. 1, t. 383. Enillodd ei draethawd y wobr yng nghystadleuaeth 'y prif draethawd' ar y testun gosod, 'Pedr Fardd a'i Weithiau', yn Eisteddfod Undeb y Ddraig Goch a gynhaliwyd yn y Sun Hall a'r Central Hall, Lerpwl, 4-5 Ebrill 1924, dan y ffugenw 'Lleifiad Llwyd'. Y beirniad oedd Thomas Shankland, Llyfrgellydd Cymraeg Coleg Bangor.

hefyd Geraint a Zonia Bowen, *Hanes Gorsedd y Beirdd* (Cyhoeddiadau Barddas, 1991), 141-4, sy'n cynnwys disgrifiad o weithgareddau Eisteddfod y Gordofigion yn 1840.

41. Ar gloriau papur *Y Gwladgarwr* am Awst 1840, dywedir ei bod yn fwriad gan wasg 'Robert Llwyd Morris', Dale Street, Lerpwl, gyhoeddi'r gweithiau barddonol a anfonwyd i Eisteddfod y Gordofigion mewn dwy gyfrol o dan y teitl *Y Gordofigion*; bod y gyfrol gyntaf 'yn y Wasg' ac y byddai 'allan yn dra buan'. Yna ar gloriau rhifyn Ebrill 1841 o'r *Gwladgarwr* ceir hysbyseb sy'n dweud bod rhan gyntaf *Y Gordofigion*, sef awdlau Eben Fardd a Pedr Fardd, newydd ddod o wasg R. Ll. Morris. Robert Lloyd Morris oedd Ysgrifennydd Eisteddfod y Gordofigion yn 1840, a'i wasg ef hefyd a argraffodd raglen yr Eisteddfod honno: *Eisteddfod Gadeiriol y Gordofigion. Programme of the Gordovigion Royal Eisteddvod, to be held at the Royal Amphitheatre, Liverpool, on Wednesday, Thursday, and Friday, the 17th, 18th, and 19th days of June, 1840*. (Yng nghopi Llyfrgell Salisbury, Prifysgol Caerdydd, o'r rhaglen, y mae rhywun wedi ychwanegu enwau enillwyr y cystadlaethau mewn pensil.)
42. LlGC 19268B, t. 99. Anfonwyd traethawd Bob Owen i'r un gystadleuaeth yn 1924 â thraethawd Arfonog (gw. n. 23 uchod).
43. Dywed Arfonog yn ei draethawd ar Bedr Fardd a'i weithiau mai 22 pennill oedd i'r gerdd yn yr argraffiad cyntaf, ond 38 sydd yn y copïau o'r argraffiad cyntaf a welais i.
44. Myrddin Fardd (gol.), *'Adgof Uwch Anghof': Llythyrau Lluaws o Brif Enwogion Cymru* (Pen-y-groes: G. Lewis, 1883), 230.
45. Corfanydd, *Y Tyst Cymreig*, 2 Rhagfyr 1870, 3; Morris, *Hanes Methodistiaeth Liverpool*, cyf. 1, t. 121.
46. *Y Drysorfa*, Ebrill 1845, 122.
47. Un o hen deulu o argraffwyr yng Nghaer oedd John Monk. Bu farw ei frawd, Edmund, yn 1800 ac ef a gymerodd ei le yn swyddfa'r *Chester Courant*. Yn y flwyddyn ddilynol priododd Miss Margaret Harrison o Aldford. Cafodd ei daro'n wael ychydig flynyddoedd wedi priodi, a bu farw yn 1817. Er iddo farw ar ddechrau mis Mai y flwyddyn honno, parhawyd i ddefnyddio ei argraffnod ef hyd 19 Awst 1817. Yr adeg honno fe'i newidiwyd i un ei weddw, Margaret Monk, a dyna a ddefnyddid hyd ddiwedd 1832. Gw. Derek Nuttall, 'A History of Printing in Chester', *Journal of the Chester Archaeological Society*, 54 (1967), 61-2; cyhoeddwyd yr erthygl yn llyfr yn ddiweddarach dan y teitl, *A History of Printing in Chester from 1688 to 1965* (Chester: Yr Awdur, 1969).
48. Eiluned Rees, *Libri Walliae: Catalog o Lyfrau Cymraeg a Llyfrau a Argraffwyd yng Nghymru 1546-1820* (Aberystwyth: Llyfrgell Genedlaethol Cymru, 1987), rhif 3017; a noder y cywiriad i dudaleniad y *Catecism* yn y cofnod arno yn yr *Atodiad* i *Libri Walliae* gan Charles Parry a gyhoeddwyd gan y Llyfrgell Genedlaethol yn 2001.
49. Dywed Corfanydd yn *Y Tyst Cymreig*, 28 Hydref 1870, 3, i Bedr Fardd gyhoeddi'r *Scripture Catechism* 'tua'r un amser' â *Mêl Awen*. Er mai braidd yn benagored yw'r ymadrodd hwnnw, gellir casglu o'r cyd-destun ei fod yn golygu yr un flwyddyn â *Mêl Awen*, sef 1823. Ond fel y nodir yma, mae'r dystiolaeth yn awgrymu i'r argraffiad cyntaf ymddangos yn ail hanner 1825 ac nid yn 1823.
50. Fe ddywedir yn rhagair y *Scripture Catechism* ei hun i'r gwaith gael ei lunio a'i gyhoeddi yn wreiddiol yn y Gymraeg 'many years ago'. Ond sut mae cysoni hynny â'r ffaith bod argraffiad Margaret Monk o'r *Catecism Ysgrythyrol*, fel y nodwyd uchod, wedi ei

gyhoeddi rywbryd ar ôl canol mis Awst 1817, a thua 1822 yn ôl pob tebyg? Wedi'r cwbl, nid yw 1822 'many years ago'. Mae Corfanydd fel petai'n awgrymu dyddiad tipyn cyn 1822 ar gyfer cyhoeddi'r argraffiad Cymraeg cyntaf o'r holwyddoreg, oherwydd fe ddywed yn *Y Tyst Cymreig*, 21 Hydref 1870, 3, i Bedr Fardd gyfansoddi'r emyn 'Daeth ffrydiau melys iawn' pan 'nad oedd braidd bymtheg oed'; wedyn, mae'n enwi'r ddau gywydd cyntaf iddo eu cyfansoddi, sef 'Dyn yn ei gyflwr o ddiniweidrwydd' a 'Rhagoriaethau Cariad'; ac yna â yn ei flaen: 'Ar ol hyn, bu yr awen yn dawel am yspaid o amser; ond yn y cyfamser, bu efe yn brysur yn crynhoi yn nghyd Gatecism Ysgrythyrol ar brif bynciau crefydd, yr hwn a argraphwyd gan Mr Parry, Caer. Hefyd, arolygodd ail argraphiad o lyfr Saesneg a elwid y *Protestant* [...] Yn y flwyddyn 1812, ymddadebrodd yr awen drachefn, a deffrodd o ddifrif, ac aeth ati eilwaith i farddoni am flynyddoedd lawer.' Y dyddiadau a rydd Arfonog yn ei draethawd ar gyfer y ddau gywydd y cyfeirir atynt gan Gorfanydd yw 'tua 1807' a 'thua 1809', a chytuna yntau i'r holwyddoreg Gymraeg gael ei chyhoeddi 'cyn 1812' (t. 50). Y casgliad amlwg felly yw i ryw fersiwn ar yr holwyddoreg Gymraeg gael ei argraffu yng Nghaer rywbryd rhwng tua 1809 ac 1811 ac mai ail argraffiad oedd argraffiad Margaret Monk tua dechrau'r 1820au, er na nodir hynny yn argraffiad Monk ac er nad oes copïau o'r argraffiad blaenorol wedi goroesi hyd y gwelaf. (Bûm yn ymgynghori â Miss Eiluned Rees, gynt o'r Llyfrgell Genedlaethol, ynghylch y mater hwn pan oedd hi'n paratoi *Libri Walliae*, y catalog sy'n rhestru'r holl lyfrau Cymraeg a gyhoeddwyd hyd 1820. Cadarnhaodd wrthyf yr adeg honno nad oedd wedi dod ar draws dim a oedd yn amlwg yn cyfateb i argraffiad cynharach o'r *Catecism Ysgrythyrol* na'r un 'c.1820?' a restrir yn *Libri Walliae*.)

51. Mae'n amlwg oddi wrth lythyr gan James Hughes ('Iago Trichrug'; 1779-1844), gweinidog gyda'r Methodistiaid Calfinaidd Cymreig yn Llundain, at yr argraffydd o Lerpwl, John Jones, Castle Street, dyddiedig 18 Hydref 1825, fod adolygiad (anffafriol) ar y *Scripture Catechism* wedi ymddangos yn y *Sunday School Teachers' Magazine* erbyn hynny, oherwydd dywed yn y llythyr: 'Pa fodd y mae fy mrawd Pedr? Pa fodd y mae efe yn dioddef yr adolygiad a wnaed ar ei lyfr *Catechism* yn y *Sunday School Teachers' Magazine*?'; John Thickens, 'Llythyrau James Hughes', *Cylchgrawn Cymdeithas Hanes Eglwys Methodistiaid Calfinaidd Cymru*, 26:3 (Medi 1941), 61.
52. Awgrym catalog y Llyfrgell Genedlaethol yw i gyfieithiad Saesneg Pedr Fardd gael ei gyhoeddi yn yr un flwyddyn â'r argraffiad Cymraeg cyntaf, sef 1818. Dyna hefyd y dyddiad a awgrymir yn nhraethawd Arfonog (t. 56). Dyddiad rhagair yr argraffiad Cymraeg yw 10 Gorffennaf 1818.
53. Arwydd o boblogrwydd *Buddioldeb yr Iau i Bobl Ieuaingc* yw'r ffaith iddo gael ei adargraffu ddwywaith yn 1819, unwaith gan Samuel Williams yn Aberystwyth ac unwaith gan Thomas Gee yn Ninbych. Cwpled cyntaf ail bennill emyn Pedr Fardd, 'Cysegrwn flaenffrwyth dyddiau'n hoes', yw: 'Cael bod yn fore dan yr iau / Sydd ganmil gwell na phleser gau'. Cyhoeddwyd yr emyn hwnnw am y tro cyntaf yn 1819, a dichon iddo gael ei ysbrydoli gan bregeth John Elias ar 'fuddioldeb yr iau'.
54. Gwelais ddau gyfieithiad Cymraeg arall yn ychwanegol at un Pedr Fardd, sef cyfieithiad y Bedyddiwr, William Richards (1749-1818), Lynn, *Manteision ac Anfanteision y Cyflwr Priodasol* (Caerfyrddin: I. Ross, 1773), ac un yr Annibynnwr, Evan Griffiths (1795-

1873), Abertawe, *Traethawd ar Fanteision ac Anfanteision y Cyflwr Priodasol* (Abertawe: E. Griffiths, 1831).

55. *Y Tyst Cymreig*, 28 Hydref 1870, 3.
56. Dengys ei bapurau, sydd bellach yn Llyfrgell John Rylands ym Mhrifysgol Manceinion, fod gan Thomas Raffles ddiddordeb byw iawn yn hanes Ymneilltuaeth ac yn y mudiad cenhadol. Yr oedd gan Raffles nifer o gysylltiadau agos yn y byd efengylaidd Cymreig yn Lerpwl ac yng Nghymru, nid lleiaf yng nghyd-destun ei gefnogaeth i Gymdeithas Genhadol Llundain ac i'r Feibl-Gymdeithas. Er enghraifft, cafwyd anerchiadau ganddo ef a John Elias yng ngwasanaethau ordeinio Josiah Hughes yn genhadwr i Malacca yn 1830; gw. n. 30 uchod. Yr oedd Raffles yn emynydd, a sylwais ar gyfieithiadau Cymraeg o ddau o'i emynau yn yr atodiad i gasgliad Dafydd Jones, Treffynnon (1814), wedi eu cyfieithu i'r Gymraeg gan Dafydd Jones ei hun.
57. Ar John Evans, gw. Morris, *Hanes Methodistiaeth Liverpool*, cyf. 1, tt. 179-80.
58. Huw Walters, *Llyfryddiaeth Cylchgronau Cymreig 1735-1850* (Aberystwyth: Llyfrgell Genedlaethol Cymru, 1993), rhif 71.
59. Isaac Davies, 'Achub Cam Pedr Fardd', *Y Brython*, 4 Tachwedd 1920.
60. Rhestrir y strydoedd lle y bu'n byw yn Roberts, 'Pedr Fardd yn Lerpwl', 45.
61. Ceir rhai manylion sylfaenol am yr argraffwyr yn Lerpwl a ddefnyddiodd Pedr Fardd yn M. R. Perkin (gol.), *Book Trade in the North West Project. Occasional Publications 2. The Book Trade in Liverpool from 1806 to 1850: A Directory* (Liverpool: Liverpool Bibliographical Society, University of Liverpool, 1987).
62. Gw. y marwgoffa iddo yn y *Liverpool Mercury*, 4 Ebrill 1881; 'Queries and Replies', *Cylchgrawn Cymdeithas Hanes y Methodistiaid Calfinaidd*, 2:2 (Rhagfyr 1916), 57.
63. Gwelais y ffurfiau hyn hefyd ar ei ffugenw: 'Rhuvoniawc' / 'Rhuvoniauc' / 'Rhufon-iawg' / 'Rhufoniog'.
64. Huw Williams, 'Rhufoniawc – a Diflaniad Oriel y Beirdd', *Y Casglwr*, 29 (Awst 1986), 11; *Rhyl Journal*, 6 Mehefin 1903, 6; *Y Cymro*, 21 Chwefror 1917, 4. Mae ewyllys John Morris yn y Llyfrgell Genedlaethol. Pan ddaeth y pumed argraffiad o'r cyfieithiad Cymraeg o lyfr dylanwadol Elisha Coles, *Traethawd Ymarferol am Benarglwyddiaeth Duw*, o wasg 'Robert Llwyd Morris' yn 'Llerpwll' yn 1842, nodwyd ar yr wynebddalen bod y llyfr ar werth hefyd gan 'Mr. John Morris, Rhyl, ger Llanelwy', sef ei dad, bid siŵr.
65. Sonia, er enghraifft, mewn llythyr dyddiedig 17 Medi 1855 sydd yn y Llyfrgell Genedlaethol (LlGC 1807E, rhif 977) iddo ddod ar draws llythyr a anfonwyd ato yn 1840 gan Ieuan Glan Geirionydd ymhlith ei lawysgrifau yn nhŷ ei dad yn y Rhyl, a sonia yn y llythyr hwnnw ac mewn un arall dyddiedig 14 Awst 1855 (LlGC 1807E, rhif 976) am ei fwriad i fynd ar ymweliad â'r Rhyl. Yn 27 High Street, Everton, Lerpwl, yr oedd Rhufoniawc yn byw adeg ysgrifennu'r llythyrau hynny. Llythyrau ydynt at Jane Davies (merch Gwallter Mechain), a oedd ym Mhenmaen Dyfi ar y pryd, yn trafod benthyg llun o Wallter Mechain gan Hugh Hughes 'yr Artist' ar gyfer llun yn dwyn y teitl 'Beirdd Gwynedd' yr oedd arlunydd o'r enw Ellis Owen Ellis yn ei baratoi. Brodor o Aber-erch yn Eifionydd oedd Ellis Owen Ellis ('Ellis Bryn-coch'; 1813-61), ac yn ŵyr i'r bardd Methodistaidd, Siôn Lleyn, ond erbyn yr 1850au fe weithiai fel arlunydd radical a dychanol yn Lerpwl. Maes o law newidiwyd enw'r llun o 'Beirdd Gwynedd' i

'Oriel y Beirdd', a chynnwys ynddo rai beirdd o'r tu allan i Wynedd; ond o gofio'r enw arfaethedig gwreiddiol, nid yw'n syndod bod cryn gwyno yn y wasg nad oedd digon o feirdd o'r De ynddo! Ar Ellis Owen Ellis ac 'Oriel y Beirdd', gw. Peter Lord, *Y Chwaer-Dduwies: Celf, Crefft a'r Eisteddfod* (Llandysul: Gwasg Gomer, 1992), 23-6; ibid., *Words With Pictures: Welsh Images and Images of Wales in the Popular Press, 1640-1860* (Aberystwyth: Planet, 1995), 112-15, 123-4, 145-59; ibid., *Hugh Hughes Arlunydd Gwlad 1790-1863*, 134-40; ibid., *Diwylliant Gweledol Cymru: Delweddu'r Genedl* (Caerdydd: Gwasg Prifysgol Cymru, 2000), 227-32; Williams, 'Rhufoniawc – a Diflaniad Oriel y Beirdd', 11; Hywel Teifi Edwards, *'Gŵyl Gwalia': Yr Eisteddfod Genedlaethol yn Oes Aur Victoria 1858-1868* (Llandysul: Gwasg Gomer, 1980), 416.

66. *Seren Cymru*, 12 Mai 1865, 156. (Yr wyf yn ddyledus i Dr Huw Walters am y cyfeiriad hwn.)
67. Fe geir y llythyr yng nghyfrol Myrddin Fardd, *'Adgof Uwch Anghof'*, tt. 226-8.
68. Williams, 'Rhufoniawc – a Diflaniad Oriel y Beirdd', 11. Bu farw fab iddo, Merddin Llwyd Morris, yng Nghaernarfon, 19 Medi 1832.
69. Gw. y traethodau ar Bedr Fardd a'i weithiau gan Arfonog, t. 99, a Bob Owen, tt. 113-14.
70. Mae'r llythyr yn y Llyfrgell Genedlaethol, LlGC 1807E, rhif 974. Ar Tegid, gw. E. Wyn James, 'Bardd Hiraeth: Siarl Wyn o Benllyn – a Buenos Aires', *Taliesin*, 137 (Haf 2009), 107-9, a'r cyfeiriadau yno.
71. *Y Cymro*, 1 Rhagfyr 1892, 6; Dewi M. Lloyd, *Talhaiarn*, cyfres 'Dawn Dweud' (Caerdydd: Gwasg Prifysgol Cymru, 1999), 26.
72. *Rhyl Journal*, 25 Mai 1907, 3; *Y Cymro*, 21 Chwefor 1917, 4.
73. Bowen, *Hanes Gorsedd y Beirdd*, 153; *Seren Cymru*, 11 Rhagfyr 1851, 5; *Y Cymro*, 14 Chwefror 1917, 1.
74. LlGC 1807E, rhif 973.
75. Mae copïau digidol o'r *Brython* (1858-63) ar wefan y Llyfrgell Genedlaethol.
76. *Y Gwladgarwr*, 1 Ionawr 1859, 6; LlGC 19173B.
77. Bu farw John Morris ar 30 Tachwedd 1893 yn 58 mlwydd oed, yn nhŷ ei fab yn Wesley Street, Lerpwl, a'i gladdu ym Mynwent Toxteth. Symudodd i'r Rhyl yn 1864 gan ddilyn ei dad, Rhufoniawc, fel argraffydd yno. Sefydlodd y *Rhyl Journal* yn 1866. Symudodd ei swyddfa argraffu i Chapel Walks, Lerpwl yn 1868, lle bu'n argraffu'r *Tyst Cymreig* am ychydig, ond yr oedd yn ôl yn argraffu yn y Rhyl erbyn dechrau'r 1870au. Fe fu John Morris yn Annibynnwr o ran crefydd ac yn Rhyddfrydwr o ran ei wleidyddiaeth, ond wedi iddo ddychwelyd i'r Rhyl fe drodd at yr Eglwys Wladol, a dod yn Geidwadwr brwd hefyd. Bu'n argraffu'r papurau newydd Eglwysig, *Y Dywysogaeth* a'r *Gwirionedd*, ynghyd â nifer o gylchgronau Anglicanaidd a Cheidwadol, megis *Amddiffynydd yr Eglwys* (1873-82) a'r *Ceidwadwr* (1882). Gwerthodd ei argraffty yn y Rhyl yn 1886 a symud i swydd Gaerhirfryn. Ceisiodd sefydlu papur newydd lleol yn Lerpwl, *The Toxteth Guardian*, ond bu'n rhaid ei ddirwyn ei ben ar ôl ychydig fisoedd. Gw. *Rhyl Journal*, 9 Rhagfyr 1893, 2; *Rhyl Record and Advertiser*, 9 Rhagfyr 1893, 3; Huw Walters, *Llyfryddiaeth Cylchgronau Cymreig 1851-1900* (Aberystwyth: Llyfrgell Genedlaethol Cymru, 2003), rhifau 33, 121, 193, 599; T. M. Jones ('Gwenallt'), *Llenyddiaeth Fy Ngwlad* (Treffynnon: P. M. Evans a'i Fab, 1893), 32, 107-8, 109, 174.
78. *Y Cymro*, 21 Chwefror 1917, 4.

79. *Y Cymro*, 1 Rhagfyr 1892, 6.
80. Williams, 'Rhufoniawc – a Diflaniad Oriel y Beirdd', 11. Fe'i hurddwyd yn fardd yn nes ymlaen yn 1840 mewn Gorsedd adeg eisteddfod Cymreigyddion y Fenni; Bowen, *Hanes Gorsedd y Beirdd*, 133.
81. Mair Elvet Thomas, *Afiaith yng Ngwent: Hanes Cymdeithas Cymreigyddion y Fenni 1833-1854* (Caerdydd: Gwasg Prifysgol Cymru, 1978), 24.
82. Williams, 'Rhufoniawc – a Diflaniad Oriel y Beirdd', 11.
83. *Y Gwladgarwr*, Ionawr 1841, 27. Ar Paul ac Apolos yn plannu ac yn dyfrhau, gw. 1 Corinthiaid 3:6.
84. Yr wyf yn ddiolchgar i Mr M. R. Perkin am anfon y dyfyniad hwn ataf.
85. Gw. T. J. Morgan a Prys Morgan, *Welsh Surnames* (Caerdydd: Gwasg Prifysgol Cymru, 1985).
86. Morris, *Hanes Methodistiaeth Liverpool*, cyf. 1, tt. 70, 134; ceir copi o'i drwydded bregethu ar dud. 135.
87. Ibid., cyf. 1, tt. 69, 111, 387-8; O. J. Owen (Rock Ferry), 'Rhagor o Gloddio'r Gwir am Pedr Fardd', *Y Brython*, 28 Hydref 1920.
88. Morris, *Hanes Methodistiaeth Liverpool*, cyf. 1, tt. 111, 388-91. Dywed Eleazar Roberts (1825-1912) yn ei 'Adgofion Henwr' yn *Y Geninen*, Ionawr 1906, 11-12, iddo gofio Pedr Fardd yn y sêt fawr yn Pall Mall pan oedd tua wyth mlwydd oed, adeg pregethau yno gan Lewis Edwards a John Phillips, sef ym mis Hydref 1833 yn ôl pob tebyg; gw. Thomas Charles Edwards, *Bywyd a Llythyrau y Diweddar Barch. Lewis Edwards* (Liverpool: Isaac Foulkes, 1901), 93-4 (ond cf. tt. 111-12).
89. Morris, *Hanes Methodistiaeth Liverpool*, cyf. 1, tt. 111, 116, 120. Mae tri ffotograff o Samuel Jones, a dynnwyd tua diwedd ei fywyd gan y ffotograffydd adnabyddus, John Thomas (1838-1905), yn y Llyfrgell Genedlaethol.
90. Ibid., 121, 123-4. Tybed ai un rheswm paham y cafodd Pedr Fardd ei ddisgyblu'n llymach nag a oedd yn briodol ym marn rhai, oedd ei fod yn mynnu ymwneud â'r byd eisteddfodol, a hynny efallai yn achos tyndra rhyngddo a rhai o'i gyd-flaenoriaid? Yn Ebrill 1838, er enghraifft, penderfynodd Methodistiaid Cymreig Lerpwl 'nad oedd neb i'w oddef yn aelod a fynychai yr Eisteddfod' (ibid., 167). Yr oedd hynny ryw ddwy flynedd cyn i Bedr Fardd ddod yn ail ar yr awdl yn Eisteddfod Gordofigion Lerpwl! Ar agwedd y Methodistiaid Calfinaidd at eisteddfodau, gw. Edwards, *'Gŵyl Gwalia'*, 57-60.
91. Morris, *Hanes Methodistiaeth Liverpool*, cyf. 1, tt. 102-3.
92. Ibid., 111.
93. Ar ei bwysigrwydd fel radical arloesol, gw. Thomas Roberts ('Scorpion') a David Roberts ('Dewi Ogwen'), *Cofiant y Parch. W. Rees, D.D. (Gwilym Hiraethog)* (Dolgellau: W. Hughes, [1893]), 237-8.
94. Morris, *Hanes Methodistiaeth Liverpool*, cyf. 1, t. 110.
95. Ibid., 112-16.
96. *Y Drysorfa*, Chwefror 1855, 62.
97. Ond mae'n amlwg bod cymodi wedi digwydd rhyngddo a'r Methodistiaid cyn hynny, oherwydd yr oedd yn siarad mewn cyfarfod yn Pall Mall yn Ionawr 1845; gw. Morris, *Hanes Methodistiaeth Liverpool*, cyf. 1, t. 130; D. E. Jenkins, 'Esboniad James Hughes:

Ei Orffennydd', *Y Drysorfa,* Mawrth 1932, 98. Hwyrach mai'r helyntion a gododd yn Salem, Brownlow Hill, yn 1848 a barodd iddo ddychwelyd i Pall Mall; gw. Thomas Rees a John Thomas, *Hanes Eglwysi Annibynol Cymru,* cyf. 4 (Liverpool: Swyddfa y 'Tyst Cymreig', 1875), 420.

98. Morris, *Hanes Methodistiaeth Liverpool,* cyf. 1, t. 133.

99. D. E. Jenkins, 'Esboniad James Hughes: Ei Orffennydd', 98-9. Gw. hefyd yr adroddiad o'r digwyddiad yn J. T. Jones, *Geiriadur Bywgraffyddol o Enwogion Cymru* (Aberdâr: J. T. Jones a'i Fab, 1867), cyf. 1, t. 664.

100. Hyd yn oed os na chafodd Pedr Fardd ei ddiswyddo fel blaenor yr adeg honno, ond yn nes ymlaen (fel yr awgrymwyd uchod), fel y nodwyd eisoes, y mae'n amlwg bod rhyw anghydfod wedi codi ymhlith y blaenoriaid yn Pall Mall yn gysylltiedig â Phedr Fardd tua diwedd 1823, ac o gofio'r sylw 'fod ymddygiad annoeth y brawd J. Jones pan yn ei swydd wedi brifo blaenoriaid yr eglwys' a'r ffaith bod John Jones 'ar brydiau yn gallu defnyddio gwawdiaith ddeifiol', nid yw'n amhosibl bod Pedr Fardd ymhlith y rhai a frifwyd ganddo; gw. Morris, *Hanes Methodistiaeth Liverpool,* cyf. 1, tt. 390-1, 110, 111, a cf. y sylw hwn am Bedr Fardd yntau yn *Enwogion Cymru* Isaac Foulkes: 'Yr oedd llawer o fedr ynddo i droi peth i wawd a dirmyg, a'i arabedd yn llym a miniog.' Ceir cadarnhad mewn llythyr dyddiedig 25 Chwefror 1825 oddi wrth Iago Trichrug at John Jones, Castle Street, fod canol yr 1820au yn gyfnod anodd yn hanes Pedr Fardd. Meddai ynddo: 'Cofiwch fi hefyd at fy nghyfaill Pedr a'i deulu. Da iawn genyf glywed ei fod ef yn ymysgwyd gronyn o'r llwch, fel y dywedasoch. Yr oedd yn ddrwg iawn genyf drosto. Yr oeddwn yn cydymdeimlo ag ef ac mewn rhyw ystyr megys yn dwyn rhan o'i faich a'i ofid ef' (Thickens, 'Llythyrau James Hughes', 55). Yn ôl *Geiriadur Charles,* ystyr 'ymysgwyd o'r llwch' (Eseia 52:2) yw 'ymgyfodi o gyflwr isel, galarus, a chystuddiedig'.

101. Morris, *Hanes Methodistiaeth Liverpool,* cyf. 1, tt. 159, 282-4; cyf. 2, tt. 399-405; gw. hefyd Roberts, 'Pedr Fardd yn Lerpwl', 42. Cymdeithas lwyrymwrthod oedd yr un a ffurfiwyd ym mis Mawrth 1835. Bu Lerpwl hefyd ar flaen y gad yn achos y cymdeithasau cymedroldeb a ragflaenodd y rhai llwyrymwrthod, oherwydd sefydlwyd yr ail Gymdeithas Gymedroldeb Gymreig yn Pall Mall, Lerpwl, ym mis Chwefror 1832 (yr unig un i'w blaenori oedd yr un a sefydlwyd ymhlith Cymry Manceinion ym mis Hydref 1831), a bu John Jones, Castle Street, yn weithgar yn y Gymdeithas Gymedroldeb honno fel y bu yn nes ymlaen yn y Gymdeithas Ddirwestol; John Thomas, *Jubili y Diwygiad Dirwestol yn Nghymru* (Merthyr Tydfil: Joseph Williams, 1885), 39-40, 45-9.

102. Ar y cylchgrawn hwn a'i bwysigrwydd, gw. Huw Walters, 'Y Wasg Gyfnodol Gymraeg a'r Mudiad Dirwest, 1835-1850', *Cylchgrawn Llyfrgell Genedlaethol Cymru,* 28:2 (Gaeaf 1993), 163-8.

103. Mewn darn a luniodd tua 1874 ac a gynhwyswyd yn Roberts a Roberts, *Cofiant y Parch. W. Rees,* 235-6; atgynhyrchwyd rhan o'r darn hefyd yn Jones, *Llenyddiaeth Fy Ngwlad,* 15-16.

104. Dyna fersiwn Gwilym Hiraethog ei hun o'r hanes fel y'i cofnodwyd yn Roberts a Roberts, *Cofiant y Parch. W. Rees,* 235-6, ond fel y mae Philip Henry Jones ac E. G. Millward wedi dangos yn eglur, rhaid bod yn ofalus iawn wrth drin tystiolaeth

Hiraethog, o ran y gronoleg ac o ran pwysigrwydd llythyrau 'Rhen Ffarmwr i lwyddiant y papur; rhaid cofio, er enghraifft, nad ymddangosodd y cyntaf o lythyrau 'Rhen Ffarmwr yn *Yr Amserau* tan ddiwedd 1846, dair blynedd ar ôl dechrau cyhoeddi'r papur. Parhaodd Gwilym Hiraethog i ysgrifennu yn achlysurol dan enw 'Rhen Ffarmwr ar hyd ei fywyd, a diddorol yw ei weld yn cyfeirio at John Jones, Castle Street – neu 'Mistar J. Jones, pyrchenog a phrintiwr Ramsere', fel y'i geilw – yn y llythyrau gan 'Rhen Ffarmwr a gyhoeddodd yn *Y Tyst Cymreig*. Meddai, er enghraifft, yn rhifyn 26 Tachwedd 1869: 'Mi fydde ambell bwt o ffrae rhynthw i a ffen ffrind, Mister Jones, Ramsere stalwm, ond mi fydden ni n bene ffrindie er hyny'; a'r rheswm dros y ffraeo oedd am y byddai John Jones yn 'gadel iw gysodwrs a'i brintiwrs neyd cam a ngramadeg, a strawen, a n sbclio i, yn fy llythyre'. Cyhoeddwyd detholiad o lythyrau 'Rhen Ffarmwr gan Isaac Foulkes yn Lerpwl yn 1878 ac un arall dan olygyddiaeth E. Morgan Humphreys gan Wasg Prifysgol Cymru yn 1939. Atgynhyrchwyd nifer o'r llythyrau hefyd yn Roberts a Roberts, *Cofiant y Parch. W. Rees*, 246-82. Adroddir hanes *Yr Amserau* yn fanwl gan Philip Henry Jones mewn cyfres o erthyglau yn *Y Casglwr* rhwng rhifyn 36 (Nadolig 1988) a rhifyn 49 (Gwanwyn 1993); gw. hefyd bennod E. G. Millward ar Gwilym Hiraethog yn ei gyfrol, *Cenedl o Bobl Ddewrion* (Llandysul: Gwasg Gomer, 1991), a thraethawd MA Thomas Eirug Davies, 'Cyfraniad Dr. William Rees (Gwilym Hiraethog) i Fywyd a Llên ei Gyfnod' (Prifysgol Cymru [Bangor], 1931).

105. Ar Iago Trichrug, gw. Robert Rhys, *James Hughes ('Iago Trichrug')*, cyfres 'Llên y Llenor' (Caernarfon: Gwasg Pantycelyn, 2007).
106. Ar wasg P. M. Evans, gw. Huw Walters, 'Peter Maelor Evans a David O'Brien Owen: Dau Nodyn', *Y Traethodydd*, Gorffennaf 1995, 148-52. Mewn llythyr dyddiedig 16 Awst 1842 y mae Iago Trichrug yn gofyn cyngor John Jones, Castle Street, ynghylch trafodaethau rhyngddo ef a P. M. Evans ar faterion hawlfraint yn ymwneud â'i esboniad; gw. John Thickens, 'Llythyrau James Hughes, Llundain', *Cylchgrawn Cymdeithas Hanes Eglwys Methodistiaid Calfinaidd Cymru*, 26:4 (Rhagfyr 1941), 121-5.
107. Cyhoeddodd gwasg P. M Evans, Treffynnon, ail argraffiad o esboniad Iago Trichrug dan olygyddiaeth Roger Edwards, Yr Wyddgrug, gyda diwygiadau ac ychwanegiadau ganddo – yr ail argraffiad o'r Testament Newydd yn 1846, yn fuan ar ôl marw Iago Trichrug, a'r Hen Destament mewn tair cyfrol rhwng 1860 ac 1870; gw. Rhys, *James Hughes ('Iago Trichrug')*, 87; T. M. Jones ('Gwenallt'), *Cofiant y Parch. Roger Edwards, Yr Wyddgrug* (Wrecsam: Hughes a'i Fab, 1908), 247; ynghyd â'r rhagymadroddion i ailargraffiadau 1846 ac 1860. Mae cryn anghytuno ynghylch pwy a gwblhaodd esboniad James Hughes ar yr Hen Destament, gyda D. E. Jenkins yn dadlau yn ei erthygl, 'Esboniad James Hughes: Ei Orffennydd', yn *Y Drysorfa* yn 1932, mai John Jones, Castle Street, a'i cwblhaodd, a Gwilym T. Jones yn dadlau yn ei draethawd MA, 'Bywyd a Gwaith Roger Edwards o'r Wyddgrug' (Prifysgol Cymru [Bangor], 1933), ac eto mewn erthygl yn *Y Drysorfa* yn Ionawr 1942 (tt. 21-6), mai Roger Edwards, Yr Wyddgrug, a'i gorffennodd yn ogystal â pharatoi'r ail argraffiad o'r esboniad. Y tebygolrwydd, hyd y gwelaf i, yw mai John Jones a gwblhaodd bumed gyfrol yr esboniad ar yr Hen Destament, gyda Roger Edwards yn gweithio yn yr un cyfnod ar yr ail argraffiad o'r esboniad ar y Testament Newydd, ond gan gynorthwyo John Jones i orffen yr Hen Destament, efallai, wedi i'r argraffiad diwygiedig o'r Testament Newydd

ymddangos o'r wasg yn 1846. (Rwy'n ddiolchgar i'r Parch. Huw Powell-Davies am dynnu fy sylw at draethawd ac erthygl Gwilym T. Jones.)

108. Priododd Mary Ann â Thomas Lloyd (brodor o Aberystwyth a ddaeth i Lerpwl yn 1845, yn 23 oed), ac ymunodd ef â hi yn y busnes. Etholwyd Thomas Lloyd yn flaenor yn eglwys y Methodistiaid Calfinaidd yn Rose Place (Fitzclarence Street wedi hynny) yn 1857, swydd a lanwodd hyd ei farw yn 1899. Gw. Morris, *Hanes Methodistiaeth Liverpool,* cyf. 1, t. 342.
109. *Yr Amserau*, 30 Rhagfyr 1847.
110. Ceir cofnod ar John Jones, Castle Street, yn yr atodiad i'r *Bywgraffiadur* a gyhoeddwyd ar ddiwedd *Y Bywgraffiadur Cymreig 1941-1950* (Llundain: Anrhydeddus Gymdeithas y Cymmrodorion, 1970), 116-17 (mae'r cofnod bellach ar gael hefyd yn electronig ar 'Y Bywgraffiadur Ar-lein'), ond nid yw'n cymryd i ystyriaeth y ffeithiau a ddatgelir yn erthygl D. E. Jenkins, 'Esboniad James Hughes: Ei Orffennydd'. Y ffynhonnell bwysicaf ar John Jones a'i gefndir crefyddol yw dwy gyfrol J. Hughes Morris, *Hanes Methodistiaeth Liverpool* (1929 ac 1932), sydd ysywaeth heb fynegai (ond gw. yn arbennig cyf. 1, tt. 70, 102-3, 110-15, 130, 133-5, 284, 342, 387-90 am John Jones, a chyf. 1, tt. 74-5, 111-16, 120-4 am Bedr Fardd). Atgynhyrchwyd lluniau olew Hugh Hughes 'yr Artist' o John Jones, Castle Street, a'i wraig, Mary Ann, a beintiwyd tua diwedd 1842, yng nghyfrol Peter Lord, *Hugh Hughes Arlunydd Gwlad 1790-1863*, 244.
111. Am ymwneud John Parry a Phedr Fardd â'r symudiad cenhadol, gw. Morris, *Hanes Cenhadaeth Dramor y Methodistiaid Calfinaidd Cymreig*, 34, 53-4, 66-8. Rywbryd ar ôl mis Mehefin 1843 argraffwyd y llyfryn, *Etholedigaeth, Prynedigaeth, a Galwedigaeth: Tair Pregeth*, yn swyddfa J. a. J. Parry yng Nghaer. Llyfryn ydyw sy'n cynnwys dwy bregeth gan John Parry ac un gan William Roberts, Amlwch, hen-daid Saunders Lewis (cyhoeddwyd y tair yn llyfrynnau bach ar wahân yn ogystal). Yn y cyd-destun presennol, mae'n ddiddorol nodi bod emyn cenhadol Pedr Fardd, 'Hyfryd lais efengyl hedd', wedi ei gynnwys yn y cyhoeddiad hwn, yn dilyn pregeth William Roberts ar alwedigaeth yr efengyl (Rhufeiniaid 8:29-30).
112. Ceir adlun ohono yn y Llyfrgell Genedlaethol yn Aberystwyth (LlGC Facs 12), ac fe'i hatgynhyrchir hefyd yn erthygl Gwyn Walters, 'The Account Book, 1826-1836, of the Reverend John Parry, Printer and Publisher of Chester', *Journal of the Printing Historical Society*, 15 (1980/81), 54-80.
113. Ceir peth o hanes John Parry a Thomas Thomas yn erthygl Derek Nuttall, 'A History of Printing in Chester', *Journal of the Chester Archaeological Society*, 54 (1967), 79-81 (a gyhoeddwyd hefyd yn llyfr ganddo yn 1969; gw. n. 47 uchod), ac yn erthygl Gwyn Walters, 'The Account Book, 1826-1836, of [...] John Parry'. Gw. hefyd Morris Parry, *Hanes Cangen Gymreig Caerlleon o'r Gymdeithas Feiblau 1812-1910* (Caerlleon: Jas. H. Sadler, 1910), tt. 6 a 14, a'r adran ar Gaerlleon yn Griffith Owen, *Hanes Methodistiaeth Sir Fflint* (Dolgellau: E. W. Evans, 1914), yn enwedig tt. 522-3 a 526.

Mynegai

(gyda chymorth Mrs Eleri Melhuish)

RH

Rheinallt ap Gruffudd, 92
Rhetoricae Distinctiones, 25
Rhigyfarch, 41, 43
Rhodd Mam, 170
Rhondda Socialist Newspaper, 133
Rhoscomyl, Owen, 134
Rhufain, 11, 13
Rhydodyn (Llansawel), 42
Rhyddweithiau Hiraethog, 91
Rhyfel y Crimea, 87, 88, 105
Rhyfel Ysbrydol, Y, 120
Rhys, Prosser, 85
Rhŷs, Syr John, 43, 90

S

Y